Familles et temps

Sous la direction de
Valérie Aubourg et Georges Eid

Familles et temps

Modification des liens conjugaux et parentaux

AGENCE UNIVERSITAIRE DE LA FRANCOPHONIE

L'Harmattan

5-7, rue de l'École-Polytechnique, 75005 Paris

www.harmattan.com

diffusion.harmattan@wanadoo.fr

ISBN : 978-2-343-10302-0

EAN : 9782343103020

AVANT-PROPOS

L'Institut des sciences de la famille a été fondé en 1974 à l'université catholique de Lyon, par la juriste Emma Gounot. Il a fêté ses 40 ans les 13 et 14 novembre 2014. À cette occasion, un colloque scientifique international, « Familles et temps », fut organisé. Il s'était donné pour objectif d'étudier les conséquences, sur les couples et les familles, de notre changement de rapport au temps. Il a réuni des spécialistes issus de différents champs disciplinaires (droit, sociologie, anthropologie, histoire, philosophie, psychologie, etc.) devant de nombreux étudiants, enseignants et partenaires de l'institut. Cette manifestation permit d'accueillir les membres du Réseau européen des instituts de la famille (REDIF) en provenance des universités catholiques de Milan, Salamanque, Madrid, Barcelone, Bilbao, Lille et Louvain.

Il fut introduit par une série de conférences consacrées à l'histoire de l'Institut et à son positionnement universitaire. Il se déploya ensuite autour de quatre axes composant les quatre chapitres de cet ouvrage :

1. Temps et changements des familles
2. Familles au temps démocratique
3. Temporalité et incertitudes familiales
4. Couples et familles au temps du virtuel

Introduction

Georges Eid

Le temps de la modernité a fait son temps. Voici venu celui de la postmodernité[1], dans un cadre particulier, celui de la mondialisation impliquant une large expansion du présent, et un rétrécissement à la fois du passé et du futur. Son accélération et sa fragmentation, observées en économie, en politique et en sciences sociales, ont un impact majeur dans le domaine familial et imposent la flexibilité dans nos vies. La vitesse devient un atout incontournable. Car un des signes les plus importants de la réussite est de décider de sa propre vitesse ou de s'en échapper. Le plus rapide sera le meilleur. Ce n'est plus forcément l'expérience, mais la capacité de traiter un maximum d'informations à la fois qui va permettre de saisir les opportunités, dans le cadre d'une volatilité accrue. Certains, de plus en plus nombreux, auront plusieurs vies en une et ne cesseront de se redéfinir encore et encore, pour se rapprocher au maximum d'une identité dite « authentique ».

Cette temporalité surtout physico-numérique, fondée sur le web, a donc un effet significatif sur la reconfiguration du social et du personnel. Nous sommes de plus en plus dans un monde et dans des familles en réseau. Les distances deviennent des sites de coprésence, ce qui change le sens de la réalité physique. Nous voilà au-delà de ce que Benjamin Franklin avait annoncé, que « le temps, c'est de l'argent », ou de ce que John Kennedy avait conseillé, en 1961, à ses concitoyens, qu'« ils devraient utiliser le temps comme un outil et non comme un divan. » Nous évoluons dans ce que nous avons appelé dans notre contribution,

---

[1] Qui refuse les grands récits et met l'accent sur le fragment, l'hybridité, le relatif, le jeu, la parodie, le pastiche et l'ironie. Parmi les auteurs dans ce domaine, nous pouvons citer : Ch. Jencks, J.-F.. Lyotard, Z. Bauman, M. Maffesoli, F. Jameson, I. Hassan…

dans le temps préventif, produit des nouvelles technologies de l'information et de la communication électronique (NTICE). Un temps capable de construire un vécu de simultanéité et de déstabiliser les principes de causalité séquentielle et linéaire. Un temps qui ébranle la logique de plan en général, et le plan de vie en particulier, c'est-à-dire le lien entre plan et avenir, en parallèle avec la disparition de l'idéologie du progrès.

L'économie n'échappe pas à cette logique puisqu'elle opte de plus en plus pour une forme modifiée de la schématisation du temps. « L'organisation séquentielle de l'activité [est] complétée par la simultanéité des opérations, la production stratégique de discontinuités, l'utilisation de fenêtres temporelles stratégiques, ainsi que l'adoption d'une conception du temps en perspective, par opposition à une schématisation du temps en périodes. »[2] Autrement dit, les entreprises sont passées de l'*industrial engineering* au *simultaneous engineering*, puis au *reverse engineering*. Concernant ce dernier développement, le processus de planification part dorénavant du résultat, donc du client et du marché. C'est-à-dire que les structures d'organisation et de production sont conçues de plus en plus comme des variables dépendantes, et non l'inverse, comme c'est le cas avec les NTICE, dans tous les domaines en général, et non seulement en économie.

Le temps préventif, le temps postmoderne, est une forme d'« instanciation »[3], l'équivalent temporel de ce qu'Anthony Giddens décrit comme « distanciation »[4], cette capacité actuelle de toute chose à se retrouver n'importe où. La distance comme barrière disparaît dans un monde de communication et de voyages instantanés et massifs. De même, le temps n'est plus un obstacle pour vivre simultanément des événements qui se déroulent n'importe où dans le monde. Bref, tous ces changements sont en train de bouleverser le sens de la proximité et de l'éloignement et de permettre d'innombrables « actions à distance », en

---

[2] Brose, H.-G., 2000, « Vitesse et irréversibilité : aspects d'une nouvelle schématisation du temps dans les organisations du système économique », *Information sur les Sciences Sociales*, 39 (3) : 421-438.

[3] Friedland, R. and Boden, D., 1994, *Nowhere : Space, Time, and Modernity*, Berkeley, CA: University of California Press.

[4] Giddens, A., 1990, *The Consequences of Modernity*, Cambridge: Polity Press.

annihilant l'espace par le temps, réduisant au maximum le temps passé entre deux points éloignés, car ce qui est visé n'est pas forcément de gagner du temps, mais de parcourir une distance encore plus grande pour un même temps. Comme l'accélération oriente vers la croissance et que la croissance facilite l'accélération, la vitesse devient endémique et infiltre tout le tissu social.

La prolifération de la vitesse, l'accélération générale nous conduisent droit vers ce qu'Ulrich Beck appelle « la société à risques »[5]. Si la société moderne classique opère avec un risque calculé, car contrôlable, la postmodernité est en train de nous introduire dans le risque incontrôlable, où les experts, aujourd'hui, sont parfois obligés de feindre de contrôler[6] l'incontrôlable, en sciences, en politique, en technologie, en économie... Et les gens sont pris au piège de processus qui les dépassent et dépassent le cadre de l'État-nation, comme le réchauffement climatique, les crises financières, le terrorisme, la prolifération nucléaire, le débat sur le génome humain... Du même coup, la méfiance active est en train de remplacer la confiance active dans tous les domaines, y compris dans la sphère de l'intimité. N'observe-t-on pas dans cette dernière le passage d'une inégalité dans la confiance (famille traditionnelle) vers une égalité dans la confiance, mais surtout une égalité dans la méfiance ? Les relations affectives sont devenues elles-mêmes incontrôlables, car le risque, même ici, n'est plus seulement individuel, mais systémique.

Selon Max Weber[7], plus une société devient moderne et plus elle devient rationnelle. Le processus de rationalisation ne concerne pas seulement la sphère publique, mais aussi la sphère privée. S'il est vrai que la rationalité peut mener, en modernité, au contrôle et à la surveillance comme le suggèrent les travaux de Michel Foucault et Christopher Lasch, elle peut favoriser, en postmodernité et comme l'affirment Habermas, Francesca Cancian et Anthony Giddens, la qualité des liens en contrecarrant les relations traditionnelles oppressives et en facilitant le choix individuel. Elle peut aussi être présente – c'est la thèse d'Urlich

[5] Beck, U., 1999, *World Risk Society*, Cambridge: Polity Press.

[6] Latour, B., 2003, "Is Remodernization Occuring – And If So, How to Prove It ?", *Theory, Culture & Society*, 20 (2) : 35-48.

[7] Weber, M., 1921/1968, *Economy and Society*, Totowa, NJ : Bedminster.

Beck et d'Elizabeth Beck-Gernsheim[8] – pour parer au provisoire et au volatil dans l'intime et gérer le risque de plus en plus consubstantiel aux relations affectives. Le concept de risque, cher aux Beck, est au cœur de cette dernière analyse qui nous paraît très pertinente.

Beaucoup de chercheurs constatent que les institutions sociales, comme certaines Églises, syndicats, mouvements de jeunesse… sont moins contraignantes aujourd'hui, que la régulation sociale traditionnelle et formelle des rencontres amoureuses est quasi inexistante, ce qui permet l'émergence d'un système de sélection autonome fondé sur les affinités. Cela va accroître le risque dans la quête du bon partenaire et aboutir à une relation de qualité en cohérence avec les valeurs de la démocratie, d'autant qu'il s'agit d'un choix personnel, gagnant ou perdant et engageant la responsabilité individuelle. Ce risque est condamné aujourd'hui à augmenter, car notre société est de plus en plus marquée, comme on l'a vu, par la rapidité, la volatilité, les incertitudes en tout genre et la solitude, si la vie en couple n'est pas au rendez-vous et si la personne concernée ne dispose pas de suffisamment de ressources. Elle est aussi marquée par un « marché » sans frontières des relations intimes, car le parc des éligibles devient planétaire, ce qui forcément accroît les risques et les incertitudes. Pour gérer cette volatilité, il ne suffit souvent plus d'être rapide, mais de s'installer dans un temps préventif, c'est-à-dire d'être en état de veille permanente et de saisir le premier l'occasion « en or » qui se présente, sans se tromper. Ce qui oblige à être parfois très intime avec une personne qui vous reste relativement étrangère. Ce fonctionnement peut alors malmener, voire déstructurer, l'identité de la personne, si elle se trompe.

Pour toutes ces raisons, la personne a recours à une assistance rationalisée, scientifique et technique, pour gérer aujourd'hui le risque inhérent à la relation affective, sur le modèle de la gestion du risque en économie, dans le secteur bancaire, pour tout ce qui est prêts financiers par exemple ou dans la guerre contre le terrorisme. Dans tous ces cas, il y a, insaisissable, mais réel, un objet amoureux, marchand, financier ou terroriste qui flotte à l'horizon. Comment faire pour l'« abattre » avant

[8] Beck, U. and Beck-Gernsheim, E., 1995, *The Normal Chaos of Love*, Cambridge, MA : Blackwell.

d'être abattu ? La technique du profilage[9] s'impose, vu la brièveté entre décision et exécution, avec des critères techniquement très pointus, souvent quantifiables. Au moins dans un premier temps, le choix se fait sur ces critères dits scientifiques, pour gagner le partenaire parfait, et non sur la connaissance personnelle, réelle ou fantasmée, de l'autre. Le profilage[10], qui traduit donc un glissement d'une connaissance réelle de l'autre, dans un temps réel, vers une technique qui chosifie l'autre, en lui donnant un nombre de points sur une échelle de risque, et qui tend à se généraliser dans certains secteurs, devient un nouveau rituel, un mythe culturel[11] contemporain, la réponse qui paraît la plus adéquate à des situations incontrôlables. Il est, probablement, comme le dit M. Foucault, une nouvelle « technologie de l'identité »[12]. On est bien dans un temps préventif, résultat d'une vitesse et d'une accélération telles que le présent est projeté souvent dans le futur, où les effets déclenchent la cause et non l'inverse. Le présent n'est donc plus l'extension du passé, mais le prélude du futur, voire un présent déjà futur.

Nous venons de voir comment l'effondrement du contrôle institutionnel traditionnel, la montée de l'identité individuelle et de la rationalité, en postmodernité, ont augmenté le niveau du risque et orienté vers des réponses dites rationnelles qui peuvent nous apaiser ou rassurer momentanément, à partir du moment où les « procédures appropriées », dans les rencontres amoureuses, ont été bien respectées et suivies. Et si les enjeux économiques et éducatifs ont diminué avec le temps, le script amoureux reste, lui, le fondement de toute relation affective, avec ou sans mariage. Au final, nous nous trouvons devant une contradiction majeure : d'un côté, des techniques de sélection de plus en plus rationnelles, et de l'autre un sentiment amoureux dont la nature est profondément irrationnelle. Beck ne parle-t-il pas à ce sujet, et pour reprendre le titre de l'un de ses ouvrages, du « chaos normal de

---

[9] Entous, A., Gorman, S., and Barnes, J. E.., 2011, US tightens drone rules. *The Wall Street Journal*, 4th november.

[10] Le bricolage et le profilage ont un point commun : un objet fuyant et insaisissable, avec rupture entre rationalité et intentionnalité, entre cause et effet.

[11] Meyer, J.W. and Rowan, B., 1977, "Institutionalized Organizations: Formal Structure as Myth and Ceremony". *American Journal of Sociology*, 83: 340-363.

[12] Foucault, M., 1988, 'Technologies of the Self', in L. H. Martin, H. Gutman and P. H. Hutton (ed.), *Technologies of the Self*, pp. 9-15, London : Tavistock.

l'amour » ? C'est pourquoi, les gens négocient et renégocient en permanence aujourd'hui ce paradoxe de l'amour[13], sans forcément réduire les risques, mais bien au contraire, en les aggravant.

Portée par un système d'information ouvert qui favorise la vitesse et l'accélération, la sphère publique comme privée est gouvernée par un temps préventif qui génère de l'incertitude, laquelle à son tour incite au contrôle par le biais du bricolage et du profilage. Chacune et chacun des coauteurs de cet ouvrage éclaire, à sa manière, un aspect de cette problématique, un trait de la relation entre familles et économie réflexive du temps. En mobilisant tous les champs disciplinaires, nous avons voulu permettre, à toutes les voix, de s'exprimer le plus librement possible, dans un contexte d'incertitude et de volatilité croissante.

[13] Beck, U. and Beck-Gernsheim, E., ibid.

I.

Mise en contexte :
l'Institut des sciences de la famille,
acteur de son temps

Emma Gounot, héritière et pionnière

Bernadette Angleraud

Emma Gounot, professeur à la faculté catholique de droit à 22 ans, secrétaire générale des Semaines sociales de France à 36 ans, s'illustre dans une carrière d'autant plus brillante qu'elle s'exprime dans des bastions masculins. Pourtant, Emma Gounot n'est pas une boutefeu, elle se place dans un héritage, celui de son père, juriste et militant du catholicisme social, héritage qu'elle sait respecter et adapter aux demandes de la société contemporaine. L'Institut des sciences de la famille est une de ses réalisations, à la croisée d'une histoire et d'une réponse aux évolutions sociales.

Le terreau du catholicisme social

Emmanuel Gounot appartient à ce milieu de jeunes catholiques, mis en route par *Rerum Novarum*, dans le sillage de la Chronique sociale, initiée par Victor Berne et Marius Gonin. Il appartient à la même génération que Joseph Vialatoux, René Biot, pour qui la Chronique est un lieu de réflexion et d'engagement. Juriste, il met ses compétences en droit au service de la Chronique et des nouvelles Semaines sociales.

En 1936, Emmanuel Gounot se rend aux Semaines sociales de France, accompagné de sa fille aînée, Emma, alors âgée de 19 ans et étudiante en droit. Puis vient la guerre, durant laquelle la passation des responsabilités entre le père et la fille va s'opérer dans tous les domaines. En 1939, Emmanuel Gounot étant mobilisé, Emma, sur demande du recteur de la Faculté catholique de droit, reprend son enseignement, mais l'intérim durera jusqu'en 1984 ! 1939 est aussi la date de la première intervention de la jeune femme à la Chronique sociale sur le droit du travail, elle y créera un cercle féminin de réflexion sur le modèle du Cercle Marius

Gonin, lieu de réflexion ouvert aux jeunes hommes. Cette initiative lui vaut, sur demande du cardinal Gerlier, de devenir représentante des différents mouvements chrétiens de jeunes, qui s'étaient repliés sur Lyon.

Si, dans un premier temps, Emma Gounot fait figure de substitut de son père, elle acquiert vite une légitimité, de sorte qu'après-guerre, elle conserve les places acquises, demeurant enseignante à la faculté et jouant un rôle majeur dans les différentes instances du catholicisme social, tandis que les cercles Gonin deviennent un Carrefour mixte. Elle collabore avec Joseph Folliet qui est à la tête de la Chronique sociale et secrétaire général des Semaines sociales de France. En 1952, deux femmes (Emma et Hélène Caron) entrent dans la commission générale, l'année suivante, Emma devient secrétaire générale des Semaines sociales de France dans un contexte d'après-guerre où le mouvement est à la recherche d'un nouveau souffle.

Emma reste à ce poste jusqu'en 1972, date à laquelle les Semaines sociales de France se mettent en sommeil. Dans ces années 1970, chahutées par le contexte général, c'est aussi la Chronique sociale qui s'étiole, son héritage se transmet cependant dans des réalisations telles que l'Institut des sciences de la famille que dirige Emma Gounot.

Le catholicisme social a constitué un terreau qui a nourri l'action des Gounot et leur engagement dans le domaine du droit de la famille. Rien d'étonnant, donc, à ce qu'Emma Gounot soit partie prenante de la résurgence des Semaines sociales de France, dans les années 1990, et, dans ces mêmes années, de l'Antenne sociale qui, à la demande du cardinal Decourtray, recrée un pôle d'études des questions sociales, arrimé à la pensée sociale chrétienne.

UNE CERTAINE IDÉE DE LA FAMILLE

Comme pour le catholicisme social, l'intérêt d'Emma pour la question de la famille est à replacer dans une perspective plus large, qui explique cette volonté d'aborder la question sous un angle novateur, dégagé des perspectives moralisantes.

Elle appartient à une famille de onze enfants, de sorte que son père s'est intéressé « naturellement »[1] aux familles nombreuses. Ainsi, il est devenu, en 1937, président régional de la Ligue des familles nombreuses[2].

Emmanuel Gounot va jouer alors un rôle de premier plan dans la politique familiale française[3], rédigeant un projet de loi qui deviendra la loi du 29 décembre 1942 « Gounot », qui instaure un système de représentation familiale s'appuyant sur un réseau d'associations de base et sur la création d'une union nationale et d'unions départementales d'associations familiales. La loi sera abrogée à la Libération, mais reprise par l'ordonnance du 3 mars 1945 qui crée une structure pyramidale d'associations familiales. Emmanuel Gounot, en 1960, sera président d'honneur de l'Union départementale des associations familiales du Rhône et de la Fédération des familles de France et administrateur de l'Union nationale.

Il s'intéresse également à la famille sous un autre angle avec l'aide à l'enfance. C'était un champ privilégié des œuvres. En 1942, se met en place une coordination entre les œuvres et les instances publiques qui aboutit à la création d'associations régionales pour la Sauvegarde de l'enfance et de l'adolescence[4], dont une à Lyon. En février 1943, Emmanuel Gounot prend la présidence de l'association et sera administrateur de la Sauvegarde jusqu'à sa mort, le relais sera ensuite pris par Emma Gounot jusqu'en 1994.

Un Institut d'études de la famille

En 1948, en annonçant une série de conférences sur la famille à la faculté de droit, Emmanuel Gounot, appelait de ses vœux la fondation

---

[1] Interview d'Emma Gounot, 25 mars 2014.

[2] TALMY (Robert), *Histoire du mouvement familial en France : 1896-1939*, Paris : U.N.C.A.F., 1962.

[3] EMMANUEL (Michel) ; LALOUX (Ludovic) ; MASSON-LERUSTRE (Élisabeth), *Histoire des associations familiales catholiques : Un siècle d'action civique et sociale depuis les Associations catholiques de chefs de famille*, ASSOCIATIONS FAMILIALES CATHOLIQUES, 2005.

[4] Archives de la Sauvegarde de l'enfance et de l'adolescence.

d'une chaire des sciences familiales. C'est sa fille, qui 25 ans plus tard, concrétisera ce souhait.

Emma Gounot, depuis 1940, est enseignante à la faculté, et avocate. Elle plaide dans deux domaines : les affaires familiales (divorces, violences...) et les questions politiques. Ce dernier domaine l'a conduite tout d'abord à défendre, en octobre 1942, en binôme avec son père, des résistants : journalistes et diffuseurs de *Témoignage chrétien* (dont Emmanuel Mounier) et de *Combat*, pour ensuite, à la Libération, prendre la défense de collaborateurs, dans le contexte de l'épuration, puis, au moment de la guerre d'Algérie, de membres du FLN.

À la mort de son père, en 1960, elle recentre ses activités sur l'enseignement, à la faculté et dans des écoles d'assistantes sociales, à commencer par l'École du Sud-Est. Dans ce choix, de nouveau, se croisent catholicisme social et engagement dans les débats contemporains.

En 1944, a été créé à la faculté de droit, en partenariat avec la Chronique sociale, un centre de recherche et de formation sur les questions de société : l'Institut social. La direction est assurée par le président de la Chronique sociale : Joseph Folliet, puis par l'économiste Gilbert Blardone. Emmanuel et Emma Gounot, ayant un pied dans les deux instances, en sont une des chevilles ouvrières. Le programme annuel intègre des cours ou conférences sur la famille. Dans le contexte des années 1960, se constitue, dans le cadre de l'Institut social, un groupe[5] de juristes, dont Emma Gounot, et de théologiens, pour réfléchir aux questions du mariage, du divorce et pour proposer des sessions en cours du soir. À la fin des années 1960, les bouleversements socio-culturels, notamment relatifs à la famille, et les mutations de l'Université, qui s'ouvre à la formation continue et à l'interdisciplinarité, vont permettre à ce groupe d'émerger en tant qu'institut autonome. Dans l'année universitaire 1972/73, l'Institut des sciences de la famille voit le jour et prend son autonomie par rapport à l'Institut social, la directrice en est Emma Gounot. La spécificité de cette structure, rattachée à l'Université catholique, est d'aborder la question de la famille de façon pluridisciplinaire (juristes, sociologues, psychologues, philosophes) et

[5] Emma GOUNOT, « XXe anniversaire de l'ISF », *Bulletin de l'Institut catholique de Lyon*, n°107, oct.-déc. 1994, p.85-90.

pour un public très large. Les événements permettent à l'Institut de trouver son identité[6]. De fait, le vote de la loi Veil, en 1975, génère des demandes de formation, notamment en provenance des directions aux affaires sociales pour leurs travailleurs sociaux. L'Institut met alors en place des journées de formation sur les aspects juridiques, philosophiques, psychologiques. Paradoxe qui fait que l'Institut des sciences de la famille acquiert ses lettres de noblesse en travaillant sur l'IVG !

La dimension pluridisciplinaire et la volonté de fournir un lieu de formation et d'échanges pour dépasser les conflits sur la question de la famille peuvent être vues comme l'expression du décloisonnement de ces années post-soixante-huitardes, mais aussi comme l'héritage d'une tradition née dans la foulée de *Rerum Novarum*.

En conclusion, Emma Gounot a été une pionnière au milieu du XXe siècle. C'est une des rares femmes parvenant à s'imposer dans le milieu des catholiques sociaux, mais aussi dans le monde universitaire et juridique. Certes, elle s'est inscrite dans les pas de son père, mais en y apportant sa personnalité tant dans son métier d'avocate que d'enseignante. En créant l'Institut des sciences de la famille, Emma Gounot a témoigné de la façon originale dont elle souhaitait s'emparer de la question de la famille pour la faire émerger des débats idéologiques, en l'ancrant dans la société globale et en engageant le dialogue.

[6] Interview d'Emma Gounot, 25 mars 2014.

Au commencement de l'Institut des sciences de la famille

Emma Gounot[1]

Il est toujours dangereux de demander à une personne âgée de raconter ses souvenirs : on s'expose à des défaillances de mémoire, donc à des erreurs, et aussi à des récits interminables. Pour les erreurs, il y a ici des témoins ou acteurs plus jeunes qui pourront rectifier. Pour la longueur, j'essaierai de ne pas m'écarter de mes notes et surtout, je ne vous raconterai pas l'histoire de l'ISF, mais seulement ses origines, c'est-à-dire sa préhistoire, et ses premiers pas, qui ont précédé sa naissance officielle.

On m'a dit en effet que l'ISF avait 20 ans (40 ans *ndr*) cette année. Je veux bien l'admettre, mais je le croyais beaucoup plus vieux. C'est qu'en réalité, 1974 est l'année de la déclaration officielle d'un Institut qui avait commencé à fonctionner avant.

Parlant de préhistoire, je voudrais d'abord noter que ce n'est pas par hasard que le projet d'un Institut des sciences de la famille a pu germer et mûrir à Lyon : le terrain était préparé.

Depuis des décennies, à la Chronique sociale et aux facultés catholiques, des hommes avaient pensé, écrit, agi dans le domaine de la Famille :

- des philosophes, comme Joseph Vialatoux, Gabriel Madinier, Jean Lacroix ;

[1] Nous reproduisons ici le récit, par Emma Gounot des commencements – récit qu'elle fit lors du vingtième anniversaire de l'Institut. Cet exposé apporte des données concernant la naissance d'un Institut unique en son genre en France, mais aussi sur le climat de pensée et de recherche qui a précédé et entouré celle-ci à Lyon et dans les années 40-70.

- des médecins, comme le Dr René Biot et le Groupe lyonnais d'études médicales, philosophiques et biologiques ;
- des juristes, en particulier deux doyens successifs de la Faculté catholique de droit, Emmanuel Gounot et Maurice Chavrier, tous deux responsables d'associations familiales et pères de famille nombreuse.

Il y avait là toute une *tradition*, héritière du catholicisme social de Marius Gonin et du personnalisme d'Emmanuel Mounier, dont il ne faut pas oublier qu'il résida et enseigna à Lyon pendant la guerre, jusqu'à son arrestation par la police de Vichy.

D'autre part, l'Institut social, créé à la Faculté catholique de droit en 1944, avait chaque année à son programme des cours ou conférences sur tel ou tel problème concernant la famille.

En 1948, le doyen Emmanuel Gounot annonçant une série de conférences à l'Institut social sur « La famille devant les sciences contemporaines » ajoutait : « première étape, espérons-le, vers la fondation d'une véritable chaire des sciences familiales. » C'était en 1948. Cette chaire ne fut jamais créée, mais une idée était lancée. Quelques années plus tard, en 1964, se constituait, à la Faculté catholique de droit, un petit groupe de juristes, théologiens et canonistes, pour réfléchir sur les problèmes du mariage et du divorce. À la même époque, des médecins et des théologiens travaillaient sur le thème de la régulation des naissances (c'était avant la loi Neuwirth, et aussi avant l'encyclique *Humanae Vitae*, à un moment où l'on espérait pouvoir exercer une influence sur la prise de position de l'Église). Il y avait là des expériences de travail interdisciplinaire. L'erreur était de penser que le droit ou la médecine pouvait interpeller directement la théologie : nous avions oublié la nécessaire médiation de la philosophie. Ce n'est pas de ces rencontres qu'est né directement l'ISF, mais elles montraient du moins le besoin d'un lieu de réflexion et de confrontation sur les problèmes de la famille, et elles étaient la preuve qu'il y avait des personnes prêtes à y travailler.

Or il y avait, en ce temps-là, à Lyon, un responsable de la pastorale familiale qui nourrissait un projet beaucoup plus ambitieux : c'était le père Christian Montfalcon. Comment a-t-il deviné que son projet pouvait m'intéresser ? Je ne sais pas, je sais seulement que nous nous sommes rencontrés. C'était en janvier 1965, chez Georges Cochet, avocat et enseignant comme moi en droit de la famille à la Catho. Christian Montfalcon nous a exposé son projet. J'y ai adhéré et c'est comme cela que tout a commencé... même s'il a fallu du temps pour aboutir. Notons l'année : 1965. C'est à cette date que sociologues et démographes, notamment Louis Roussel, situent le début de la rupture, constatée par la suite, à la fois dans la courbe démographique et dans les idées sur la famille. C'est en effet l'époque où les jeunes générations de l'après-guerre arrivent à l'âge adulte et refusent le modèle familial que leur proposent leurs parents. Ce changement, que les sociologues ont analysé après coup, l'intuition de Christian Montfalcon l'avait pressenti.

Son projet présentait, me semble-t-il, deux grandes caractéristiques, que je me plais à souligner, car elles ont fait l'originalité de l'ISF :

D'une part, il couvrait un domaine très étendu, non seulement le couple, le groupe familial, les problèmes biologiques et juridiques... mais aussi la santé, l'hôpital, le corps, la vieillesse, la ville... rien de ce qui est humain n'est étranger à la famille, donc ne devait être hors de la compétence de l'ISF.

D'autre part, le projet prévoyait un éventail très large de collaborateurs, non seulement des universitaires de disciplines variées, mais aussi des hommes et des femmes de terrain, engagés dans l'action auprès de familles ou de jeunes. Pourquoi ?

Voici comment, dans un document de 1967, nous présentions l'objectif :

« L'ISF veut être un carrefour de rencontre et de confrontation entre spécialistes de diverses sciences humaines (médecins, psychologues, sociologues, juristes, économistes, démographes, urbanistes, etc.) et philosophes et théologiens, et avec ceux qui par leur profession ou par leurs engagements ont des responsabilités dans le domaine de l'action familiale et de l'éducation. Il veut notamment susciter une réflexion philosophique et théologique en fonction des données actuelles des sciences de l'homme et des conditions concrètes de la vie des foyers. »

Réfléchir non pas à partir des principes, mais à partir des réalités vécues par les familles et en découvrir le sens, telle voulait être dès l'origine la démarche de l'ISF.

Donc, à partir de 1965, se constitue, autour du père Montfalcon, un petit groupe de personnes, toutes bénévoles (nous y trouvons déjà Albert Donval) et nous organisons de 1966 à 1968 quelques sessions, en cours du soir, pour tester les attentes du public. Nous le faisions dans le cadre de l'Institut social, car il nous fallait un cadre institutionnel, et nous nous baptisions d'abord « Institut social, section des sciences familiales », puis l'« Institut des sciences familiales ». J'avoue que nous ne nous sommes posé aucune question d'épistémologie avant d'utiliser le mot « sciences ». Le public a répondu très nombreux. Mais c'était un public d'adultes : professionnels de l'action sociale ou de l'éducation, militants associatifs, parents... Or, l'Université catholique n'était pas prête à l'époque à accueillir un Institut s'adressant à un tel public. On avait alors une autre conception de l'Université, la conception généralement admise : l'Université est faite pour des étudiants, c'est-à-dire pour des jeunes sortant du bac et préparant des examens. Un Institut qui s'adresse à des adultes ne peut pas être universitaire.

Devant cette position, faute d'une assise institutionnelle, sans moyens financiers, il était difficile de durer. Ajoutons que, après l'Encyclique *Humanae Vitae*, nous avions quelque peine à trouver des théologiens qui acceptent de travailler avec nous sur les problèmes de la famille. Notre projet a donc été mis quelque temps en sommeil, un peu comme un embryon qui n'aurait pas trouvé de mère porteuse pour l'accueillir. Nous avons juste maintenu quelques cours à l'Institut social.

Nous avons pu le ressortir en 1971 : les circonstances étaient devenues plus favorables à la suite d'une série de changements, dans les mentalités, dans le droit, dans les universités.

1968 avait fait éclater au grand jour toutes les idées nouvelles sur la sexualité et les pratiques nouvelles de vie conjugale. Les théories de Reich sur la révolution sexuelle avaient fait des adeptes. On voyait se développer un phénomène qu'on a d'abord appelé « cohabitation juvénile », avant de devoir renoncer au qualificatif de juvénile quand les cohabitants ont avancé en âge. Il y eut aussi d'éphémères communautés sexuelles.

Inquiétudes et interrogations se multipliaient comme le prouvent les thèmes d'un certain nombre de colloques ou de numéros de revues en 1971. Par exemple : « L'avenir du mariage monogame » ou « Le mariage contesté » ou « Finie la Famille ? ».

Parallèlement, notre droit de la famille, presque immuable depuis Napoléon, se mettait à bouger et des lois nouvelles ou en préparation nous annonçaient : une famille sans chef – une famille sans mariage – pendant que l'on commençait à débattre du divorce par consentement mutuel et de la libéralisation de l'avortement. Plus que jamais apparaissait nécessaire l'existence d'un lieu où l'on puisse informer et réfléchir sans passion sur le sens de ces transformations.

Or, des changements s'étaient produits dans les universités en général et à la Catho en particulier. Après 1968, l'Université française s'interrogeait sur son rôle dans une société en quête de sens. Qu'on se rappelle par exemple les articles de Paul Ricœur. Le mot pluridisciplinaire était devenu à la mode. Et surtout, il n'était plus farfelu de parler d'adultes à l'Université. On commençait à penser que la formation ne s'arrête pas au diplôme, qu'elle doit être continue, permanente. La loi de 1971 consacrera cette idée et assurera le financement de sa réalisation.

L'Université catholique, de son côté, avait entrepris une réflexion sur son devoir (que de réunions n'avons-nous pas eues à l'époque !). Elle pensait qu'elle avait mieux à faire que de doubler l'Université d'État et de préparer aux mêmes diplômes. La faculté de Philosophie envisageait de se transformer en un Institut des sciences de l'homme. Un Institut des sciences de la famille y aurait sa place, car il n'est guère de domaine où se pose davantage le problème du sens de l'homme. Le nouveau recteur de la Catho, le père Chevallier, est très ouvert aux innovations. Le moment est favorable. Le père Montfalcon rédige un papier (4 pages) intitulé modestement « Quelques notes pour une réflexion ». Le recteur non seulement approuve, mais soutient le projet. Il réunit quelques directeurs d'unités pour que je puisse le présenter, car il faudra des professeurs de diverses disciplines. Le président des facultés catholiques, Pierre Roiret, nous fait confiance.

Nous sommes en juin 1971. Il n'est pas possible de mettre sur pied un véritable Institut pour le mois d'octobre, mais nous décidons d'organiser quelques enseignements en cours du soir et des groupes de réflexion, en restant provisoirement dans le cadre de l'Institut social.

Deux professeurs de la faculté de philosophie sont intéressés : Jean-Jacques Paquette, sociologue, et Jean-Claude Sagne, psychologue. Ils constitueront avec Albert Donval et moi la première équipe d'enseignants, très vite rejointe par une conseillère conjugale, Micheline Colin, et un médecin de l'Hôpital Saint-Joseph, le Dr Pierre-Marie Blanc.

Les participants aux cours cette première année sont nombreux ; les groupes de travail sont plus difficiles à faire fonctionner, car il nous faut faire l'apprentissage de l'interdisciplinarité.

Dès l'année universitaire 1972/1973, l'ISF prend son autonomie vis-à-vis de l'Institut social et se présente au sein de l'Université catholique comme un Institut à part entière, même s'il est encore modeste. J'en deviens directeur, sans être nommée à ce poste : loi du premier occupant sans doute.

Cette année-là, une circulaire du ministre de l'Éducation nationale, Fontanet, ayant rendu obligatoire l'information et l'éducation sexuelles dans les écoles, le Secrétariat général de l'enseignement catholique nous demande, par l'intermédiaire du vice-recteur, le père Massot, un travail sur ce thème, travail qui fera l'objet d'une publication. Nous voyons dans cette demande une reconnaissance de notre existence et de notre compétence. À l'occasion de ce travail, nous entrons en contact avec Albert Desserprit qui, assez rapidement, viendra à temps plein à l'ISF comme directeur adjoint et contribuera activement à son développement. Joël Clerget, psychanalyste, viendra un peu plus tard... et bien d'autres que je ne peux nommer.

C'est en 1974 que nous nous déclarons comme un établissement privé d'enseignement supérieur et aussi comme un organisme de formation permanente, puisque l'ISF sera l'un et l'autre. Commence ainsi l'existence officielle de l'Institut des sciences de la famille.

Là s'arrête l'histoire des origines que l'on m'a demandé de vous conter. La suite... si je voulais en parler, je serais interminable, car mes souvenirs sont trop nombreux. Mais vous la voyez par ce colloque : l'ISF a grandi et se porte bien. Il est resté fidèle à la double mission d'enseignement et de recherche que ses fondateurs ont voulu lui donner au sein de l'Université catholique.

Les défis de l'Institut des sciences de la famille depuis 40 ans

Valérie Aubourg

Comment procéder à un historique de l'Institut des sciences de la famille ? Plusieurs portes d'entrée s'offrent à nous :

- celle de ses commencements ;
- celle de ses bâtiments ;
- celle du public, des étudiants et des partenaires ;
- celle de ses formations, publications et colloques ;
- celle des enseignants et directeurs de l'Institut ;

L'évocation de ces différents éléments nous permettra de mettre en lumière trois défis que l'Institut cherche à relever depuis 40 ans :

- proposer des formations professionnelles dans un institut facultaire ;
- favoriser une approche pluridisciplinaire de la famille ;
- inscrire sa démarche dans le champ scientifique tout en menant une réflexion éthique.

Les commencements

Jean Claude Sagne, dominicain, doyen de la faculté de psychologie de l'université Lyon-2, joua un rôle important dans les débuts de l'Institut. Il aimait à raconter son échange avec le cardinal Albert Decourtray alors qu'il venait de prendre sa retraite de l'Université. Le cardinal lui demanda : « Alors, frère Jean Claude, qu'avez-vous appris de toutes ces années de psychologie ? »

Jean Claude Sagne lui répondit : « Tout est dans le commencement ! »

Le commencement de l'Institut des sciences de la famille, c'est Emma Gounot, encouragée par le père Montfalcon, qui avait réuni un groupe de travail dès 1966. Lorsque l'ISF est fondé, Emma Gounot est entourée d'Albert Desserprit comme directeur adjoint. Une équipe l'entoure avec Albert Donval (qui sera plus tard responsable de la formation au conseil conjugal et familial), le docteur Pierre Marie Blanc, le sociologue Jean-Jacques Paquette. Joël Clerget, psychanalyste, les rejoint rapidement.

La figure d'Emma Gounot est déterminante. Personnellement, c'est une des figures féminines les plus marquantes, les plus exceptionnelles qu'il m'ait été donné de rencontrer. J'appelle de mes vœux, je rêve, qu'un scénariste réalise un film à son sujet. Bernadette Angleraud consacre sa contribution à la fondatrice de l'Institut. Dans le texte qu'Emma Gounot avait rédigé pour les 20 ans de l'ISF[1], elle évoque ces commencements en expliquant que cet Institut n'était en réalité pas né en début des années 70, mais avant. 1974 est l'année de la naissance officielle. Emma Gounot se plaît, dans cet article, à décrire cette « préhistoire » de l'Institut (selon ses termes), ce terrain lyonnais particulier dans lequel l'Institut a vu le jour.

LES BÂTIMENTS

– L'ISF est né 29, rue du Plat, dans les locaux de « la Catho ». Il prit ensuite place rue Sainte-Hélène, durant les années 80. Dans cette ancienne demeure de la famille Brac de la Perrière, l'ISF est relativement satisfait d'être hébergé dans des bâtiments indépendants de l'université catholique. Cette localisation symbolise cet entre-deux dans lequel l'Institut s'est installé des années durant : sans renier son insertion dans l'université, il se plaît à cultiver une certaine indépendance, une autonomie.

Avec l'installation de l'ISF place Carnot en 2005, l'Institut prend matériellement sa place dans le pôle facultaire de droit, sciences économiques et sociales. Pascale Boucaud, qui dirige l'Institut cette année-là, fut doyenne de la faculté de droit. Elle contribue à l'insertion

[1] Voir l'article qui précède.

de l'Institut au sein du pôle facultaire. La prochaine étape est devant nous. En 2015, l'ISF déménagera dans les locaux Saint-Paul.

Je note déjà le fait que ces anciennes prisons ne sont pas uniquement, pour l'ISF, un lieu destiné à accueillir bureaux et salles de cours. L'ISF accorde de l'importance à la réalité carcérale : « liens familiaux et détention », tel est l'objet de recherche de notre collègue juriste Marie Douris. Le milieu carcéral est également le lieu de l'exercice professionnel de notre collègue psychologue Danièle Broudeur.

LE PUBLIC ET LES ÉTUDIANTS

Pour faire l'histoire de l'ISF, nous pourrions également nous arrêter sur son public et ses étudiants. Nous ne disposons malheureusement pas de données sociographiques précises au sujet des étudiants. Cependant, mes entretiens à ce sujet avec les membres de l'équipe qui se sont succédé depuis quarante ans dessinent quelques traits caractéristiques.

Tout d'abord, le recrutement est relativement similaire depuis 40 ans : l'ISF attire essentiellement des individus de sexe féminin, qui viennent de toute la France et, quasiment chaque année, un étudiant (au minimum) est originaire d'Afrique et des Antilles. Les étudiants de l'ISF sont dotés d'une certaine expérience de vie : ils ont en moyenne une petite quarantaine d'années, ont déjà exercé une activité professionnelle, et souhaitent la compléter ou se réorienter.

Sur le plan des appartenances confessionnelles, l'ISF attire des catholiques. Chaque année, il accueille des membres de congrégations religieuses, des prêtres et des acteurs de la pastorale familiale. Parce que l'Institut prend place au sein d'une université, qui a prétention à une ouverture, voire une neutralité scientifique, il attire également des croyants qui le rejoignent en estimant que la dimension religieuse peut être prise en compte dans cet Institut sans que le catholicisme leur soit imposé. D'où la présence, dès 1974, d'étudiants protestants, évangéliques, mais également musulmans et juifs. Outre le fait que des personnes athées ou agnostiques ont toujours trouvé leur place dans ces formations, notons la présence régulière de militantes féministes, situées « à gauche de l'échiquier politique ».

Formations, publications et colloques

En 40 ans, plus de cinquante colloques et ouvrages figurent parmi les productions scientifiques de l'institut. À travers les thématiques développées lors des colloques organisés à l'ISF et dans les publications de ses chercheurs, soulignons le fait que l'ISF apparaisse comme un laboratoire privilégié d'observation des dynamiques à l'œuvre dans la société française. Il s'agit, par exemple, en ce qui concerne la période actuelle, des phénomènes liés à la mondialisation et à la pluralisation culturelle qui impriment les recherches de nos collègues Kamel Arar, Georges Eid, Gisèle Wehbe. La question de l'interculturalité est non seulement un objet de recherche, mais elle s'observe également dans la constitution de l'équipe de l'institut.

Les enseignants et les directeurs

Je n'ai pas eu matériellement le temps de rencontrer tous les enseignants de l'ISF, mais j'ai rencontré tous ses directeurs. Avec chacun, nous avons passé en revue les éléments clés de son mandat. À chacun, j'ai également demandé quelle était selon lui l'identité de l'ISF. En termes religieux, nous parlerions de sa « vocation ». Plus prosaïquement, nous pourrions parler de son défi, de ses enjeux.

Emma Gounot (1974-1984) professeur de droit, fonde l'institut. Elle démarre les formations longues : conseil conjugal et familial, éducation à la vie. Elle anime de très nombreuses sessions de formation-information, d'une journée, destinées aux travailleurs sociaux. À l'aube de la réforme sur le divorce, au moment où la loi Veil est votée à l'Assemblée nationale, les professionnels du monde médical et social sont déroutés. Ils viennent par centaines se former à l'Institut des sciences de la famille des années durant. Emma Gounot et son équipe ne se contentent pas de proposer à Lyon une approche pluridisciplinaire de ces questions familiales, ils parcourent tous les départements environnants. Entre 1974 et 1977, ils se rendent à Bourg-en-Bresse, Saint-Étienne, Grenoble, au Puy-en-Velay, à Belfort, à Auxerre et même à Paris. Ils interviennent auprès de la DDASS du Rhône, de la fédération de familles rurales, de l'ADMR, de la MSA, de l'UDAF, de l'enseignement catholique, etc. Même le personnel de la SNCF, en janvier et mai 1977, participe à une journée de

« sensibilisation aux problèmes de couples et de la famille », alors qu'une conférence tout public est organisée à la bibliothèque municipale d'Autun en 1977 sur le thème du mariage.

Soulignons également de nombreuses interventions en milieu catholique. À titre d'exemple, en 1974 : 25 personnes de la paroisse de Buxy (Saône-et-Loire) se réunissent sur la question du mariage, 160 responsables de la préparation au mariage (CPM) et 60 prêtres de la pastorale familiale Centre Est se forment à Lyon.

Joël Clerget (1984-86) est psychanalyste. Il est membre de l'École freudienne de Paris (fondée par Lacan). Avec lui, l'approche psychanalytique vient imprimer les formations au conseil conjugal et familial et à l'éducation à la vie.

Xavier Lacroix (1986-94), professeur de théologie, initie la formation à la Médiation familiale qu'il confie à Bernadette Barthelet, alors membre de l'équipe de l'Institut. Le choix des thématiques, des sessions de formation, comme l'objet de ses nombreuses publications, témoignent de la place que Xavier Lacroix accorde à l'approche théologique. Il se donne pour objectif de « présenter les deux points de vue en présence : la parole de l'Église catholique et le discours actuel ». Et surtout, il a « le souci de mettre en tension, de questionner, de débattre ».

Bernadette Barthelet (1994-98) est docteur en droit. Cherchant à ouvrir l'ISF sur la société civile, elle noue des relations avec de nombreux partenaires locaux. Veillant à soutenir les initiatives des membres de l'équipe, elle promeut le développement de la médiation familiale – qui sera l'affaire de Liliana Perrone –, elle encourage la création du Redif (Réseau européen des instituts de la famille) – à l'initiative de Paul Moreau.

Chantale Rodet (1998-2002) est docteur en sociologie. Elle entre à l'ISF en tant que psychologue, mais, très rapidement, elle soutient un doctorat de sociologie et un Master recherche sur le langage. Son souci sera d'apporter une légitimité scientifique à l'ISF. En 2000, elle accueille le premier colloque du Redif à Lyon.

Pierre Benoit (2003-2006) est philosophe et diacre du diocèse de Lyon. Comme les autres directeurs, il lui importe de « penser les complexités de la famille dans un cadre pluridisciplinaire et universitaire ». Il souhaite également qu'elles soient pensées en référence au catholicisme. Il cherche à problématiser les questions auxquelles la famille est confrontée, mais en faisant droit à la manière catholique de voir les choses. Il ne s'agit pas pour lui de promouvoir un enseignement qui serait religieux mais d'honorer l'appartenance confessionnelle de l'université. Par conséquent, l'ISF attire en ces années-là un public appartenant aux réseaux catholiques locaux plus nombreux qu'auparavant.

Pascale Boucaud (2007-2012) est professeur de droit. Elle prend la responsabilité de l'Institut dans un contexte institutionnel tendu qu'elle apaise en sa qualité de juriste. Elle remobilise l'équipe de l'Institut autour de deux projets forts : une formation sur la parenté auprès des agents du conseil général du Rhône et un projet de recherche mené avec onze partenaires européens. Elle prépare également la mise en place d'un Master I carrières judiciaires option droit de l'enfant.

À cette liste de directeurs successifs, il convient d'ajouter les noms de Denise Le Loup, vice-rectrice de l'université catholique de Lyon (directrice de l'ISF par intérim en 2002) et Laurent Gédéon, doyen de la FDSES (directeur par intérim de 2006 à 2007).

Trois défis

L'évocation de ces différents éléments fait apparaître, de manière sous-jacente, combien la personnalité des directeurs et leurs différentes représentations de l'Institut ont pu tour à tour donner à l'Institut une couleur particulière. Cependant, tous furent confrontés à trois défis, qu'Emma Gounot, en femme audacieuse (voire malicieuse), avait lancés dès le démarrage de l'ISF.

1. Proposer des formations professionnelles dans un institut facultaire

S'il semble aujourd'hui acquis qu'une formation professionnalisante puisse trouver sa place au sein d'une faculté, cela ne l'était pas dans les années 60. Le recteur de l'époque ne le concevait pas. Il a fallu attendre son remplacement pour qu'Emma Gounot puisse mettre en œuvre un tel projet. Ceci étant dit, tout en étant persuadée de la place qu'une formation professionnelle pouvait prendre au sein d'une université,

Emma Gounot ne le concevait qu'à la condition de ne pas renoncer aux exigences universitaires.

Actuellement, cette double approche est mise en œuvre à l'Institut. Il n'empêche que bien des débats continuent à avoir cours autour de ce double ancrage. Le risque de favoriser un aspect au détriment de l'autre est constant.

2. Favoriser une approche pluridisciplinaire de la famille

Selon Emma Gounot, la matière juridique prise isolément est « desséchante ». Elle-même, comme son père du reste, aurait souhaité entreprendre des études de philosophie en parallèle à ses études de droit. Créer un Institut de droit de la famille ne comportait à ses yeux aucune originalité. L'approche pluridisciplinaire de la famille était, au début des années 70, une nouveauté. En France, cet Institut demeure unique en son genre.

Au sein même des champs disciplinaires, l'Institut favorise une multiplicité des approches. Dans le cas de la psychologie du couple par exemple, l'approche psychanalytique côtoie l'approche systémique au sein de l'ISF.

Là encore, cette pluralité est une chance, tout en étant un défi. Existe en permanence le risque d'assister à des superpositions, des juxtapositions, voire des ignorances réciproques.

3. Inscrire sa démarche dans le champ scientifique tout en menant une réflexion éthique

Qui dit « université » dit « approche scientifique ». Il s'agit de prendre pour objet d'étude la famille, de la décrire, de la manière la plus neutre et le plus distanciée qui soit.

Qui dit « catholique » dit « faire droit à des valeurs, des questionnements éthiques », non pour « catéchiser » les étudiants, mais pour mettre en tension les différents points de vue, engager une réflexion critique sur la signification des conduites ainsi que sur les valeurs et les normes que se donnent les membres d'une société ou d'un groupe pour guider et réguler leurs actions.

Selon les recteurs, les directeurs, les enseignants, les étudiants, l'Institut s'est tantôt vu reprocher son manque d'engagement d'un côté ou de l'autre ou, à l'inverse, son manque de distance.

Ceci étant dit, cette tension ne met pas uniquement en jeu les acteurs de l'Institut. En effet, l'ISF n'est pas uniquement l'objet de dynamiques internes, mais il est également l'objet d'enjeux qui traversent, plus largement, le catholicisme et la société française depuis 40 ans[2].

Conclusion

Mademoiselle Gounot a fondé, il y a 40 ans, un Institut unique et original. Ce faisant, elle n'a pas cherché le confort et la tranquillité. Elle prit trois risques majeurs, aujourd'hui encore sources de tensions. La situation demeure inconfortable, mais d'une incroyable richesse et d'une créativité toujours d'actualité.

---

[2] Cf. Pelletier Denis, « Les évêques de France et la République de l'intime – 1968-2005 », in Céline Béraud, Frédéric Gugelot, Isabelle Saint-Martin (dir.), *Catholicisme en tensions*, Paris, Éditions de l'EHESS, 2012, p. 179-190.

La famille, l'Église, l'Université

Paul Servais

Si les liens entre la famille et l'Église retiennent l'attention de longue date, il en va un peu différemment pour ceux qui se concrétisent entre famille et Université depuis quelques décennies, a fortiori dans un contexte où les relations entre Église et Université sont à la fois fortes et évolutives.

Un anniversaire, qui plus est, symbolique comme celui que célèbre l'ISF de Lyon, est dès lors une excellente occasion de faire le point sur ce triangle spécifique et de le remettre dans une perspective historique. Ce qui, somme toute, est très cohérent avec la thématique qui est au cœur de la réflexion : le temps et les familles, comme avec l'actualité la plus brûlante : la clôture de la première session du synode sur la famille.

Je procéderai en trois étapes, retraçant successivement les évolutions récentes de la famille, l'évolution des perceptions ecclésiales de la famille et ses transformations, enfin, l'intervention de l'Université, et ses modalités, dans ces mutations.

Des évolutions récentes de la famille

C'est un lieu commun de constater que, depuis la Seconde Guerre mondiale, la famille occidentale s'est profondément transformée. De réelles évolutions étaient déjà intervenues entre 1750 et 1950 dans le cadre du processus de modernisation qu'a connu le monde occidental, marqué par l'industrialisation, l'urbanisation et la laïcisation. Mais le rythme de ces changements s'accélère de manière impressionnante depuis les Trente Glorieuses[1] et jusqu'à nos jours. Sans prétention à l'exhaustivité, on peut relever quatre domaines où ces mouvements sont particulièrement sensibles.

Le premier est sans doute le rôle et la place de la famille dans l'économie occidentale. Durant des millénaires, dans un cadre d'efficacité limitée, de pénurie largement répandue et d'orientation fondamentale vers l'autoconsommation plutôt que vers le marché, la famille a représenté une cellule de production de « richesses ». Tous les membres de la famille, que ce soit au sein de l'exploitation agricole, dans l'atelier de l'artisan ou derrière le comptoir de la boutique, étaient appelés à contribuer à la production des moyens d'existence de la famille et, dans le meilleur des cas, au développement de son patrimoine. Comme le soulignait déjà Raymond Aron il y a près d'un demi-siècle[2], l'industrialisation entraîne une progressive distanciation entre la famille et le travail, notamment avec le développement du salariat et l'accroissement de la taille des entreprises. Ce mouvement est accentué, du moins pendant un temps, par le repli vers la sphère privée de nombreuses femmes qui, sous l'impact de l'idéologie bourgeoise de la famille, quittent, lorsqu'elles en ont la possibilité, leurs activités productrices rémunérées. Et leur retour, durant les deux guerres mondiales, puis à partir des Trente Glorieuses, ne fait que confirmer cette séparation du monde du travail et du monde de la famille. Ce qui transforme profondément la fonction économique de la cellule familiale, la concentrant cette fois sur la consommation des richesses et non plus sur leur production.

Le second est probablement la composition de la famille et les caractéristiques de ses membres. La mutation est cette fois celle d'une cellule démographique, qui connaît une double évolution. La transition démographique[3], qui s'enclenche dès la 2e moitié du XVIIIe siècle, affecte

[1] Fourastié, Jean, *Les Trente Glorieuses ou la révolution invisible de 1946 à 1975*, Paris, Fayard, 1979.

[2] Aron, Raymond, *Dix-huit leçons sur la société industrielle*, Paris, Gallimard, 1963.

[3] Voir Jean-Pierre Bardet et Jacques Dupâquier (dir.), *Histoire des populations européennes*, t. 1 : *Des origines aux prémices de la révolution démographique*, t.2 : *La révolution démographique 1750-1914*, t.3 : *Les temps incertains 1914-1998*, Paris, Fayard, 1998-1999.

la taille de la famille en deux temps. Un premier moment, d'abaissement du taux de mortalité, particulièrement infantile, entraîne une augmentation de la taille des familles. Le XIXe siècle devient ainsi le siècle des familles nombreuses, comme en témoignent une multitude d'albums de photos, dans un contexte général de croissance de la population et de croissance économique. Cette évolution s'infléchit, dans un 2e temps, par le biais d'un abaissement du taux de natalité. La taille de la cellule familiale se stabilise progressivement, puis, au milieu des années 60, commence à diminuer de manière de plus en plus rapide. C'est d'abord le fait de cette 2e révolution démographique, mais l'explosion du divorce joue également un rôle dans cette diminution de taille. Quant aux caractéristiques de ses membres, elles évoluent également en deux temps. La première, liée à l'augmentation du nombre d'enfants en vie, est un rajeunissement global de la structure familiale. La seconde, liée à la fois à la baisse de la natalité et à l'augmentation de l'espérance de vie, entraîne au contraire un vieillissement de cette même structure.

La troisième est sans aucun doute la densité du lien social et du réseau dans lequel s'intègre la famille. Sous certains angles, on pourrait considérer que le mouvement à l'œuvre est un processus d'émancipation, d'une part, d'un contrôle communautaire parfois pesant, d'autre part d'un impératif de solidarité à la fois légal, économique et social. Très sensible au village, mais aussi dans les quartiers des grandes villes encore durant la première moitié du XXe siècle, l'influence, ou à tout le moins la présence de la communauté, se manifeste lors de tous les grands événements qui marquent la vie de famille, qu'il s'agisse de la naissance, de la mort ou, plus particulièrement, de la formation du couple et du mariage. L'urbanisation croissante a naturellement abouti à une distanciation et à un affaiblissement du lien entre les communautés d'origine et les familles ayant migré à la ville. Le réaménagement urbain qui intervient après la Seconde Guerre mondiale, quant à lui, entraîne une distance plus grande entre famille et voisinage. Cette émancipation peut être vécue de manière positive, comme une forme d'autonomisation, voire de libération. Elle peut cependant être également vécue comme une forme de perte, voire d'abandon, aboutissant à un isolement de la cellule familiale et de ses membres dans une foule de plus en plus anonyme. D'autant que les solidarités traditionnelles – qu'il ne faut pourtant pas idéaliser – ont également tendance à s'estomper durant cette période. Joue naturellement en ce sens la distance géographique entre parents et apparentés engendrée par l'urbanisation dans un contexte de mobilité toujours limitée. Mais le moteur essentiel de cette évolution réside sans doute dans la mise en place après la Seconde Guerre mondiale, de systèmes amples et intégrés de sécurité sociale. Ces mécanismes anonymes de solidarité se substituent dès lors de plus en plus aux liens traditionnels de soutien, d'aide et d'assistance. Le sentiment d'autonomie et de liberté individuelle s'en trouve naturellement accru, mais l'isolement également.

Enfin, comme cellule éducative et affective, la famille se trouve également concurrencée et fragilisée. La concurrence qui l'affecte émane d'abord du développement de l'institution scolaire. C'est que l'école, qui finit par toucher la quasi-totalité des enfants, puis des jeunes, ne limite pas ses missions à la formation intellectuelle, quel qu'en soit le niveau. Elle se préoccupe également, et directement, d'éducation civique, morale, religieuse, ou encore hygiénique et de civilité. Et indirectement, les manuels scolaires témoignent de visions du monde, de la société, de la famille, des relations, qui constituent autant d'alternatives potentielles à l'éducation familiale. Joue dans le même sens l'éducation par les pairs, y compris dans le cadre du développement des mouvements de jeunesse. Et il en va de même de l'encadrement par les Églises, ou les partis, avant que les mass media n'imprègnent la société de leurs images et de leurs représentations, sans parler de l'importance de plus en plus grande des réseaux sociaux rendus possibles par l'explosion des technologies de l'information et de la communication. La position de la famille dans ce pluralisme éducatif, au sens large du terme, est d'autant plus délicate qu'elle-même se trouve fragilisée, du moins dans sa version bourgeoise, dominante en Europe occidentale depuis le XIXe siècle, par différentes circonstances. La première est sans doute le divorce, qui reste à des niveaux relativement bas jusqu'à la Seconde Guerre mondiale, puis ne cesse de croître à dater du milieu des années 60, ce qui provoque la décomposition du tissu conjugal et familial, entraîne de multiples formes de recomposition, et rend difficile le maintien d'une culture partagée s'exprimant notamment par une ritualisation forte de la vie privée. La seconde réside sans doute dans la précarisation économique engendrée par l'apparition d'un chômage de nature structurelle à partir de la crise du milieu des années 70. Enfin, le développement de l'individualisme contemporain constitue sans doute un 3e facteur essentiel d'affaiblissement de la cellule familiale et du ménage, comme en témoignent l'augmentation constante du nombre des ménages d'une personne, le phénomène « living apart together »[4], ou encore celle des colocations, popularisées par la série télévisée « Friends »[5].

L'Église ne pouvait « naturellement » rester indifférente à ces évolutions. Comment remettre en perspective cette interaction de l'Église et des familles ?

L'ÉGLISE ET LES FAMILLES : DES RELATIONS MOUVEMENTÉES

Il peut sembler « naturel » de s'interroger sur les prises de position de l'Église face à cette révolution familiale. Pourtant, à y regarder de plus près, les relations de l'institution ecclésiale et des familles n'ont pas toujours été simples et consensuelles. Il suffit pour s'en convaincre de retourner à la source.

Les textes évangéliques nous présentent bien sûr la Sainte Famille en différentes circonstances et la parabole du Fils prodigue[6] est connue de tous comme exemple de l'amour paternel inconditionnel. Mais lorsque Jésus répond à ceux qui lui annoncent que sa mère et ses frères le cherchent en demandant « Qui sont ma mère et mes frères… ? »[7], de quel rapport à la famille parle-t-il ?

Un peu plus tard, si l'on suit les analyses de l'anthropologue britannique Jack Goody[8], on peut penser que l'Église, lorsqu'elle se développe, adopte une attitude de concurrence, voire d'hostilité vis-à-vis de la famille. Il est vrai qu'il ne s'agit pas de la famille conjugale, telle que

[4] Voir de Singly, François, *Libres ensemble. L'individualisme dans la vie commune*, Paris, Nathan, 2000 ou Klinenberg, Eric, *Going solo. The extraordinary rise and surprising appeal of living alone*, New York, The Penguin Press, 2012.

[5] Peltier, Stefan, *Friends, la famille idéale*, Achères-la-Forêt, DLM Éditions, 1999.

[6] Luc, 15, 11-24.

[7] Luc, 8, 20-21.

[8] Goody, Jack, *The development of the family and marriage in Europe*, Cambridge, Cambridge University Press, 1983.

nous l'entendons d'ordinaire, mais plutôt de la « gens » romaine, ce clan aux nombreuses ramifications, et de son équivalent germanique. Elle met dès lors en place toute une stratégie, particulièrement en matière de mariage, qui vise à disloquer cette grande famille traditionnelle et à faciliter par le fait même le transfert des patrimoines familiaux vers les institutions d'Église, dont les besoins vont croissant. C'est notamment le cas avec l'interdit de la consanguinité des futurs époux et la forte extension des degrés de parenté concernés, alors que cet élargissement ne trouve aucune justification dans les Écritures. C'est encore le cas pour la valorisation du non-remariage après un veuvage ou pour l'affirmation de la validité du mariage du seul fait du consentement des deux époux, abstraction faite donc des éventuels projets d'alliance entre familles. Ces différents éléments seront repris au concile de Trente et constitueront un des obstacles importants à la réception du concile, notamment en France. L'attitude de l'Église vis-à-vis du divorce, interprétée par certains[9] comme un conflit entre deux morales et deux registres de priorités, pourra, elle aussi, engendrer de sérieux conflits entre Église et familles, surtout aristocrates, même si tous n'auront pas la dimension de celui qui opposa la papauté à Henri VIII d'Angleterre.

Concentrée sur le mariage et ses conditions de validité ou ses fins ultimes, notamment de procréation, l'Église n'en vient que tardivement à proposer aux couples ce que l'on pourrait qualifier de spiritualité conjugale, par exemple avec saint François de Sales[10] ou saint Alphonse de Liguori[11]. Et il faut attendre le XIXe siècle pour que s'exprime clairement une spiritualité familiale[12]. Encore faut-il noter que c'est dans un contexte nouveau, et très particulier, celui qui suit la Révolution française et sa déferlante européenne, enclenchant le mouvement de

---

[9] Duby, Georges, *Le chevalier, la femme, le prêtre*, Paris, Hachette, 1982.

[10] François de Sales, *Introduction à la vie dévote*, 1609.

[11] Jones, Frédérick M., *Alphonse de Liguori 1696-1787 : Fondateur des Rédemptoristes*, Dublin, Gill and Macmillan Ltd, 2012 (1re éd. 1992) ; Liguori, A. de, *Abrégé de la Théologie Morale,* avec des notes et des dissertations par Joseph Frassinetti, traduit de la huitième édition italienne par l'abbé P. Fourez, Braine-le-Comte, Imprimerie Zech et Fils, 2 vol., 1896.

[12] Walsch, Agnès, *La Spiritualité conjugale dans le catholicisme français, XVIe-XXe siècle*, Paris, Cerf, 2002.

laïcisation magistralement analysé par René Rémond[13]. Pour Lieve Gevers[14], progressivement exclue de la sphère publique ou renvoyée à ses marges, l'Église en vient à se concentrer sur la sphère privée et l'institution sociale qui en constitue le pilier essentiel, la famille. Mais, à nouveau, il ne s'agit pas de n'importe quelle famille. Le modèle qui est promu par les discours des évêques[15], les livres des moralistes[16], les conseils des confesseurs, est un modèle typiquement bourgeois et patriarcal, tout à fait dans l'air du temps de ces « bourgeois conquérants », suivant l'heureuse expression de Charles Morazé[17]. Hiérarchie et accueil de l'enfant, sous la puissance paternelle, y vont de pair, marqués cependant par une réelle dévotion à la Sainte Famille. Le procès en béatification du couple des parents de la petite Thérèse de Lisieux, les Martin, se situe d'ailleurs dans le droit fil de cette nouvelle accentuation. Et les relais vers les fidèles sont nombreux, dès le XIXe siècle, mais encore plus au XXe siècle, qu'il s'agisse d'encycliques papales[18], de lettres épiscopales[19], de prêches paroissiaux[20], de mouvements, tels Les Equipes Notre Dame[21] ou Marriage Encounter[22].

---

[13] Rémond, René, *Religion et société en Europe aux XIXe et XXe siècles. Essai sur la sécularisation*, Paris, Seuil, 1996.

[14] Gevers, L., Gezin, « Religie en moderniteit. Visie en strategie van de Belgische bisschoppen (1830-1940) », in *Trajecta*, 1995, n°2, pp. 103-121.

[15] Van Breugel, Raphaël, Famille, femme et enfant dans le discours des évêques français de 1870 à 1905, Louvain-la-Neuve, mémoire inédit de master en histoire, 1998.

[16] Capitani, Tania, Famille et éducation morale : discours et idéologie, 1850-1930, Louvain-la-Neuve, mémoire inédit de master en histoire, 1992.

[17] Morazé, Charles, *Les bourgeois conquérants*, Paris, Armand Colin, 1953.

[18] Léon XIII, Lettre encyclique sur le mariage chrétien, donnée à Rome le 10 février 1880, in *Lettres apostoliques de S.S. Léon XIII*, Paris, t.I, s.d., pp.76-109 ; Pie XI, Lettre encyclique sur le mariage donnée à Rome le 31 décembre 1930, in *Actes de SS Pie XI*, t. IV, Paris, Maison de la bonne presse, 1932, pp. 242-326.

[19] Delcuve, Georges, *Recherches relatives aux sources de l'histoire de l'enseignement religieux en Belgique (1800-1950). Lettres pastorales des évêques de Belgique (1800-1950), classement et étude analytique des documents*, Bruxelles, Centre interuniversitaire d'histoire contemporaine et Centre international d'études de la formation religieuse, 1965.

[20] Grégoire, L. (1966), Recherches sur les missions paroissiales prêchées par les rédemptoristes dans le diocèse de Liège de 1833 à 1852, UCL, mémoire inédit de licence en histoire, 1966.

[21] Walsch, Agnès, *Le Père Caffarel*, Le Plan sur Bex (Suisse), Parole et Silence, 2011.

L'apostolat, direct ou indirect, par le livre est également mobilisé, orienté vers des publics spécifiques, qu'il s'agisse des essais du père Sertillanges[23], des romans de Berthe Bernage[24], des « journaux » de Michel Quoist[25].

L'après-Seconde Guerre mondiale va cependant voir l'Église et les familles prendre à nouveau des chemins de plus en plus divergents. C'est que dans de nombreux domaines, des changements majeurs se font jour et avec eux apparaissent de multiples pierres d'achoppement.

La première est certainement le contrôle des naissances. La question est à l'ordre du jour depuis le dernier tiers du XIXe siècle. Le cardinal Mercier, comme le pape Pie XI s'en sont saisis[26]. Des affirmations ont été réitérées quant à la vision procréative du mariage et au refus de toute contraception artificielle, essentiellement masculine et mécanique alors. La proposition d'une méthode naturelle de limitation des naissances autre que l'abstinence est malgré tout faite. Mais la découverte, puis la diffusion, de la contraception chimique, la « pilule » du Dr Pincus, à la fin des années 50 et durant les années 60, oblige l'Église à reprendre la réflexion. Une commission internationale de théologiens et de moralistes est convoquée à la demande du pape Paul VI. Elle remet un rapport qui tend, à la majorité, à reconnaître la licéité de la contraception, y compris dans ses formes mécaniques et chimiques. C'est pourtant une nouvelle condamnation que formule l'encyclique *Humanae Vitae* de 1968, promulguée sans que soit pris en compte l'avis de la commission et sans que joue le principe de collégialité, dont l'importance avait pourtant été

---

22 http://en.wikipedia.org/wiki/Marriage_Encounter.

23 Sertillanges, Albin Damase, *L'amour chrétien*, Paris, J. Gabalda, 1919 ; Id., *Féminisme et Christianisme*, Paris, J. Gabalda, 1908 ; Id., La vie intellectuelle, Paris, Ed. de la revue des jeunes, 1921.

24 Servais, P., « La religion de Brigitte. Avatar du roman d'éducation et de formation », in *Jeunesse, éducation et religion au XXe siècle. En mémoire à Alain-René Michel*, Textes réunis par Philippe Guignet et Jean-François Chanet, *Revue du Nord, Hors Série. Collection Histoire*, n° 23, 2009, pp. 139-154.

25 Servais, Paul, « Transmettre la foi en parallèle à l'école : les choix de Michel Quoist après la Seconde Guerre mondiale », in Brigitte Caulier et Joël Molinario ; *Enseigner les religions. Regards et apports de l'histoire*, Sainte-Foy (Québec), Presses de l'Université Laval, 2014, p. 233-248.

26 Stengers, Jean, « Les pratiques anticonceptionnelles dans le mariage au XIXe et au XXe siècle : problèmes humains et attitudes religieuses », in *Revue Belge de Philologie et d'Histoire*, 1971, pp. 1119-1174.

soulignée lors du concile. Pour de très nombreux couples mariés, catholiques et pratiquants, c'est à la fois totalement déconnecté des réalités de la vie de couple, difficilement compréhensible, et difficilement acceptable. Plusieurs conférences épiscopales vont d'ailleurs rappeler que l'instance morale ultime pour les fidèles est la conscience personnelle éclairée. Il n'en reste pas moins que, dans le monde occidental en tout cas, un fossé se creuse entre les pratiques des couples et l'enseignement de l'Église. Beaucoup quitteront les églises sur la pointe des pieds et bon nombre de ceux qui resteront ne tiendront pas compte de cette prise de position du magistère.

La question du divorce, notamment celle de la participation des divorcés remariés aux sacrements, mais également, peut-être de manière plus récente, de multiples controverses touchant à différents aspects de la sexualité, au célibat ecclésiastique, voire à l'attitude de l'Église vis-à-vis des abus sexuels commis par des membres de l'institution, ne feront qu'agrandir un gouffre et accélérer une hémorragie de fidèles.

Toutefois, de nombreux responsables de l'institution ecclésiale sont, très tôt, conscients de la nécessité absolue d'étudier les bouleversements en cours, de les comprendre, pour pouvoir y réagir de manière adéquate. Pour eux, le recours à l'Université s'impose, en quelque sorte, comme une évidence.

L'Université et la famille

Recourir à l'Université pour tenter de comprendre ce qui se joue en matière de famille dans la société renvoie d'abord aux rôles successifs, et cumulés, de l'institution universitaire.

Jusqu'au début du 19e siècle, l'Université est essentiellement une instance de transmission de la connaissance. S'appuyant sur la méthode et la tradition scolastiques, elle retrouve par l'analyse des textes un savoir enfoui que ses maîtres transmettent à un petit nombre d'étudiants. Seuls quelques-uns de ces enseignants, le plus souvent, mais pas exclusivement, clercs, formés dans une ou plusieurs orientations et marqués par la pérégrination académique, vont contribuer à enrichir et développer ce trésor de connaissances, par exemple Vésale et l'anatomie ou Mercator et la géographie/cartographie. Le prestige de l'institution, comme d'ailleurs le formalisme de ses procédures d'analyse et de validation des compétences, en font en outre une instance de légitimation des prises de position, plus particulièrement peut-être en matière de théologie et de pastorale. En témoignent, parmi bien d'autres, la condamnation de la position des Jésuites dans la Querelle des rites chinois par la Sorbonne ou encore les controverses autour du jansénisme, qui animent aussi bien la Sorbonne que l'Université de Louvain. Globalement, dès le XVIIe et le XVIIIe siècle, la création des savoirs, ce que l'on n'appelle pas encore la recherche scientifique, se fait plutôt en dehors de l'Université, sous l'impulsion des académies et des sociétés savantes.

Cette situation change progressivement, mais significativement, au XIXe siècle. Sous l'influence du modèle allemand de l'université humboldtienne, une université dite « de recherche » se crée, puis se diffuse. Séminaires et laboratoires y jouent un rôle de plus en plus important et, si l'objectif est toujours de former des cadres, la structure universitaire va se réformer et bourgeonner, puis s'adapter à la fois à l'évolution de la société et à une mission qui s'impose dorénavant comme consubstantielle à l'Université, la recherche, quels qu'en soient les domaines et les objets. Qui plus est, la création d'une logique d'enseignements en niveaux successifs imbriqués – primaire, secondaire, universitaire – situe l'Université au sommet d'une pyramide des savoirs, en fait une référence intellectuelle rarement contestée, sauf peut-être par ses membres eux-mêmes.

L'Université se complète dès lors, à côté de ses missions d'enseignement et de recherche, d'une mission de service : éclairer, voire guider, la société.

Cette mission générale, l'Université la concrétise très tôt en ce qui concerne la famille. Ce sont les juristes qui s'y intéressent les premiers, lorsqu'ils sont amenés à gérer les conséquences de la promulgation du Code civil de Napoléon et les effets de la rupture qu'elle entraîne avec l'ancien droit coutumier, voire avec le droit écrit d'Ancien Régime. Des approches sociologiques leur emboîtent le pas, d'abord en dehors de l'institution universitaire, par exemple avec Frédéric Le Play, puis en son sein, que ce soit en Europe avec Durkheim ou, un peu plus tard, aux États-Unis avec Parsons. La psychologie, progressivement détachée de la philosophie, apporte ensuite sa touche, comme la démographie et, plus tardivement, la médecine, par le biais de la procréation, puis de la sexualité. Il n'est pas jusqu'à l'histoire qui se préoccupe de la famille, avec le livre fondateur de Philippe Ariès en 1960.

C'est donc logiquement que l'Église, a fortiori lorsqu'elle fait partie de son pouvoir organisateur, se tourne vers l'Université à la fois pour qu'elle forme aux valeurs familiales et conjugales qu'elle porte et pour lui demander de l'éclairer sur les évolutions de plus en plus visibles, les structures sociales qui en sont les moteurs, et les formes de réaction les plus adéquates. À Louvain, le déclencheur est le Congrès mondial de la santé tenu à Bruxelles en 1958. Sous l'impulsion du futur cardinal L.J. Suenens, plus tard un des secrétaires généraux du Concile, animateur du Mouvement du Renouveau Charismatique, l'Université catholique de Louvain décide l'ouverture, pour l'année académique 1960-61, d'un Institut des sciences de la famille. Elle contribue ainsi à la différenciation et à l'institutionnalisation d'un objet de recherche et d'enseignement spécifique. Le moment est tout, sauf indifférent. En effet, le tournant des années 60 et 70 constitue une période clé de prise de conscience des mutations, parfois en cheminement souterrain de longue date, que vivent la société et, en son sein, la famille[27]. L'ancrage religieux et idéologique est également significatif. C'est le monde catholique qui confirme ainsi sa préoccupation familiale, mais aussi son questionnement face aux nouveaux comportements sexuels et aux nouvelles formes de gestion de la sexualité. Enfin, du point de vue de l'Université, la forme prise par cette reconnaissance institutionnelle est tout aussi novatrice et inscrite dans le droit fil des logiques d'enseignement et de recherche du moment. Elle n'est pas disciplinaire, mais se focalise sur un objet d'étude, exactement comme ce sera le cas pour la population, le développement, dans une perspective résolument inter ou au moins multi disciplinaire. Quant aux rattachements intra-institutionnels de cette nouvelle entité, ils prennent des formes diverses suivant les expériences, les circonstances, les priorités. À Louvain, l'Institut des sciences de la famille est d'abord inscrit dans le cadre de la faculté de médecine, mais ses approches multidisciplinaires contrastent un peu trop avec l'approche inspirée des sciences dites « dures » pratiquée dans le monde médical. Il est dès lors assez

[27] L'institut de Louvain est fondé en 1961 ; le département de sexologie de l'UQAM, la seule institution non catholique, est créé en 1969 ; l'institut de Lyon en 1974, etc.

rapidement doté d'un statut d'autonomie interfacultaire, avant d'être rattaché administrativement à la faculté de psychologie, puis d'y être pleinement intégré. À Lyon, il est rattaché à la faculté de droit, sciences économiques et sociales, à Fribourg et à Milan à la faculté de psychologie…

Cette inscription institutionnelle n'est pas nécessairement évidente et la vie de chacun de ces instituts est souvent loin d'être « un long fleuve tranquille ». L'évolution graduelle du rapport à l'ancrage initial est sans doute un des facteurs de tensions récurrentes. C'est en effet une distanciation progressive vis-à-vis de l'institution ecclésiastique à laquelle on assiste. D'initiative ecclésiale, les instituts d'étude de la famille ne subissent pas moins pour autant l'influence de la dynamique universitaire globale. Pour trouver une place dans l'université, y jouir d'une certaine crédibilité, y voir reconnaître à part entière ses membres, c'est une approche analytique, objective, voire relativiste[28], qui s'impose dans les travaux menés au sein de ces entités. La volonté de savoir et de comprendre se substitue peu à peu au souhait de transmettre ou à l'aspiration de légitimer.

En ce sens, d'une part les instituts d'étude de la famille semblent suivre le même chemin que d'autres organisations, par exemple de solidarité, nées au sein de l'Église, puis vivant leur propre vie et suivant leur propre logique. D'autre part, ils pourraient bien se révéler précurseurs de nouvelles demandes ecclésiastiques, formulées notamment par le pape François : comprendre et accueillir.

---

[28] Cette question a suscité des débats enflammés lors des discussions qui ont mené à la fondation du REDIF (Réseau Européen des Instituts de la Famille) au milieu des années 90.

II.

Temps et changements des familles

Philosophie du temps : quelques repères

Pierre Gire

« Qu'est-ce donc que le temps ? Qui en saurait donner facilement une brève explication ? Qui pourrait le saisir, ne serait-ce qu'en pensée, pour en dire un mot ? Et pourtant quelle évocation plus familière et plus classique dans la conversation que celle du temps ? (...) Si personne ne me le demande, je le sais. Si quelqu'un pose la question et que je veuille l'expliquer, je ne le sais plus. » Ce sont les mots de saint Augustin dans le livre XI des *Confessions*[1] [1]. Quelques lignes plus loin, il poursuit : « Nous ne pouvons parler de l'être du temps que parce qu'il s'achemine vers le non-être. » La question du temps est l'une des plus difficiles que la philosophie occidentale ait eu à affronter dans l'histoire de son développement depuis les philosophes pré-socratiques jusqu'à M. Heidegger et P. Ricœur. Sans doute serait-il intéressant – mais démesuré ici – de retrouver le tracé de cette thématique dans sa longue durée.

Dans le cadre de cette brève communication, nous nous contenterons d'évoquer quelques perspectives d'intelligibilité essentielles sur le rapport de l'être humain au temps.

Essai d'intelligibilité : les logiques de perception du temps

L'élaboration de l'ordre temporel (de la structure temporelle) dans la conscience du sujet humain se constitue en appui sur des processus de genèse différents et complémentaires :

---

[1] Saint Augustin, 1998, *Les Confessions,* in *Œuvres* I, dir. L. Jerphagnon, Bibliothèque de la Pléiade, Paris, Gallimard, p. 1040-1041.

1. un processus de ***genèse anthropologique*** se référant à l'expérience du langage, de l'action, du spectacle du monde, permettant l'épreuve de la succession, de la durée, de la simultanéité... ;

2. un processus de ***genèse bio-psychologique*** se référant aux rythmes biologiques, à l'espace mental intérieur (le présent psychique), permettant l'épreuve de la répétition, de la permanence, du devenir, de la finalité...,

3. un processus de ***genèse rationnelle*** se référant à l'expérience de la causalité, permettant l'épreuve de l'irréversibilité, de l'orientation, de la réversibilité...

À partir de ces processus de genèse, se construit dans l'être humain, la structure temporelle traversée, en quelque sorte, par deux logiques d'intégration :

a) une logique (de perception) ***statique*** du temps compris comme un milieu immobile de relation entre les événements, entre les êtres, entre les choses... caractérisé par des rapports de succession, de réversibilité, de simultanéité, de permanence... (cf. le Stoïcisme, la mécanique classique...). Il s'agit du temps envisagé comme milieu absolu de tous les changements. La pensée du temps, dans la *Critique de la raison pure* de Kant, se développe, non sans résonance avec cette perspective, selon un processus d'intériorisation intellectuelle du temps comme forme du sens interne,

b) une logique (de perception) ***dynamique*** du temps envisagé comme devenir universel, comme processus évolutif marqué par ces trois extases que constituent le passé, le présent et le futur ; il s'agit du temps pensé à la manière d'un flux, constituant l'essence même de l'historicité, affectant toutes choses d'un certain coefficient d'irréversibilité (cf. les philosophies de l'existence, de l'histoire, du tragique...) que la thermodynamique qualifie d'entropie.

Ici, le flux du temps est à même d'intégrer en lui des durées, des phases, des périodes relativement stables, sans pour autant que celles-ci puissent résister indéfiniment à sa poussée.

Ainsi l'être humain perçoit le temps selon des logiques d'intelligibilité qui font de celui-là une réalité simultanément objective et subjective.

FIGURES DU TEMPS : TEMPS OBJECTIF, TEMPS SUBJECTIF

Il est, pour les êtres que nous sommes, un temps que nous pourrions appeler ***objectif,*** à savoir le temps que mesurent les sciences, autant dire le temps mesuré par l'espace et le mouvement, dont A. Koyré a montré la conquête scientifique en Occident dans ses *Études d'histoire de la pensée philosophique ;* tel est le temps astronomique, tel est le temps compris comme grandeur mesurable, tel est le temps quantifiable, déjà envisagé par les philosophes et les physiciens de l'Antiquité, notamment par Aristote dans les livres de la *Physique.* Nous sommes là en présence du temps abstrait dont H. Bergson écrit qu'il est un temps spatialisé et géométrisé.

Mais l'idée du temps objectif ne se réduit pas à celle de grandeur mesurable. Car le temps, d'un point de vue scientifique, peut être considéré comme facteur d'évolution ou d'irréversibilité. Certaines sciences (comme la thermodynamique) révèlent l'importance décisive de la flèche du temps dans les phénomènes physiques ou biologiques qu'elles analysent (cf. le second principe de Carnot-Clausuis concernant la dégradation de la qualité de l'énergie dans un système isolé). Ce temps-là n'est point identifiable à une pure projection idéalisée du temps éprouvé dans l'intuition de la durée.

Le temps que nous appelons objectif n'est pas radicalement séparé, dans sa perception, de la subjectivité humaine éprouvant la vie en ses multiples dimensions. Dans l'épreuve de sa vie, l'être humain fait l'expérience de phases temporelles déterminées et reconnaît dans sa chair l'évolution du dynamisme du vivant. C'est en ce sens qu'il est une correspondance, sur le plan temporel, entre l'extériorité et la subjectivité ; l'irréversibilité du dynamisme naturel extérieur est présente dans l'épreuve de la vie qui s'opère dans l'être humain.

Il existe ce que nous pourrions nommer un temps ***subjectif*** que la philosophie bergsonienne a su admirablement décrire ; tel est le temps éprouvé dans l'intériorité du sujet saisi par la vie et affronté à l'extériorité : le temps des actes de la conscience, de la mémoire et de l'imagination, le temps des opérations du vivant, le temps des multiples relations à autrui et au monde extérieur, le temps que l'intuition appréhende comme durée.

Ces manifestations du temps subjectif retentissent sur le sujet en sa propre existence, au point qu'il est possible de prétendre que l'homme est un être fondamentalement temporel, pris simultanément entre une volonté de maîtrise de la temporalité et une forme de perte de soi dans la poussée inexorable du temps.

EXISTENCE ET TEMPORALITÉ

La vie humaine est devenir, ce que Nietzsche a magnifiquement illustré dans la puissante suggestion des métamorphoses de l'esprit dans *Ainsi parlait Zarathoustra.* Le temps est comme une poussée vers l'avenir, tout en se donnant comme une série développée de présents reliés les uns aux autres. En ce sens, il est affectant et affecté ; ainsi que l'écrit M. Merleau-Ponty, inspiré par E. Husserl, dans la *Phénoménologie de la perception.* C'est de cette manière qu'il saisit la subjectivité ; il structure l'unité de la conscience à travers son propre flux, se projetant dans ses extases que sont le passé, le présent et le futur.

La subjectivité éprouve le temps comme affectant et affecté, à savoir comme temporalité ; elle n'est donc pas l'identité immobile avec soi ; elle est nécessairement ouverte à l'altérité à partir de l'expérience de l'instant dont S. Kierkegaard écrit qu'elle demeure inséparable de la position de l'esprit. Ainsi le temps, de ce point de vue, comme le suggère E. Lévinas dans *Le temps et l'autre,* « n'est pas le fait d'un sujet isolé et seul, mais il est la relation même du sujet avec autrui ». Dans l'épreuve de la temporalité par la subjectivité, se conjuguent deux formes d'expérience de la conscience :

a) l'expérience de la répétition (des processus, des structures, des modes d'expression chez le vivant ; la question de la répétition dans l'existence humaine a été remarquablement analysée par S. Kierkegaard dans *La répétition,* un texte qui n'est pas sans évoquer chez le lecteur l'idée nietzschéenne de l'éternel retour).

b) l'expérience de la perte de soi dans l'irréversibilité du flux du temps.

Sur l'horizon de ces expériences de la conscience s'opère l'investissement du sujet dans l'action que nous pourrions qualifier d'historique, parce que l'action, ici, implique simultanément, au cœur de la temporalité, l'espoir de la répétition permettant la création et la volonté de résistance à l'anéantissement. C'est par l'action que la subjectivité s'inscrit dans l'intersubjectivité pour la construction d'un moment historique, sous la modalité du projet. L'investissement de la subjectivité dans l'action fait entrer l'existence dans un « temps chiffonné » selon l'expression de M. Serres, à savoir un temps pluriel, construit avec des temporalités multiples, mais dominées, en quelque sorte, par la perspective de la mort.

M. Heidegger, dans *Être et temps,* envisage la mort comme le rythme essentiel du temps humain (par la présence du mourir dans la vie). Cela présuppose que la mort soit pensée autrement que ce que nous avons coutume de concevoir lorsque nous évoquons l'idée de fin (cf. Épicure et la conception de la mort comme événement extérieur et instantané). En effet, la fin peut être comprise comme l'évanouissement d'une chose donnée (la pluie est finie), comme le passage à l'état d'une chose irréelle (le chemin s'arrête), comme l'achèvement d'une réalité ou d'une œuvre (le tableau est terminé). La mort de l'être humain est à penser à distance de ces conceptions. Aux yeux de M. Heidegger, « elle désigne un être pour la fin qui est l'être de cet existant. » Autant dire que l'homme s'offre comme un être pour la mort ; dans son existence, la mort devient la dimension du futur ; en son existence est inscrit le processus du « mourir » comme son essence même. C'est dans l'affrontement à cette perspective que réside la responsabilité de son existence, à savoir de sa propre possibilité dans l'existence.

Ainsi la temporalité éprouvée par le sujet fait apparaître la perspective du mourir qui place l'existant devant la responsabilité de son existence dans le monde avec autrui. Il y a là un appel à l'existence authentique qui peut soutenir une relation d'humanité vraie avec l'autre homme (une relation qui devrait écarter l'absolutisation idolâtrique de l'humain – qui n'est pas Dieu – tout autant que la déconsidération de l'existant qui n'est point une chose). Marqué par la perspective du mourir inscrite au cœur de son existence, l'homme est à même de produire son espace culturel où la temporalité se donne comme horizon d'historicité pour la créativité humaine qui s'appuie, de ce fait, sur le surgissement des connaissances, la transmission des expériences, le recueil des ressources, la mémoire des traditions… Ici, le temps vécu comme temporalité représente la possibilité de genèse d'un espace culturel où se dialectisent la répétition et l'irréversibilité dans une puissance d'innovation. Dans cette perspective, il y aurait à penser la question de l'histoire. L'homme est un être historique, bien qu'il soit métaphysiquement irréductible à l'histoire dans la mesure où il est à même de l'inventer ; mais la condition humaine reste de nature historique.

Dans le temps historique des humains, il y a des temporalités différentes et entrelacées, à savoir le temps propre de la vie de chacun avec ses multiples aléas, le temps des proches, c'est-à-dire de la famille et de son contexte relationnel, le temps plus lointain de la société englobante (comme il existe pour l'existant humain, selon M. Heidegger, un monde propre, un monde ambiant, un monde commun). Autant dire que l'être humain vit dans des temporalités différentes que sa mémoire, sa conscience et son imagination ne cessent de déployer et de réorganiser au long de son existence. Ainsi pour les humains que nous sommes l'horizontalité du devenir (le flux temporel) est sans cesse reconfigurée par la verticalité des temporalités auxquelles nous appartenons par nos modes de vie. C'est ce que suggère P. Ricœur, non sans une certaine correspondance avec les thèses de l'école des Annales, dans son admirable ouvrage intitulé : *La mémoire, l'histoire, l'oubli.* Nous ne sommes pas seulement dans le présent toujours surmonté, comme l'évoque Pascal dans *Les Pensées :* « Nous ne tenons jamais au temps présent. Nous anticipons l'avenir comme trop lent à venir, comme pour hâter son cours ; ou nous rappelons le passé, pour l'arrêter comme trop prompt : si imprudents, que nous errons dans les temps qui ne sont pas les nôtres et ne pensons point au seul que nous appartient ; et si vains que nous songeons à ceux qui ne sont rien et échappons sans réflexion le seul qui subsiste[2]. »

Nous sommes certes dans le temps qui nous est propre, mais aussi dans celui de nos proches, dans celui de la société où nous vivons, en somme, dans des temporalités multiples. Ce qui signifie que ce que nous nommons notre présent a la forme d'un « millefeuille » de temporalités distinctes, que nous avons la responsabilité d'articuler pour que notre existence même puisse résister à sa propre implosion.

---

[2] Pascal, Blaise, 1954, *Les Pensées,* in *Œuvres complètes,* éd. Jacques Chevalier, Bibliothèque de la Pléiade, Paris, Gallimard, p. 1131.

L'articulation des temporalités qui reconfigurent en permanence le devenir de chacun n'est possible, aux yeux du philosophe, que par le recours à la problématique du sens que tout homme est à même de pouvoir inscrire dans son existence. Cette articulation ne peut pas provenir d'une temporalité parmi d'autres, car, en toute logique, un élément, sans cesser d'être un élément, ne peut articuler l'ensemble des éléments parmi lesquels il figure. Elle ne peut procéder de la somme des temporalités, car une addition d'éléments n'est point une articulation de ceux-ci, laquelle suppose une dialectique des éléments concernés. Seule une problématique du sens, ayant la propriété de se référer à des sources multiples, à distance de ces temporalités, est à même d'organiser celles-ci dans une orientation positive de l'existence elle-même.

Conclusion

En conclusion, nous ne reviendrons pas sur l'ensemble de l'exposé ; nous souhaitons seulement insister sur quelques points d'attention relatifs au rapport entre l'homme et le temps :

1. dans le temps du monde, l'être humain est un être historique, en ce sens que sa condition – qui n'est pas son essence – est de nature historique ;
2. l'homme éprouve, dans la profondeur de sa subjectivité, la complexité de la temporalité selon ses différentes figurations ;
3. sur l'horizon de l'espace culturel que rend possible le rapport au temps, il a la responsabilité d'articuler les temporalités auxquelles il appartient pour sauvegarder et ennoblir sa propre existence ; en ce sens, nous pourrions accorder crédit à la proclamation de J.W. Goethe, dans une ode de son *Prométhée* où il écrit : « Qui m'a forgé homme si ce n'est le temps tout puissant ? »

Éléments de bibliographie

BERGSON Henri, *Matière et mémoire,* Paris, PUF, 1990.

HEIDEGGER Martin, *Être et temps,* trad. F. Vézin, Paris, Gallimard, 1986.

HUSSERL Edmund, *Leçons pour une phénoménologie de la conscience intime du temps,* trad. H. Dussort, Paris, PUF, 1983.

KANT Emmanuel, *Critique de la raison pure,* trad. A.-J.-L. Delamarre et F. Marty, Bibliothèque de la Pléiade, Paris, Gallimard, 1980.

KIERKEGAARD Søren, *La répétition ou la reprise,* trad. N. Viallaneix, Paris, Garnier-Flammarion, 1990.

LÉVINAS Emmanuel, « Le temps et l'autre », in *Le choix, le monde, l'existence,* Cahiers du Collège philosophique, Paris, Artaud, 1947.

RICŒUR Paul, *La mémoire, l'histoire, l'oubli,* Paris, Seuil, 2000.

Familles : du temps circulaire au temps préventif

Georges Eid

INTRODUCTION

Étudier le temps, parmi bien d'autres facteurs, notre rapport à lui, à son rôle et à sa perception, nous paraît un choix pertinent pour éclairer la révolution culturelle contemporaine dans laquelle nous nous trouvons, qui bouleverse, comme jamais auparavant, les familles sous toutes ses formes. La vie, car notre processus d'identification est complètement dépendant du sens donné au temps, est impensable sans le temps. Les êtres humains sont nécessairement des êtres de chronologie. Et ce temps est pour nous un construit social : il n'est pas une donnée naturelle, il est aussi social et culturel que d'autres phénomènes comme par exemple les rituels, les coutumes, voire les régimes alimentaires ou autres manifestations de la vie sociale. C'est ce qu'affirme Durkheim[1] qui précise que c'est le rythme de la vie sociale qui est à base de la catégorie du temps, phénomène collectif, produit d'une conscience collective. Le temps n'est donc pas, comme le suggère Kant, une catégorie universelle inhérente à l'esprit humain. Il émerge essentiellement de l'expérience collective. Il est donc une catégorie sociale de la pensée, un produit de la collectivité.

Dans ce colloque, nous allons cerner le temps ainsi compris essentiellement comme un outil permettant de repérer les changements qui touchent les familles. La relation au temps, la façon de le vivre et de l'utiliser constitue pour nous une épreuve de vérité, un *litmus test*, comme disent les Anglo-Saxons, qui permet d'appréhender les transformations en cours au sein du social en général et du familial en particulier. La

[1] Durkheim, E., 2008, *Les formes élémentaires de la vie religieuse*, Paris, PUF, Coll. « Quadrige grands textes ».

référence à la dimension temporelle englobe diverses autres dimensions concernant les familles, par exemple la relation entre conjoints, celle entre parents et enfants, entre familles et entreprises… normalement abordées de façon séparée.

Notre approche cherche à donner une vue globale sur tout un ensemble de changements qui sont en train de transformer, parfois radicalement, le sens de ce qu'est une famille. Et notre réflexion sur l'état des familles est pour nous un point d'arrivée plutôt que de départ. En d'autres termes, notre approche se veut d'abord centrée sur l'expérience temporelle, à la lumière des changements en cours, et ce depuis quelques décennies (accélération et compression du temps, fragmentation et contraction des horizons temporels…). Les familles sont considérées ici comme un sujet de prédilection pour rendre ces changements visibles, en gardant à l'esprit la centralité de la relation au temps, aussi bien au niveau du quotidien que par rapport à la construction de l'identité. Une perspective historique s'impose en premier lieu.

Perspective historique

Il faut rappeler d'abord que le temps et l'espace sont liés, inéluctablement. Il ne peut y avoir une expérience sans lieu ou sans durée. Le temps et l'espace sont les préconditions de toute existence. Chaque lieu ou place s'inscrit dans un temps et chaque temps se situe dans un espace.

Au départ, et si nous remontons très loin dans l'histoire de l'humanité, le temps et l'espace étaient mélangés, faisaient bloc au niveau de l'action au quotidien. Ils vont ensuite se séparer et s'éloigner l'un de l'autre, progressivement, dans les pratiques comme dans la pensée humaines. L'histoire du temps est, pour nous, une histoire qui commence bien avant la modernité même si c'est avec elle que le temps commence à avoir une vraie histoire. L'histoire du temps est l'histoire d'une émancipation vis-à-vis de l'espace, d'une dévaluation progressive de l'espace dans cette interaction incontournable espace-temps.

a. Le temps circulaire ou le bloc espace-temps : familles patriarcales

Beaucoup d'études ont porté sur le temps et ont essayé de le comprendre. C'est probablement le mouvement cyclique de corps célestes, comme la Terre, le soleil, la lune et leur rotation autour de leur axe, qui a imposé, dans l'Antiquité, l'image circulaire du temps et l'a rendue dominante. Dans la tradition hindoue, la forme circulaire de la roue est utilisée pour signifier normalement l'éternel retour. Elle a un sens négatif, car les humains sont condamnés au cycle éternel de la transmigration de l'âme, appelée métempsychose. Mais si la roue module la destinée humaine, elle implique la centralité et la stabilité. Le calendrier chinois traditionnel renvoie à un temps cyclique tous les 60 ans. Dans la Grèce antique, le temps est représenté par un grand fleuve circulaire entourant la terre, ou par un serpent avalant sa queue.

Pendant des siècles, la relation au temps est restée superstitieuse et « masochiste » qu'il s'agisse de la vie en général ou du travail en particulier. La Terre n'était-elle pas une vallée de larmes ? Et ne fallait-il pas travailler souvent plus de 17 heures par jour pour manger à sa faim ? Cela concernait directement les familles qui étaient à la fois des unités de production et de consommation. La règle était « j'occupe un espace donc je suis », donc j'existe, et non « je pense donc je suis ». Une famille qui n'avait pas de patrimoine terrien était déconsidérée, la terre étant le support par excellence de l'identité. Comme le précise M. de Certeau[2], le pouvoir s'exerçait sur le territoire et ses frontières. Et les armes du puissant imposaient classification, tracé et division.

Le plus fort table sur la certitude de la carte. La différence entre le fort et le faible était celle entre le territoire désigné sur une carte, bien gardé et contrôlé et un territoire ouvert à l'intrusion, l'invasion et redessiné en permanence. Conquérir un espace et le garder était l'ultime but et dans un sens, le temps était mobilisé au service de l'espace. Dans ce bloc espace-temps, c'est l'espace qui domine. Au-delà, c'était le « no man's land », un espace certes, mais vide et à son tour sans identité. Ici, les explorateurs intrépides étaient les vrais héros : les expéditions se succédaient et la logique du pouvoir et du contrôle se mélangeait avec celle des frontières séparant « l'interne » de « l'externe », s'organisant

[2] Certeau, M. de, 1990, *L'invention du quotidien*, Paris, Gallimard, coll. « Folio Essais ».

autour d'un principe : plus c'était grand et étendu, et plus c'était puissant ; de même, les familles étaient fondées sur le principe du nous et des autres, et plus elles étaient nombreuses, plus elles étaient fortes, car elles devenaient de véritables clans. Le patriarcat, c'est-à-dire ce système où certains hommes dominent d'autres hommes, les femmes, les enfants, la terre, l'eau et l'air, est ici à son apogée. Bref, la richesse et la puissance dépendaient de la force brute et de la taille des biens.

b. Vers le temps linéaire ou le début de l'émancipation du temps par rapport à l'espace : familles conjugales

Le temps médiéval était, en tant que temps chrétien, un temps forcément linéaire (cf. le calendrier grégorien, du nom du pape Grégoire XIII, qui va régir tout le monde occidental), car basé sur la foi en la naissance, la crucifixion et la mort du Christ comme événements uniques, non répétables. Mais s'il était certainement discipliné, il n'était pas pour autant abstrait, au contraire essentiellement concret, dépendant du temps que met un événement réel à se réaliser. La valeur d'une heure reste concrète et constante jusqu'à l'émergence de l'industrie textile. Cette dernière commence à standardiser la journée avec des unités de mesure uniformes. Le temps commence à être, au moins pour une minorité, une construction sociale, donc de plus en plus abstrait et linéaire. Ce changement a été conforté par l'arrivée de la classe des marchands et par une dynamique religieuse s'adaptant à la nouvelle donne où l'économie commence à se séparer de la famille, où la gestion du temps devient quelque peu quantifiée et rationalisée.

Le travail préparatoire aussi bien au capitalisme qu'au temps abstrait a commencé bien avant la réforme protestante et peut remonter au XIIIe siècle, au moment où l'Église romaine fut obligée, en quelque sorte, d'« inventer » le purgatoire. Ce dernier existe certes bien avant le XIIIe siècle – saint Augustin en parlait déjà. Mais l'idée se propage au XIIIe siècle parce qu'elle devient plus fonctionnelle pour la classe des marchands. Le Goff[3] suggère qu'avec l'usage progressif de l'argent dans le haut Moyen Âge et le début de la période proto-industrielle, le purgatoire fut « inventé » par l'Église médiévale pour contourner les problèmes

[3] Le Goff, J., 2008, *La naissance du purgatoire*, Gallimard.

d'usure et de commerce. Ces activités commerciales vont rester pendant encore un certain temps assez problématiques mais avec, au moins, une clause dérogatoire ou de sauvegarde.

Le purgatoire transmue une condamnation définitive en un temps de punition plus ou moins long qui permet de se racheter. Il suggère surtout que certains groupes professionnels, stigmatisés pour leur travail – comme les usuriers, les marchands ou les bouchers – peuvent maintenant être sauvés. Il est, au final, une invention judicieuse qui va permettre à la population catholique, et par conséquent à la majorité écrasante des familles, de s'engager dans des activités lucratives réservées jusqu'alors à des minorités stigmatisées. Nous assistons ici à un premier arrachement des familles au sol, donc à un premier déracinement, et à l'arrivée d'un temps plus abstrait qui va les rendre un peu plus mobiles.

Ce temps abstrait, que Daniel Bell[4] appelle le temps « métrique », signifie l'émancipation du temps par rapport à l'espace. Cette évolution ira, au bout de quelques siècles, jusqu'à « l'usine fordiste » où l'on réalise un type d'engagement entre le capital et le travail « jusqu'à ce que la mort les sépare ». Pendant ce temps, les familles, certes plus mobiles qu'auparavant, continuaient à être fondées sur un mariage souvent de convenance et rarement d'amour, mais censé durer pour toujours, car le divorce était inenvisageable.

SITUATION ACTUELLE : FAMILLES PROTÉIFORMES

a. Le temps pointilliste : l'instant et le moment

L'histoire du temps, selon nous, est l'histoire de la dévaluation progressive de l'espace par rapport au temps. Nous constatons aussi, parallèlement, une dévaluation progressive du mariage, et l'apparition de liens de plus en plus libres et désinstitutionnalisés. Le temps de la modernité classique se meurt vers la fin du XXe siècle. Voici venu le temps de la postmodernité qui émerge dans un cadre particulier, celui de la mondialisation[5]. Si la prémodernité donne priorité au passé par

---

[4] Bell, D., 1988, *The End of Ideology*, Cambridge, MA: Harvard University Press.

[5] Au sens de mutations technologiques et économiques, d'accélération des échanges, d'émergence de nouveaux acteurs et de nouvelles puissances – multinationales et fonds souverains – qui bouleversent la scène mondiale.

rapport au présent et au futur et quelque peu à l'espace par rapport au temps, si la modernité privilégie le futur par rapport au passé et au présent, et quelque peu le temps par rapport à l'espace, la postmodernité traduit le triomphe du présent sur le passé et le futur, et du temps sur l'espace. Nous sommes en train d'assister, en réalité, à la « fin » de l'espace et non à la fin de l'histoire, comme l'a annoncé depuis un certain temps le grand intellectuel américain Fukuyama[6].

Si, en prémodernité, la source d'énergie est la seule force musculaire, en modernité la machine à vapeur, la postmodernité est, elle, portée par l'internet et le pouvoir des technologies de l'information. La mondialisation, résultat de la révolution du Web, implique une large expansion du présent et un rétrécissement à la fois du passé et du futur. Elle implique, par son fonctionnement propre, une rupture dans le sens du narratif ; la forme classique de l'intrigue disparaît ; comme les séquences début, milieu et fin. On passe d'un temps continu de lecture classique à un temps discontinu en clics, car nous sommes dans un flux d'informations permanent, porté par des réseaux physico-digitaux, qui compresse les distances spatio-temporelles : l'espace devient une coprésence numérisée, et le temps, de plus en plus kinésique, est partie d'un « toujours là » émergent.

L'ubiquité et l'instantanéité vont bientôt s'incruster par le biais d'une localisation fixe, puis mobile (portables miniaturisés comme les I phones ou les smartphones), dans les murs, les fauteuils, les habits, les voitures, les systèmes d'éclairage… Ce sera une présence sans fil dont la présence va bientôt devenir invisible. Les choses, écrit Simmel[7], valent ce qu'elles coûtent pour être obtenues ou atteintes. Mais quand la distance, avec la rapidité des signaux électroniques, est parcourue de façon presque instantanée, cette quasi-instantanéité du temps augure, encore une fois, de la dévaluation de l'espace : à partir du moment où tout point de l'espace peut être atteint à n'importe quel moment, aucune partie de l'espace ne peut être privilégiée, avoir une « valeur spéciale ». Il n'y a plus de raison d'atteindre tel point à tel moment ou bien d'en sécuriser l'accès,

[6] Fukuyama, F., 2008, *La fin de l'histoire et le dernier homme*, Paris, Flammarion.
[7] Simmel, G., 1999, *Philosophie de l'argent*, Paris, PUF, coll. « Quadrige ».

car vous pouvez le visiter quand vous le voulez : pas d'urgence ni de ticket acheté longtemps à l'avance (Bauman[8], 2000).

Après avoir vampirisé l'espace, cette nouvelle instantanéité du temps est en train de changer radicalement les modalités des relations humaines. Les plus « réussis » parmi nous (Bill Gates, mais non Rockefeller) sont de plus en plus attentifs à ne développer aucun attachement ou ne prendre aucun engagement durable vis-à-vis de quoi que ce soit, y compris vis-à-vis de leurs propres réalisations. Ils n'ont pas peur de prendre un mauvais tournant, puisqu'ils ne vont jamais longtemps dans une même direction et peuvent en changer à tout moment. Les politiques se comportent de plus en plus comme les hommes d'affaires. Les familles, dans ce contexte, peuvent-elles échapper à tous ces bouleversements ? Elles acquièrent, apparemment, une nature plus ouverte, plus flexible et plus négociable. D'ailleurs, les comportements, choix et opportunités ont changé presque partout : le mariage, quand il existe, et le travail sont plus tardifs, le taux de fécondité est en baisse, les études sont plus longues, les familles monoparentales, homoparentales et recomposées sont plus nombreuses, et les divorces et séparations sont en courbe ascendante[9].

Woody Allen dit qu'il ne veut pas gagner l'immortalité par son œuvre, mais qu'il entend ne pas mourir ! Bien que l'immortalité tire précisément son sens de la mortalité, ce producteur-acteur est du côté du *Carpe diem*, car l'immortalité lui devient un objet de consommation immédiate. C'est la façon de vivre le moment qui en fait ou non une « expérience immortelle ». Ce qui donne raison non à Bergson, mais à Bachelard quand il affirme que l'instant est la réalité du temps, « la caractéristique spécifique du temps ». Pour Bachelard, la vraie construction du temps part des instants et non d'une division factice de sa durée. Le court terme remplace le long terme et érige l'instantanéité en idéal ultime. Le temps n'est plus circulaire, et plus guère linéaire : il devient « pointilliste » selon l'expression de Michel Maffesoli[10]. Et les brèves rencontres ont tendance à remplacer les engagements durables. Il est vrai que passer de Woody Allen à Bachelard puis à Maffesoli peut sembler quelque peu

---

[8] Bauman, Z., 2000, *Liquid Modernity*, Cambridge: Polity Press.

[9] Voir à ce sujet les publications de l'INSEE et de l'INED.

[10] Maffesoli, M., 2003, *L'instant éternel : le retour du tragique dans les sociétés postmodernes,* Paris, La Table Ronde.

problématique, mais il faut rappeler que tous les trois sont, chacun à son niveau et à sa manière, des vrais postmodernes.

Le temps pointilliste est, comme on vient de le voir, de plus en plus laïcisé et privatisé, formé d'épisodes, souvent sans étendue ni profondeur. Tocqueville[11] affirme que lorsque la foi religieuse recule, les gens développent une « indifférence brutale vis-à-vis du futur » (Tocqueville, 1969 : 548), car chaque moment vaut par lui-même et n'est plus évalué à l'aune d'un temps beaucoup plus précieux, le temps du salut. « Quand les gens désespèrent de vivre éternellement, dit à nouveau Tocqueville, ils ont tendance à se comporter comme s'ils vivaient leur dernier jour. » (Tocqueville, 1969 : 548) Lorsque le temps n'entre plus dans un grand récit de rédemption et d'immortalité, la recherche du plaisir et de l'émotion devient la devise majeure. L'instantanéité signifie la réalisation immédiate. Il n'y a plus de distance-temps entre début et fin, deux notions qui perdent de leur sens. Il n'y a que des « moments », des points sans dimension, un temps avec une morphologie de moments agrégés qui rappelle étrangement « l'insoutenable légèreté de l'être » de Milan Kundera.

Ajouter à cela l'incertitude comme dimension constitutive de l'esprit du temps, et son corollaire, le provisoire. Alors, l'irrationalité d'un projet à long terme[12] et le besoin de revoir ses plans à la lumière de nouveaux événements, deviennent une partie intégrante du bagage cognitif de chacun. Ce style cognitif particulier, qui accompagne ce type de temps volatile traduit par l'instanciation, se manifeste par une construction biographique « sans projet », biographie individualisée, choisie, pragmatique et fragmentée en « épisodes », ayant chacun son passé et son futur, limité aussi bien en profondeur qu'en largeur. Il y a aujourd'hui toutes sortes de fréquentes interruptions, ralentissements et pauses dans les trajectoires de vie. Ces dernières sont de plus en plus discontinues, car de plus en plus désynchronisées.

Ces trajectoires de vie fragmentées se vérifient aussi bien sur le plan professionnel que personnel. Au Royaume-Uni, environ 7 % de la force

---

[11] Tocqueville, A. de, 1969, *Democracy in America*, Trans. G. Lawrence, New York : HarperPerennial.

[12] Harvey, D., 1990, *The Condition of Postmodernity: An Enquiry into the Origins of Cultural Change*, Oxford : Blackwell.

active (plus de 1,8 million d'employés) exerce un travail précaire et, pour les hommes, ce pourcentage a doublé entre 1988 et 1999 (Cam, Purcell et Tailby[13], 2003). En 2000 déjà, la famille nucléaire représentait seulement 37 % de la population en Europe (soit des parents mariés vivant avec leurs enfants mineurs) (*The Guardian*, 23 Mars 2002). Aux États-Unis, il y a plus de dix ans, le nombre des familles nucléaires est descendu, pour la première fois, en dessous de 25 % de l'ensemble des foyers. Les statistiques montrent en effet que, ces familles nucléaires étant en déclin, c'est le nombre des couples cohabitant qui est monté en flèche avec une augmentation de plus de 70 % en dix ans. De plus, toujours à la même période, le nombre des familles monoparentales (majoritairement mères seules avec enfants) augmente à son tour de 25 %[14]. Inutile aussi de préciser que le taux de divorces avoisine les 50 % dans la majorité des pays occidentaux. Cette augmentation de la vie en solo avec ou sans enfants, des séparations et des divorces traduit une chute dramatique de la stabilité et de la continuité dans les vies personnelles, autrement dit une évolution de moins en moins linéaire. Nous sommes de plus en plus nombreux, sur le plan social et non plus sur le plan religieux, à être des « Born again »[15], pour utiliser un terme cher aux évangéliques…

Ce style cognitif intégrant l'incertitude et le provisoire rappelle étrangement le concept de bricolage de Cl. Lévi-Strauss[16]. Le « bricoleur » est celui qui s'adapte au matériau disponible pour construire, pas à pas, l'équipement dont il a besoin. Sans plan préalable, cet équipement est créé sur le tas et sur le coup. Il est guidé par une logique essentiellement pragmatiste qui traduit de façon magistrale la séparation entre rationalité et intentionnalité.

La séparation en question peut s'illustrer actuellement par un comportement stratégique relevant de la guerre contre le terrorisme :

---

[13] Cam, S., Purcell, J., and Tailby, S., 2003, 'Contingent Employment in the UK' In O. Bergström and D. Storrie (eds), *Contingent Employment in Europe and the United States*, pp. 52-78. Cheltenham: Edward Elgar.

[14] Voir http://www.truthcast.com/agape/010515censusstats.htm

Le barème crédit bancaire pour tout projet d'investissement ou de consommation procède de la même manière, fondée sur une logique de profilage.

[15] Bauman, Z., 2007, *Consuming Life*, Cambridge : Polity.

[16] Lévi-Strauss, Cl., 1962, *La pensée sauvage*, Paris, Plon.

b. Le temps préventif

Exemple type : La guerre contre le terrorisme.

Le déterminisme technologique, une théorie qui explique les relations entre technologie et humains en termes de cause, est actuellement sous le feu des critiques. Une nouvelle sensibilité temporelle est en train de voir le jour, préférant parler d'indétermination technologique, mettant en question la causalité (relation de cause à effet) temporelle qui suivait une logique linéaire, et aboutissant à sa dévaluation. Cela altère la dynamique de l'antériorité par le biais de laquelle la causalité est habituellement définie, et nous mène vers une nouvelle logique temporelle. Cette dernière placera les causes dans le futur, ce qui transforme le déterminisme technologique en une instance d'indétermination.

Ce changement anthropologique entre antériorité et postériorité, entre cause et effet, peut être illustré par la temporalité de la menace terroriste qui a acquis un statut emblématique depuis le 11 septembre 2011, dans la nouvelle pensée militaire. Nous parlons de terrorisme parce que nous faisons l'hypothèse que la cible, dans la guerre contre le terrorisme, est un peu comme l'objet amoureux dans le *speed dating* et certains sites de rencontres. Ici, l'imminence (le temps) et l'immanence (l'espace) vont de pair : ce qui va advenir finit par exercer une pression matérielle sur la structure au sein de laquelle la menace va émerger tôt ou tard, à nouveau. Ce qui signifie que c'est l'effet qui mène ici à la cause et non l'inverse. Nous sommes alors dans un temps qui va encore plus loin que celui qualifié de pointilliste et que Thomas Hylland Eriksen appelle la tyrannie du moment[17] : le temps préemptif, le présent préventif, l'idée d'anticipation avec un présent qui est déjà dans le futur et n'a donc pas à s'y projeter, est ici primordiale. Ce dernier est obsédé par la temporalité de l'imminence de la menace terroriste qui est à la fois incongrue et multiforme et qui tient le monde occidental dans un état de non-préparation, d'inadéquation permanente.

Adopter des techniques de prévention dans la guerre contre le terrorisme signifie donc l'abolition de l'antériorité causale en visant une cible (considérée comme terroriste). La guerre contre le terrorisme procède par profilage de ce qui constitue un ennemi. Reste ensuite la

---

[17] Eriksen, Th. H., 2001, *Tyranny of the Moment. Fast and Slow Time in the Information Age*, Londres, Pluto Press.

difficulté de pouvoir déterminer quand cet ennemi devient une menace réelle, d'autant que les frontières s'effondrent parfois entre guerre et paix, entre attaque et autodéfense ou entre « mauvaise » intention et passage à l'acte. Car ce qui définit l'ennemi ici est précisément son flou et sa mobilité. Ne pouvant être localisé dans l'espace, il acquiert une forme particulière de temporalité : il flotte à l'horizon dans une imprécision menaçante. Cette guerre cherche à s'adapter à cette menace et à son imminence en gardant les militaires en état de veille et en invitant que les civils vaquent à leurs occupations ordinaires.

Dans ces théâtres de conflits devenus très mobiles et changeants, les cibles et les opportunités, comme le dit Samuel Weber[18], sont liées comme jamais auparavant. Ainsi, la menace n'est plus simplement l'effet, mais aussi le moyen, pas seulement le message, mais aussi le médium. Nous entrons alors dans cette logique autoréférentielle entre objet et méthode, cible et opportunité, dans une nouvelle sensibilité temporelle qui va court-circuiter la continuité et les séquences pour la discontinuité, ce qui permet, au final, à l'effet de produire sa cause et non l'inverse.

Ce temps préventif, d'inspiration militaire, adopte une technique de préemption dans son déroulement et abolit l'antériorité causale dans sa volonté d'atteindre son objectif, car il est construit sur la menace, une menace imminente qui peut frapper n'importe où et n'importe quand. Il advient suite au retrait d'un temps référentiel, on l'a déjà vu, autour duquel pouvait s'articuler la vie sociale. Le futur prévisible est remplacé, comme le suggère Jane Guyer[19] (2007), par des « cadres temporels émanant de l'événement lui-même ». Le temps est ponctué par des « socialités émergentes plutôt que par des formes idéelles ». Cela veut dire encore une fois qu'il n'y a plus de point de référence externe : le signifiant temporel est incrusté dans les structures du signifié, ce qui, loin d'éviter l'indétermination, l'exacerbe encore plus. Dans ce contexte, l'action n'est pas causée par ceci ou par cela, c'est plutôt la cause qui est potentialisée. La cause ne conduit pas à un effet, elle est actualisée par lui. C'est pourquoi cette logique de l'imminence (où l'événement et

[18] Weber, S., 2008, *Targets of Opportunity : On the Militarization of Thinking*, New York: Fordham University Press.

[19] Guyer, J.L. (2007) Prophecy and the near future: Thoughts on macroeconomic, evangelical and punctuated time, *American Ethnologist* 34(3) : 409-421.

l'éventualité se mélangent) nous tient en état de veille permanente, quoique nous continuions à vivre normalement.

Objet terroriste, objet amoureux, drôle de comparaison ? Dans les deux cas, il vaut mieux être en état de veille et rapide, pour anticiper : dans un cas pour éliminer, dans l'autre pour aimer. Plus que l'anticipation, c'est la menace, dans le premier cas, et la pression de l'état amoureux dans l'autre, qui vont déclencher un comportement censé être efficace. C'est pourquoi lorsque nous rencontrons aujourd'hui une personne qui nous attire profondément, nous avons moins tendance à chercher à savoir, parfois, si cette personne est mariée ou non, dans une relation sérieuse ou non, mais plutôt à savoir si elle est heureuse ou non dans cette relation. Et si cela n'est pas le cas, l'espoir est encore permis ! D'ailleurs, dans beaucoup de cas, les enfants n'arrivent plus à empêcher les divorces et les séparations, du moment où on est en phase avec un nouvel objet amoureux ou en recherche d'une vie qualitativement autre.

Conclusion

Nous vivons dans un contexte social caractérisé par une grande incertitude. Dans ces conditions, chacun, puisqu'il y a contraction des horizons temporels collectifs, sent le besoin d'éviter les projets à long terme, d'éviter la fixité en faveur de la fluidité et de couper le présent aussi bien du passé que du futur. Ce comportement pointilliste, parfois préventif, n'est donc pas dû seulement ou avant tout à une logique « hédoniste », mais à une logique tacticienne, voire stratégique, de gestion de soi, qui relève, comme on l'a dit, du bricolage au sens donné à ce terme.

Les bricoleurs sont les « nomades du présent » qui ne poursuivent pas d'objectifs précis, pour toutes les raisons évoquées ci-dessus, mais ne cessent d'explorer, entourés d'impermanence et d'incertitude. Ils ne cessent de bouger, comme Pinocchio[20], voyageur inlassable qui ne supporte pas d'être entravé, ou pire, bloqué dans sa mobilité, car il y va de la construction de son identité et parfois de sa vie. Pinocchio a compris le premier qu'il fallait mieux être léger et agile que gros et

[20] Collidi, C., 1995, *Pinocchio*, Nathan.

immobile, prêt à saisir les opportunités, habile à s'emparer de nouvelles possibilités dès qu'elles émergent, et tout aussi habile à s'en débarrasser pour d'autres meilleures. Il est dans un présent étalé, pas tant explorateur ou jardinier[21] que danseur agile, conscient de son environnement mouvant. *Le Petit Prince* de Saint-Exupéry, ou l'éloge de la lenteur, apparaît largement décalé.

Les stratégies militaires peuvent donc nous apprendre beaucoup sur les relations humaines, voire sur les relations intimes et amoureuses. Elles étaient d'abord fondées sur les forts et châteaux forts, où l'espace primait avec son immobilité, où le temps était circulaire, où l'objectif ultime était de défendre et de garder sa place jusqu'au bout, dans des familles patriarcales indivisées. Elles commencèrent ensuite à devenir plus mobiles, avec la révolution industrielle où le temps, devenant plus linéaire, commença à s'émanciper de l'espace. Ce mouvement s'accélère dans la deuxième moitié du XXe siècle et la stratégie militaire va de plus en plus tabler sur l'agilité et la rapidité, concrètement sur ce qu'on appelle « les petites unités d'interventions rapides ». Les familles sont nucléaires.

Aujourd'hui, avec la révolution informatique et le temps préemptif, les drones et leurs frappes préventives à distance, les familles deviennent protéiformes, où leurs membres partagent souvent une proximité physique, mais passent l'essentiel de leur temps dans des réseaux réels et surtout virtuels[22]. Ce qui était réservé aux stars est en train de se généraliser, pour ne pas dire se démocratiser : de plus en plus de personnes connaîtront plusieurs vies, suite à plusieurs divorces et séparations. Les trajectoires conjugales discontinues deviennent une réalité. Les familles recomposées s'avèrent de plus en plus recomposées. Et la rationalité et l'intentionnalité, pour ne pas dire tout simplement la cause et l'effet, plutôt inversées que séparées.

Pendant des siècles, l'homme avait pour devise : j'occupe un espace donc je suis. Puis Descartes disait : « je pense donc je suis. » La devise est devenue depuis un certain temps : je suis rapide et agile donc je suis. Aujourd'hui elle est : je clique donc je suis. Après la psychanalyse, la

[21] Bauman, Z., 1987, *Legislators and Interpreters*, Cambridge: Polity.

[22] Levin, I., 2004, "Living Apart Together : A New Family Form", *Current Sociology* 52(2) : 223-240.

généalogie de Nietzsche et Foucault, la déconstruction de Derrida et la 3e vague du féminisme, nous avons pu parler de « la mort du sujet », de « la mort du politique », de « la mort de l'espace », mais pas du temps. Ce dernier n'est plus perçu comme un médium neutre et une simple mesure du changement. Il est, surtout dans sa version préemptive, la force active du changement concernant ici notre objet d'étude, la famille. Le bricolage et le profilage, logiques dominantes chez les membres les plus mobiles de nos sociétés contemporaines, dans leur gestion du temps, font perdre la main aux prophètes et aux utopistes et privilégient de plus en plus les raisons probabiliste et pragmatiste. Cet itinéraire et cette évolution ne traduisent-ils pas le passage d'une famille patriarcale à une famille démocratique, d'une famille « bunker »[23] à une famille « liquide »[24], d'un temps circulaire chevillé à l'espace à un temps préventif qui a fini par évider l'espace, au moins pour ceux portés par ces tendances émergentes de discontinuité et de volatilité et qui sont tentés par les diversifications d'expériences ?

[23] Kellerhals, J., Widmer, E. et Lévy, R., 2008, *Mesure et démesure du couple. Cohésion, crises et résilience dans la vie des couples*, Payot.

[24] En référence aux deux ouvrages de Zygmunt Bauman, *La vie liquide* et *L'amour liquide. De la fragilité des liens entre les hommes* ; les deux parus chez Hachette, le 1er en 2013 et le second en 2009.

La famille, une expérience de mémoire

Bruno-Marie Duffé

Si l'on considère le goût d'un certain nombre de nos contemporains pour la généalogie de leur famille, la question de la mémoire familiale est au cœur de beaucoup. Et cette mémoire est d'autant plus vive que l'histoire des familles est marquée par la mobilité géographique et sociale, le déplacement, le métissage, les échanges et la recomposition.

En avançant l'hypothèse selon laquelle la famille, dans la diversité de ses formes, de ses histoires et de ses composantes, apparaît comme un lieu privilégié de mémoire – individuelle et communautaire – nous voudrions suggérer le lien significatif – et sans doute même signifiant – entre :

- La constitution d'une famille singulière, elle-même tissée à partir d'histoires particulières et diverses, et le système de représentations propre à un groupe social, une ethnie ou une communauté plus large… ;
- Les événements majeurs qui fondent le lien familial et, par jeu d'incidences, le lien social… ;
- Enfin, la symbolique familiale – ce qui unit les membres d'une famille – et la symbolique sociale – qui unit les individualités, sur fond de distinction, voire d'opposition et de conflit.

Dans un contexte européen et mondialisé, où les histoires des individus croisent les histoires sociales, on remarquera, dès à présent, que cette réflexion autour de la mémoire offre un support pour déployer la problématique délicate et complexe des rapports entre famille et société.

Cette question et ces entrées étant rapidement esquissées, nous pourrions proposer un développement de la réflexion en trois moments :

1. **Si nous disons que la famille est un lieu privilégié de mémoire**, nous devons nous demander ce qui entre dans cette mémoire et ce qui la constitue, en tant que système référentiel durable.

2. **Si nous avançons que la famille « a de la mémoire » et « est une mémoire »** pour ses membres, y a-t-il transmission de la mémoire et, si oui, à quelles conditions ?

3. **Si la famille est le lieu majeur de la mémoire et de la transmission**, comment penser la distinction et l'articulation entre famille et société ? Le « modèle familial », dans ses fondements et ses évolutions, est-il encore le paradigme du « modèle social » (quand nous parlons de la « famille humaine », en particulier) ou bien devons-nous consacrer une séparation essentielle entre famille et société ? Double question qui, précisons-le, se doit d'être posée sur fond de différenciation culturelle et dans une anthropologie culturelle et sociale comparée, soulignant les spécificités des mémoires et des histoires ainsi que les influences entre cultures. On ajoutera ici les volontés récurrentes, exprimées par beaucoup, de revenir à leurs propres racines et en cela d'assumer leur propre engendrement, leur différence, leur être propre.

Premier moment : Si nous avançons l'idée que la famille est un lieu privilégié de mémoire, qu'est-ce qui entre dans cette mémoire et la constitue comme telle : système référentiel durable ?

Trois réflexions à cet égard :

1. **Ce qui entre dans la mémoire et la constitue comme telle, c'est avant tout la force de l'événement** vécu, partagé et interprété par les membres du groupe ainsi que la possibilité de raconter l'événement.

De quel événement parlons-nous ici ? Essentiellement, de la naissance, de l'alliance fondatrice et de la mort.

Trois événements majeurs, mais qui sont sans doute en eux-mêmes des clés d'interprétation de toute autre expérience et qui jouent dans notre mémoire comme en mouvement d'appels réciproques. La naissance a à voir en effet avec l'alliance et avec la mort ; l'alliance a à voir avec la naissance et avec la mort ; la mort a à voir avec la naissance et avec l'alliance.

La mémoire se constitue donc dans ce « jeu d'écho » ou de « circumincession » : vie – lien – mort.

Que ces événements – à haute teneur symbolique – fassent jouer ou mettent en scène les acteurs concernés, les ancêtres des temps anciens, les dieux et les hommes, la nature et les signes des temps ne change, n'affecte pas la matrice de cette mémoire. Nous portons en effet en nous-mêmes et nous nous transmettons, de génération en génération :

– ce (celui) qui vient au monde ;
– ce qui nous lie et/ou nous délie les uns par rapport aux autres ;
– ce qui s'achève : celui/celle qui s'efface et nous laisse avec le souvenir du chemin parcouru avec lui/elle.

2. **Ce qui rend vive cette mémoire et la met en mouvement, c'est le « faire mémoire »**, caractéristique des grandes étapes de l'histoire familiale : baptême ou rite d'initiation, noces, rituels funéraires.

Dans cette trilogie mémorielle (et mnésique), on soulignera l'enjeu du récit, narration ou mise en scène, qui n'est jamais répétitif. Le récit change à chaque étape et il est donc normal que nous ayons de grandes discussions pour savoir ce qu'a réellement dit ou vécu notre grand-père. La variation des rythmes, des danses et des musiques est là pour accueillir les inflexions d'un récit familial inachevé et constamment réenvisagé.

La ritualité, qui inclut la possibilité d'inventer de nouveaux rites ou de les mettre en lien, participe de cette mémoire qui est comme une respiration et une reconnaissance : une parenté qui transcende la seule appartenance à une lignée et à une généalogie. De là vient l'importance de cette quête parfois désespérée de rites – y compris chez ceux qui prétendent ne pas en avoir besoin. Nous ne parlons pas ici de rites exclusivement religieux, mais tout autant de ces codes de reconnaissance qui marquent le lien.

3. **Ce « faire mémoire », qui ne doit pas être identifié avec le travail de l'histoire**, car il est avant tout l'expérience d'une confidence ou d'un secret partagé… ce « faire mémoire » nous sauve de l'oubli de nous-mêmes et des autres. En faisant mémoire ensemble, nous devenons « fils et fille de… », « frères et sœurs de… » et nous pouvons relier le passé de nos parents, le présent de cette fratrie toujours rassurante, mais toujours improbable et l'avenir de ceux à qui nous donnerons la vie, sans savoir où cette vie les conduira.

Deuxième moment : Si nous soutenons que la famille a de la mémoire, qu'elle est une mémoire pour ses membres, la question devient alors : que faisons-nous, nous-mêmes, de cette mémoire qui nous est confiée et qui nous constitue comme sujets : fils, fille, frères, sœurs puis père et mère ? Peut-on parler d'une transmission de la mémoire familiale ? Si oui, à quelles conditions ?

1. **Il faut poser ici une réflexion récurrente, en philosophie comme en psychanalyse :** c'est que la mémoire, entendue comme élaboration, se présente à nous – et se rend présente à l'autre – comme un travail en cours, toujours inachevé. On pourra dire, à cet égard, que notre rapport à la mémoire est analogue à notre rapport à l'existence. Le « je me souviens » ne dit jamais qu'une part de l'existence, tout comme le « je suis » ne dit qu'une venue au monde dont les diverses et multiples facettes nous échappent, à nous-mêmes comme aux autres. Nous ne pouvons jamais rendre compte de notre propre histoire, mais nous pouvons tenter d'exprimer ce que nous sommes devenus. Et c'est ce chemin du devenir qui nourrit notre mémoire.

2. **Ainsi que nous l'avons déjà souligné, ce qui fait vivre et vibrer cette mémoire familiale, c'est de la mettre en récit et de la raconter**. Jamais de la même manière. Le récit, c'est aussi celui qui le reçoit et qui l'écoute. La transmission, dans son caractère fragile et même inquiet (comment dire ce que nous avons vécu ?) s'éclaire, dans son caractère risqué. Même ritualisée, la transmission n'est jamais purement et simplement répétitive.

Plus encore, ce que nous transmettons se dit dans un aujourd'hui – l'inédit d'un jour – que chacun vit, interprète et colore à sa manière. Ce que nous transmettons n'est jamais entendu que pour la première fois. Il convient donc de poser un rapport complexe entre mémoire et transmission. Au demeurant, il n'y a de mémoire que dans la transmission : la parole qui rend présent. Nous transmettons ce qui est en travail en nous-mêmes : ce que nous sommes devenus, ce que nous devenons. Et c'est bien la confiance – en l'autre et en nous-mêmes – qui établit, entre les générations, cette dynamique de la mémoire : « Je voudrais te transmettre ce que j'ai moi-même reçu », pour reprendre ici une belle phrase de saint Paul.

3. **Comment ne pas penser ici à la phrase de la philosophe contemporaine Hannah Arendt : « Notre héritage n'est précédé d'aucun testament.** » Cette pensée qui évoque le travail de l'histoire, dans le contexte de la modernité contemporaine, s'applique aussi à la transmission de la mémoire familiale. L'enfant reçoit l'héritage – l'histoire à la fois accomplie et inachevée de ceux qui l'ont porté, accueilli et nommé –, mais c'est lui qui écrira son propre testament, avec ses frères et sœurs en humanité.

Cela suppose évidemment que l'héritage soit offert pour ce qu'il est : riche et contradictoire. Cela suppose en outre que le fils d'homme écrive lui-même ce qui lui apparaît être le sens de l'héritage reçu. Le testament est donc l'interprétation du donné – que nul ne peut connaître à l'avance. C'est l'appel à la conscience, ce rapport au savoir et à l'inconnu du chemin que nous sommes appelés à parcourir.

Le raidissement et la peur qui caractérisent certaines idéologies politiques ou certains intégristes religieux reposent, pour une grande part, sur cette hantise : vouloir transmettre, à tout prix et parfois même avec violence, l'héritage (marqué par un temps) et le testament ; ce qu'il faut savoir, croire et faire. Mais on ne transmet jamais que quelques éléments du savoir, une manière de croire, une expérience limitée. Reste aux générations futures à prendre appui sur ce savoir reçu pour le questionner et le déployer, pour oser croire et pour inventer ce que nous-mêmes n'avons pas réalisé. C'est cette lecture innovante de la mémoire qui porte l'espérance des générations et permet de penser le lien entre les générations comme une espérance.

Troisième moment : Si la famille est – et demeure – le lieu majeur de la mémoire et de la transmission, cette réflexion nous aide-t-elle à penser la distinction et l'articulation entre famille et société ? En d'autres termes, la mémoire et sa ritualisation, qui tissent le lien familial, offrent-elles une clé de compréhension de la société ? La famille est-elle (encore) le paradigme de la société humaine ?

On sait que la question n'est pas nouvelle. L'histoire des idées et des institutions oscille en permanence – tout comme l'anthropologie comparée des liens conjugaux et parentaux – entre une famille d'où l'on sort pour entrer dans l'apparaître social et une famille où l'on s'abrite pour échapper au regard des autres…

Pour tirer profit de notre réflexion sur la mémoire, la ritualisation et la transmission, nous proposons trois incidences majeures pour tenter de penser le rapport entre famille et société dont on perçoit aisément qu'il est à la fois le rapport privé-intime/public-visible et le rapport entre histoire singulière et histoire communautaire.

1. **Il y a sans doute un rapport de type dialectique, ici entendu comme rapport d'appel et d'écho entre la mémoire familiale et la mémoire sociale.** Ce rapport confère à la mémoire familiale une fonction d'inspiration et de référence critique. Nous pensons et nous agissons à partir de notre expérience familiale. Et il importe sans doute que soit sauvegardée cette double fonction d'inspiration et de critique si nous voulons contribuer à exorciser la peur d'être perdu dans le grand groupe ou soumis à un pouvoir indiscret ou violent.

2. **En réciproque à cette réflexion, on pourra dire, avec Amin Maalouf, que c'est l'expérience sociale – cette « sortie de la maison » dont parle l'auteur des *Identités meurtrières* – qui active ou réactive notre mémoire familiale**. Nous avons donc besoin de l'expérience de la différence et de la confrontation sociale pour découvrir ou redécouvrir d'où nous venons et de qui nous tenons ce que nous sommes.

3. **Enfin, la mémoire familiale et sa temporalité, rythmée par les ritualisations qui ponctuent les ruptures et les commencements : naissance, alliance, mort, viennent interroger et comme transcender le lien social**, en rappelant que la naissance comme la mort d'un proche change l'histoire en y introduisant un nouveau commencement. Cette lumière de la naissance, de l'alliance et même de la mort – en tant qu'elle rend possible le récit – prévient de toute dérive d'un groupe social ou d'un pouvoir qui prétendrait contrôler la mémoire des individus.

Il y a, dans la mémoire et dans sa transmission, une capacité de résistance à toutes les oppressions et une espérance qui relie les générations, au-delà même des ruptures et des séparations. On sait la force qui peut relier des frères, même éloignés l'un de l'autre par des séparations. On sait la force des plus pauvres de donner encore la vie et de transmettre à leurs enfants le goût de l'avenir. C'est cette résistance et cette espérance qui permet de relever le défi de la vie, cette vie qui nous est confiée, toujours fragile, inouïe et riche en promesses.

La famille et les droits fondamentaux

Pascale Boucaud

En 1948, la Déclaration universelle des droits de l'homme envisageait, dans son article 16, le droit au mariage et le droit de fonder une famille. Cet article insistait sur le fait que la famille est l'élément naturel et fondamental de la société et qu'elle a droit à la protection de la société et de l'État.

Le principe d'égalité de l'homme et de la femme durant le mariage et lors de la dissolution du couple était libellé comme principe fondamental.

Lorsque cette déclaration universelle qui n'avait pas de force juridique obligatoire pour les États fut transformée en Pactes internationaux[1] ayant cette force contraignante, le droit de fonder une famille et l'exigence de protection de cet élément naturel furent repris et précisés.

L'article 23 du Pacte international relatif aux droits civils et politiques complétait l'article 16 de la DUDH en exigeant le libre et plein consentement de chacun des époux pour se marier et le respect de l'égalité en droits et responsabilités de chacun.

Prenant en compte les cultures des différentes régions du monde, des textes régionaux de protection des droits fondamentaux furent adoptés peu à peu.

Il semble intéressant de relever que la Charte africaine des droits de l'homme et des peuples, adoptée le 27 juin 1981[2], insiste sur le fait « que

---

[1] Pacte international relatif aux droits civils et politiques, adopté le 16 décembre 1966, entré en vigueur le 23 mars 1976.
Pacte international relatif aux droits économiques, sociaux et culturels, adopté le 16 décembre 1966, entré en vigueur le 3 janvier 1976.

[2] Entrée en vigueur le 21 octobre 1986, aujourd'hui ratifiée par 53 États de l'Union africaine.

l'État a l'obligation d'assister la famille dans sa mission de gardienne de la morale et des valeurs traditionnelles reconnues dans la communauté » et que « l'État doit veiller à l'élimination de toute discrimination contre la femme ».

Quant à la Convention américaine des droits de l'homme, adoptée le 22 novembre 1969, dans le cadre de l'organisation des États américains du Nord et du Sud[3], elle reprend également l'article 16 de la Déclaration universelle des droits de l'homme, dans un article intitulé « Protection de la famille ». Le texte insiste sur la nécessité, en cas de dissolution du groupe familial, d'assurer la protection des enfants, en fonction uniquement de leur intérêt et de leur bien-être.

Cet article va encore plus loin en ajoutant « que le droit doit reconnaître les mêmes droits aux enfants nés hors des liens du mariage qu'à ceux qui y sont nés. »

Dans le contexte européen, la philosophie est un peu différente : aucun article de la Convention européenne des droits de l'homme ne vise la protection de la famille en tant que telle.

Ce texte reprend seulement dans son article 12 le droit de se marier et de fonder une famille et dans son article 8, le droit au respect de la vie privée et familiale.

Mais depuis l'adoption de ces textes fondateurs, les changements dans la manière de percevoir les questions de société et la mixité culturelle ont conduit les Cours internationales respectives (Cour interaméricaine, Cour africaine et Cour européenne des droits de l'homme) à une interprétation évolutive qui ouvre à un double questionnement :

- Quel a été l'impact du principe de liberté dans la fondation de la famille ?
- Comment le principe d'égalité ou de non-discrimination au sein de la famille a-t-il trouvé des accommodements selon les cultures ?

[3] Entrée en vigueur le 18 juillet 1978, aujourd'hui ratifiée par 25 États.

I. Quel a été l'impact du principe de liberté dans la fondation de la famille ?

A. Il faut d'abord relever que le droit international des droits de l'homme a souhaité que soit élevé l'âge nubile afin de protéger la liberté du consentement.

La Convention internationale relative aux droits de l'enfant, adoptée le 20 novembre 1989[4], insiste sur cette exigence de lutter contre les mariages précoces ou mariages d'enfants.

En France, cette question est apparue dans le débat public à l'occasion de la publication en 2004[5], du rapport annuel du Haut Conseil à l'intégration, faisant suite à la recommandation du Comité des ministres du Conseil de l'Europe qui considérait les mariages forcés comme une violence faite aux femmes.

Dans un article publié dans la revue *Sociétés contemporaines*, en 2013, intitulé « Les contours du mariage forcé »[6], Nisrin Abu Amara et Christelle Hamel distinguent 3 types de mariages contraints :

- les mariages précoces où il y a cumul de contraintes psychologiques, séquestration ou menace de violences physiques ;
- les mariages pensés comme seule issue possible à l'absence de liberté dans le cadre familial ;
- et les mariages où seule la décision de se marier et non le choix du conjoint est imposée par la famille ; même dans ce dernier cas, le mariage est contraint, car il s'impose par la force des pressions familiales.

Pour lutter de manière efficace contre ce phénomène, le Comité africain sur les droits et le bien-être de l'enfant, comité créé par la Charte africaine des droits et du bien-être de l'enfant[7], adoptée en juillet 1990, considère le mariage forcé comme pratique traditionnelle néfaste[8].

---

[4] Entrée en vigueur le 2 septembre 1990, aujourd'hui ratifiée par 194 États.

[5] La Documentation française, collection des rapports officiels, janvier 2004, 163 pages.

[6] Amara Nisrin Abu et Hamel Christelle., « De la diversité des formes d'atteinte au consentement : les contours du mariage forcé », revue *Sociétés contemporaines,* 2013, n°90, p. 81-105.

[7] Adoptée par l'Assemblée générale de l'Organisation de l'Unité africaine le 11 juillet 1990, entrée en vigueur le 29 novembre 1999.

[8] Dix-neuvième session du Comité africain d'experts sur les droits et le bien-être de l'enfant, 26-30 mars 2012, rapport p. 15-17.

En France, pour lutter de manière efficace contre ce type de mariage, le législateur par une loi du 4 août 2014 est venu compléter les dispositions de l'article 202-1 du Code civil, article qui régit les conflits de lois en cas de mariage entre un Français et une personne de nationalité étrangère. La loi étrangère éventuellement applicable pourra être écartée si la conception du consentement matrimonial qu'elle retient est plus restrictive qu'en droit français, et notamment si elle n'intègre pas la notion « d'intention matrimoniale ».

Cette notion est désormais élevée au rang de principe constituant l'ordre public international français, indépendamment de la notion de consentement.

Si notre droit positif prévoit des mécanismes de neutralisation du mariage forcé, il organise aussi un mécanisme de prévention : l'ordonnance de protection, depuis 2010[9].

Les premières décisions ont été rendues le 12 mai 2014, par le juge aux affaires familiales de Pontoise et de Bobigny.

Dans l'un des cas, la jeune femme qui entretenait une relation amoureuse avec un homme d'origine différente fit l'objet de violences de la part de ses proches qui envisageaient pour elle un « mariage arrangé ».

Elle quitta son domicile et, avec le soutien d'une association, déposa plainte en saisissant le juge aux affaires familiales aux fins d'une ordonnance de protection.

Le juge rendit cette ordonnance dont le contenu est intéressant :

Il fait interdiction aux parents de rencontrer, de se rendre au domicile ou d'entrer en relation avec la jeune femme ; il autorise cette jeune femme à dissimuler son adresse et à élire domicile chez son avocat et ordonne une interdiction de sortie du territoire.

Il fait enfin interdiction aux parents de détenir ou de porter une arme.

Cette emprise de la famille sur le choix du partenaire justifie en effet, dans certains pays, la pratique du crime d'honneur. C'est le cas dans un grand nombre de pays d'Orient, notamment en Jordanie ou au Pakistan,

---

[9] Loi n° 2010-769 du 9 juillet 2010, relative aux violences faites spécifiquement aux femmes. Cette loi érige la contrainte au mariage en circonstance aggravante de l'infraction de meurtre. Le meurtre est ainsi puni de la réclusion criminelle à perpétuité lorsqu'il est commis « contre une personne en raison de son refus de contracter un mariage ou de conclure une union » (art 221-4,10° du code pénal).

mais aussi dans un pays comme le Brésil et dans certaines parties de la Russie comme la Tchétchénie.

Ce concept de légitimation du meurtre pour restaurer l'honneur remonte au Code d'Hammourabi et aux lois hittites. Les crimes d'honneur étaient également fréquents dans la Rome antique. En effet, le droit romain pénalisait les hommes qui s'abstenaient de châtier leurs femmes ou leurs sœurs adultérines. Les codes pénaux italiens, espagnols, français et portugais ont longtemps contenu une disposition excusant les crimes d'honneur. Ces exemples permettent de souligner que ce concept occupe une place historiquement importante au sein de la culture occidentale. Certains auteurs ont même fait le pari de souligner certains apports occidentaux au développement du crime d'honneur oriental, évoquant le phénomène de transplantation juridique dans le cadre de codifications coloniales[10].

Le Pakistan par exemple, qui faisait partie de l'Empire indien britannique, a introduit le crime d'honneur à travers le prisme de la « provocation grave et soudaine », retenue par le Code pénal britannique de 1860. L'idée que les femmes incarnent l'honneur collectif, mais ne possèdent pas d'honneur autonome, a été renforcée et consacrée par le droit colonial anglais. Ces institutions juridiques ont été greffées à d'antiques mœurs tribales pakistanaises, donnant ainsi forme à de nouveaux phénomènes sociaux hybrides.

De même, le Code pénal jordanien qui excuse également le crime d'honneur aurait lui-même reçu une influence du Code pénal français. Avant l'adoption de notre Code pénal de 1810, qui a restreint les crimes d'honneur au seul couple, la règle avait prévalu pendant des siècles en France.

C'est en tout cas ce qu'affirme l'éminent pénaliste Émile Garcon[11] :

« Nos anciens criminalistes, imitant le droit romain, avaient excusé le meurtre lorsqu'il était commis par le père sur sa fille et son amant, ou par le mari sur sa femme adultère et son complice. »

---

[10] FOURNIER Pascale et MCDOUGALL Pascal., « Le droit comparé et la violence faite aux femmes : voyages au cœur de la narration identitaire », *Droit et société,* 2014/2, n°87, p. 435-464.

[11] GARÇON Émile, *Code pénal annoté,* tome 2, Paris : Librairie Sirey, 1956, p. 151.

Les réminiscences de cette règle ont cependant perduré en France jusqu'en 1975. Or, cette règle a influencé considérablement le Code pénal ottoman de 1858 qui a lui-même influencé les Codes libanais, syrien et jordanien. Il y aurait eu transplantation juridique, c'est-à-dire migration des pratiques et des normes juridiques de l'Occident vers l'Orient.

Alors qu'en Occident, ces normes ont été supprimées sous l'influence du droit international des droits de l'homme, elles survivent encore dans certains pays d'Orient, suite à une hybridation avec les coutumes locales ou avec la charia.

B. En second lieu, le droit international des droits de l'homme condamne également d'autres pratiques néfastes imposées comme condition du mariage, telles que les mutilations sexuelles.

Le Comité africain sur les droits et le bien-être de l'enfant, que j'évoquais à l'instant, considère comme pratiques traditionnelles néfastes non seulement le mariage forcé, mais aussi l'excision, l'infibulation et le gavage des jeunes filles.

Au moment de la rédaction de la Convention internationale relative aux droits de l'enfant, un long débat intervint sur cette question. La première rédaction envisageait leur interdiction pure et simple. Le consensus conduisit à rajouter une condition à cette condamnation, *le caractère préjudiciable pour la santé de l'enfant.*

Selon l'article 24-3 de la Convention, « Les États parties prennent toutes les mesures efficaces appropriées en vue d'abolir les pratiques traditionnelles préjudiciables à la santé des enfants. »

Le principe directeur de ce texte, selon lequel *l'intérêt supérieur de l'enfant* doit être une considération primordiale dans toute décision le concernant, est d'ailleurs invoqué par les parents qui prennent la décision de soumettre leurs filles aux mutilations sexuelles.

En effet, dans la société africaine traditionnelle, les filles non excisées étaient considérées comme des êtres indéfinis, ni masculins ni féminins. Elles ne pouvaient être reconnues comme réellement femmes tant qu'elles n'avaient pas subi ce rite indispensable à leur transformation, leur permettant d'entrer dans le cycle de l'échange matrimonial[12]. Dès la

---

[12] BETTELHEIM. B., *Les blessures symboliques*, in NRF Gallimard, Paris 1971.

naissance, les enfants, filles ou garçons, sont engagés sur le chemin du mariage ; l'ultime étape pour les filles est l'excision… « Il arrivera qu'une jeune fille soit mariée avant d'être effectivement nubile. Elle ne le sera jamais avant d'être excisée[13]. »

Suivant cette logique, les parents considèrent qu'exciser une enfant témoigne d'une attention particulière à son égard. Il s'agit de la faire accepter par la communauté afin qu'elle vive et qu'elle y fonde une famille.

Bien que les parents soient conscients des graves conséquences physiques et psychologiques des mutilations, ils considèrent encore aujourd'hui que les bénéfices sont supérieurs aux risques encourus. Un conflit apparaît donc clairement entre ce choix parental qui met en avant le droit de se marier et de fonder une famille et le droit au respect de l'intégrité physique de l'enfant.

La France, comme d'autres pays d'immigration (Royaume-Uni, Suède, Belgique, Canada, Nouvelle-Zélande), fut confrontée à ce problème au début des années 1980.

En 1983, la Cour de Cassation retient la qualification pénale de **violences conduisant à une mutilation permanente**, du fait du caractère irréversible de l'atteinte. Il s'agit donc d'un crime visé par les articles 222-9 et 222-10 du Code pénal, conduisant à une peine pouvant aller jusqu'à 20 ans de réclusion criminelle si l'infraction a été commise sur un mineur de 15 ans par un ascendant ou par toute autre personne ayant autorité sur le mineur.

Mais, jusqu'en 1995, les jurys d'assises se montreront sensibles à ce rapport différent à la loi. Face aux parents tiraillés entre leurs coutumes traditionnelles et les dispositions du droit pénal français, certaines Cours d'assises retiendront l'acquittement pur et simple, ayant en tête les conséquences de la condamnation pénale sur l'exercice de l'autorité parentale.

L'émancipation de la coutume ne peut en effet s'effectuer par la violence de la séparation, du procès et de la peine.

Elle passe d'abord par l'élévation du niveau d'éducation dont l'effet symbolique permet d'introduire un autre rapport au support de la loi et

---

[13] LUNEAU. R., *Les chemins de la noce. La femme et le mariage dans la société rurale du Mali*, Thèse, université de Lille-III, 1975.

donc à la loi elle-même. Jusque-là, le support de la loi était le corps. Sur le territoire d'accueil, le support de la loi est le livre.

L'ouverture à d'autres cultures conduit également au dialogue et aux réflexions sur ces pratiques. La référence aux droits fondamentaux semble aussi avoir martelé les esprits des représentants des États de l'Union africaine.

À partir de 1995, trois données signent cette influence du droit international des droits de l'homme :

1re donnée : Suite à la campagne lancée en 1998 par le Comité international des droits de l'enfant, en collaboration avec la division de la promotion de la femme et l'UNICEF, auprès des chefs traditionnels des diverses communautés dans tous les pays où ces pratiques existent encore, 17 de ces pays adoptèrent des textes répressifs, criminalisant les mutilations sexuelles[14].

2e donnée : Dans le cadre de l'Union africaine, un protocole additionnel à la Charte africaine des droits de l'homme et des peuples, fut adopté le 11 juillet 2003 à Maputo, entré en vigueur en mars 2006[15]. Ce protocole relatif aux droits des femmes en Afrique, prévoit dans son article 5 que les États doivent : « d'une part interdire par des mesures

---

[14] Au Sénégal, par exemple, où depuis 1999, l'article 299 bis du code pénal prévoit que « sera puni d'un emprisonnement de 6 mois à 5 ans quiconque aura porté ou tenté de porter atteinte à l'intégrité de l'organe génital d'une personne de sexe féminin par ablation totale ou partielle d'un ou plusieurs de ses éléments, par infibulation, par insensibilisation ou par tout autre moyen. »
En Guinée, le gouvernement a lancé une vaste campagne de sensibilisation auprès des familles en informant des risques encourus pour la santé, la reproduction et la propagation du sida. Depuis juillet 2000, une loi, dite loi sur la santé reproductive, pénalise les personnes qui pratiquent l'excision. D'autres pays suivirent : le Kenya, Djibouti, l'Égypte, la Côte d'Ivoire, le Togo, le Libéria, la Tanzanie, le Burkina Faso, le Ghana, la Sierra Leone, le Soudan, la République démocratique du Congo et la Mauritanie.

[15] Aujourd'hui, ce protocole est ratifié par 27 États : Angola, Burkina Faso, Comores, Djibouti, Ghana, Guinée-Bissau, Libéria, Mali, Namibie, Nigéria, République démocratique du Congo, Rwanda, Afrique du Sud, Sénégal, Libye, Lesotho, Bénin, Cap-Vert, Gambie, Malawi, Mozambique, Mauritanie, Tanzanie, Seychelles, Togo, Zambie, Zimbabwe.

législatives assorties de sanctions, toute forme de mutilation génitale féminine, ainsi que la médicalisation de ces mutilations ; d'autre part, protéger les femmes qui courent le risque de subir ces pratiques. »

On ne se contente plus d'évoquer les pratiques préjudiciables à la santé de l'enfant ; avec ce nouveau texte, les pays africains (à travers l'Union africaine) décident de sanctionner ces pratiques et demandent la prévention.

3e donnée : En Europe, le fondement de la condamnation n'est plus l'atteinte à l'ordre public français ou autre, mais l'atteinte à un droit fondamental, le droit à la protection de l'intégrité physique de la personne, l'interdiction de traitement inhumain ou dégradant.

La référence à l'article 3 de la Convention Européenne des droits de l'homme a été utilisée dès 1996 par le tribunal administratif de Lyon[16]. Il censurait pour excès de pouvoir la décision du préfet de la Loire d'éloigner une femme à destination de la Guinée, après qu'elle a été condamnée par la Cour d'appel de Lyon à une interdiction définitive du territoire français. Or, cette femme faisait valoir que ses deux fillettes, qu'elle devait emmener avec elle en raison de leur jeune âge, seraient menacées d'excision en cas de retour dans ce pays et demandait l'annulation de la décision préfectorale.

Les juges administratifs firent droit à sa requête au motif que « l'excision constitue une mutilation du corps de la femme qui génère des souffrances intenses, qu'elle est fréquemment suivie de complications infectieuses pouvant entraîner la mort ; que, par suite, l'excision pratiquée contre leur volonté sur une personne ou sur ses enfants, constitue un traitement inhumain ou dégradant au sens de l'article 3 de la Convention européenne des droits de l'homme. »

La référence à ce droit fondamental fonde aujourd'hui la condamnation de ces pratiques puisque ce droit à la protection de l'intégrité physique est un droit considéré par les juridictions internationales comme un droit absolu, insusceptible de restrictions ni de dérogations. En conséquence, dans le conflit de droits apparaissant entre

---

[16] LEVINET. M., « L'article 3 de la Convention Européenne des droits de l'Homme et l'excision », in *Revue trimestrielle des Droits de l'Homme*, n° 1996/28, p. 698.

droit au mariage et droit au respect de l'intégrité physique, ce dernier l'emporte.

Cependant, même dans les pays africains où l'interdiction est intégrée dans la loi, la pratique existe encore et il faudra du temps pour que cette coutume ancestrale disparaisse totalement.

C. En 3e lieu, la liberté de fonder une famille conduisait à une tout autre revendication, aux antipodes de la précédente, celle d'une vie familiale pour les couples homosexuels et d'une possibilité de fonder cette vie familiale sur un mariage.

Il faut préciser qu'à l'heure actuelle, dans le monde, 82 États considèrent encore l'homosexualité comme un délit et parfois même un crime (Singapour, Inde, Égypte, Liban, Algérie, Maroc, Tunisie).

La France fait partie des 25 pays du monde à avoir admis le mariage homosexuel, après onze États des États-Unis, le Canada, l'Afrique du Sud, l'Argentine, le Mexique et 9 autres pays européens (Pays-Bas, Belgique, Espagne, Suède, Norvège, Portugal, Islande, Danemark, Royaume-Uni).

Les textes internationaux de protection des droits de l'homme cités précédemment n'avaient certes pas envisagé cette éventualité. C'est en fait dans le contexte européen et devant la Cour européenne des droits de l'homme que cette revendication fut examinée.

Dans le dernier état de sa jurisprudence, dans le cadre de l'affaire Schalk et Koff contre l'Autriche, du 24 juin 2010, les requérants plaidaient le fait que le libellé de l'article 12 selon lequel « l'homme et la femme ont le droit de se marier », n'impliquait pas nécessairement qu'un homme ne puisse épouser qu'une femme et vice versa.

La Cour observe que, pris isolément, ce texte peut s'interpréter comme n'excluant pas le mariage entre deux hommes ou deux femmes. Toutefois, tous les autres articles de la Convention accordent des droits « à toute personne » ; force est donc de considérer, dit la Cour, que les mots employés « l'homme et la femme » ont été choisis délibérément.

De surcroît, dans les années 1950, le mariage était à l'évidence compris au sens traditionnel d'union entre deux personnes de sexe différent.

La Cour observe également qu'il n'existe pas à l'heure actuelle de consensus européen sur la question du mariage homosexuel, puisque 10 États seulement sur 47 l'autorisent. Elle souligne donc que l'autorisation ou l'interdiction de ce mariage demeure régie par la loi nationale des États membres, cela en raison de « connotations sociales et culturelles profondément enracinées, susceptibles de différer notablement d'une société à une autre ». Elle en conclut donc que l'article 12 de la Convention n'impose pas à un État d'ouvrir le mariage à un couple homosexuel.

En revanche, elle juge discriminatoire dans son arrêt Vallianatos[17] le fait de réserver aux couples de sexe différent l'accès au « Pacte de vie commune ». Elle rappelle dans cet arrêt qu'une tendance se dessine actuellement sur ce plan au sein des États membres du Conseil de l'Europe quant à la mise en œuvre de formes de reconnaissance juridique des relations entre personnes de même sexe.

Sur les 19 États qui reconnaissent un partenariat enregistré, seules la Lituanie et la Grèce le réservent aux couples de sexe opposé.

Elle va donc considérer dans cette affaire que le gouvernement grec ne justifie pas l'exclusion des couples homosexuels du champ d'application de la loi instaurant le Pacte de vie commune.

Par ailleurs, la Grande Chambre de la Cour, dans un arrêt du 19 février 2013[18], affirme une fois de plus que la Convention est un instrument vivant qui doit s'interpréter à la lumière des conditions actuelles, et qu'en conséquence, les États doivent choisir les mesures à prendre pour protéger la famille en tenant compte de l'évolution de la société ainsi que des changements qui se font jour dans la manière de percevoir les questions de société, notamment l'idée selon laquelle il y a plus d'une voie ou d'un choix possible concernant la façon de mener une vie familiale.

Dans cette affaire, la Cour rappelle que la relation qu'entretient un couple homosexuel cohabitant de fait de manière stable avec l'enfant de l'un des partenaires relève de la notion de « vie familiale », au même titre que celle d'un couple hétérosexuel se trouvant dans la même situation.

---

[17] CEDH, 7 novembre 2013, Vallianatos c. Grèce.

[18] CEDH, Grande Chambre, 19 février 2013, X et autres c. Autriche.

Dans l'affaire Gas et Dubois contre la France, du 15 mars 2012, la Cour avait également déclaré que la relation entre deux femmes vivant ensemble sous le régime du pacs et l'enfant que la seconde d'entre elles avait conçu par procréation médicalement assistée s'analysait en une « vie familiale » au sens de ce même article 8 de la Convention.

Ce constat permet donc la saisine de la Cour européenne des droits de l'homme en invoquant cet article 8, combiné à l'article 14, qui prévoit le principe général de non-discrimination.

Or, dans l'affaire concernant l'Autriche, deux femmes entretiennent une relation stable et élèvent ensemble le fils de l'une d'elles, lequel est placé sous l'autorité parentale exclusive de sa mère bien qu'ayant un père biologique et légal. Ces deux femmes souhaitent une adoption coparentale. Déboutées devant les juridictions nationales, elles saisissent la Cour européenne des droits de l'homme en invoquant la discrimination résultant du fait que le droit autrichien autorise l'adoption coparentale pour les couples hétérosexuels non mariés alors qu'il l'interdit pour les couples homosexuels.

La Cour a conscience du fait que la recherche d'un équilibre entre la préservation de la famille traditionnelle et les droits des minorités sexuelles est un exercice par nature difficile et délicat, qui peut obliger les États à concilier des vues et des intérêts concurrents perçus par les parties concernées comme étant fondamentalement antagonistes.

Cependant, elle estime qu'en l'espèce le gouvernement autrichien n'a pas fourni de raisons particulièrement solides et convaincantes propres à établir que l'exclusion des couples homosexuels du champ de l'adoption coparentale était nécessaire à la préservation de la famille traditionnelle ou à la protection des intérêts de l'enfant.

Elle en conclut donc qu'il y a violation de l'article 14 pour autant que l'on compare la situation des requérantes avec celle d'un couple hétérosexuel non marié dont l'un des membres souhaite adopter l'enfant de l'autre.

Certes, la Cour précise que dans cette affaire elle n'était pas appelée à se prononcer sur la question de l'adoption coparentale par des couples homosexuels en général. Mais, en dépit de cette modestie, cet arrêt constituera nécessairement une référence pour la construction de la famille homoparentale.

Le droit européen de protection des droits de l'homme ouvre donc la voie à plusieurs types de vie familiale, tant au nom du principe de liberté qu'au nom du principe de non-discrimination.

II. Qu'en est-il de ce principe de non-discrimination ou d'égalité en droits et responsabilités au sein de la famille, retenu par l'ensemble des textes internationaux de protection des droits de l'homme ?

A. Ce principe vise d'abord les deux membres du couple. Si les textes internationaux plaident pour cette égalité, les évolutions ont été particulièrement lentes. Il faut d'abord relever que lors de l'élaboration de la DUDH, ce principe d'égalité entre époux posé par l'article 16 a été interprété comme excluant implicitement la polygamie.

Par la suite, le protocole additionnel à la Charte africaine des droits de l'homme et des peuples, relatif aux droits des femmes, cité tout à l'heure, encourage dans son article 5 § 1 la monogamie « comme forme préférée du mariage » et énonce que « les droits de la femme dans le mariage et au sein de la famille, y compris dans les relations conjugales polygamiques, doivent être défendus et préservés. »

Dans les pays africains subsahariens, les codes de la famille ont été adaptés. Trois systèmes existent à l'heure actuelle :

- Le 1er système concerne les pays résistants où la polygamie reste la seule forme envisagée par le droit : cas du Mali ou du Niger ;
- Le 2e système prévoit trois options : monogamie, bigamie ou polygamie. C'est le cas du Sénégal ou du Togo. Le choix se fait au moment du mariage ; si l'option polygamique est retenue, il est possible d'en changer et de revenir à la bigamie lors des secondes noces voire même à la monogamie.
- Le 3e système ne retient que la monogamie : cas par exemple de la Côte d'Ivoire, mais où dans la pratique 90 % des hommes sont polygames de fait.

Dans les pays du Maghreb, de nouveaux codes de la famille ont été adoptés dès 1984 et réformés en 2004-2005, afin d'instaurer plus d'égalité. Le Code algérien par exemple a beaucoup évolué sur cette question de la polygamie.

Alors que le Code de 1984 permettait à l'homme de contracter mariage avec plus d'une épouse dans les limites de la charia, c'est-à-dire jusqu'à quatre femmes, en subordonnant cette possibilité à l'existence d'un motif justifié et à la réunion chez le mari des conditions matérielles et financières et de l'intention de l'équité, le Code de 2005 rend l'intervention du juge obligatoire dans toutes les hypothèses lorsque le mari désire conclure une seconde union. Ce dernier doit prouver l'existence « d'un motif justifié et son aptitude à offrir l'équité et les conditions nécessaires à la vie conjugale ».

Les statistiques montrent qu'en l'espace d'un siècle, la polygamie est quasiment tombée en désuétude dans ce pays. Le législateur a préféré laisser le temps faire son œuvre plutôt que d'agir frontalement contre la polygamie, au risque de provoquer une réaction non souhaitée.

Les nouveaux codes de la famille donnent aussi aux femmes l'exercice des droits successoraux et aménagent la rupture en écartant la répudiation.

C'est le cas par exemple du Code de la famille marocain, la Moudawana, qui est venu remplacer la répudiation unilatérale par le divorce sous contrôle judiciaire et le divorce judiciaire[19].

La Moudawana permet aujourd'hui à l'épouse de demander le divorce judiciaire de manière exclusive et unilatérale. Elle peut en particulier invoquer le défaut d'entretien, l'absence de son conjoint ou le délaissement.

Il reste cependant que le divorce dit sous condition judiciaire dans lequel le juge ne statue que sur les conséquences financières du divorce ne peut être demandé par la femme que si le mari a consenti une option pour cette forme de divorce au moment du mariage ou postérieurement. Mais si cette option n'est pas retenue, la femme ne peut entreprendre cette procédure et les juges marocains sont contraints de prononcer le divorce même en cas d'opposition de cette dernière. Mettant en balance ces différentes formes de divorce, le droit marocain y voit une forme d'équité entre les époux.

---

[19] MONÉGER Françoise., « Le code de la famille marocain de 2004 devant la Cour de Cassation », *Rev. Crit. DIP,* 103 (2) avril-juin 2014, p 247- 261.

Or la Cour de Cassation française[20], saisie suite à une demande d'exequatur d'une décision marocaine de divorce sous contrôle judiciaire, obtenue par le mari, conclut que cette procédure équivalait à une répudiation unilatérale de la part du mari et que la décision des juges marocains était contraire au principe d'égalité entre époux retenu par le protocole 7 additionnel à la Convention européenne des droits de l'homme.

Dans cette affaire, un couple marocain avait célébré son union selon le rite musulman à Tanger en 2002, puis fixé son domicile en France où sont nés les deux enfants.

Chacun des époux forma ultérieurement une demande en divorce, le mari auprès du tribunal de Tanger et l'épouse auprès des juges français.

L'époux demanda au TGI de Versailles de surseoir à statuer dans l'attente du jugement marocain. Le juge aux affaires familiales rejeta sa demande et, par une ordonnance de non-conciliation, attribua à l'épouse la jouissance du domicile conjugal, fixa le droit de visite et d'hébergement du père ainsi que sa contribution à l'entretien et à l'éducation des enfants.

Le Tribunal de Tanger de son côté, prononça le divorce sous contrôle judiciaire des époux.

La Cour d'appel de Versailles confirma le jugement français, au motif que la procédure de divorce engagée au Maroc créait un déséquilibre des droits entre l'homme et la femme. C'est alors que l'époux se pourvût en cassation.

La Cour de cassation qualifie donc ce divorce de « répudiation unilatérale ».

En fait, la répudiation classique de certains pays de droit musulman ne prévoit aucune protection de la femme puisqu'il s'agit d'un droit exclusif dont dispose l'époux pour rompre unilatéralement et sans motif le mariage, en présence ou en l'absence de son épouse, sans refus ou recours possible de cette dernière.

Dans le nouveau divorce sous contrôle judiciaire marocain, le Code organise la procédure autour d'une conciliation spéciale pour permettre au juge de déterminer si le mariage est définitivement compromis ou

---

[20] Civ. 1re, 23 octobre 2013, n° 12-25.802, pourvoi contre Versailles, 12 juillet 2012, BICC, 15 février 2014, n° 254 ; AJ fam. 2013. 708-710, note A. Boiché.

non, avant d'évaluer les droits de l'épouse après la rupture. Le juge doit alors faire tout ce qui est en son pouvoir pour concilier les parties. On est donc loin de la répudiation unilatérale classique. Par ailleurs, ce type de divorce ressemble beaucoup au divorce français pour altération définitive du lien conjugal (article 237 du Code civil). Certes l'altération du lien se justifie, en principe, par une séparation de deux ans des époux.

Mais quoi qu'il en soit, elle demeure juridiquement « une véritable possibilité de droit unilatéral au divorce, alors même que l'autre époux n'est pas fautif. » L'un des époux peut imposer à l'autre le divorce sans motiver la rupture, et le juge français n'a alors pas plus de pouvoir que le juge marocain. N'est-ce donc pas aussi une répudiation au sens où l'entend la Cour de cassation ? Une différence notable existe cependant : en droit français, le principe d'égalité de droit n'est pas en cause puisque les deux époux peuvent utiliser cette forme de divorce. C'est pourquoi certains commentateurs se réjouissent de ce que cette jurisprudence délivre un message clair aux juges français, aux femmes intégrées à la communauté française et aussi aux maris musulmans, pour les dissuader de suivre la voie hasardeuse de la répudiation et préférer un mode de dissolution du mariage plus acceptable[21].

B. Le principe de non-discrimination vise aussi les enfants quelle que soit leur situation à la naissance. Je précisais en début d'intervention que cette égalité était déjà exigée par la Convention américaine des droits de l'homme. Dans le contexte européen, la jurisprudence de la Cour a eu un impact direct sur notre droit français.

Depuis l'arrêt Mazureck contre la France du 1er février 2000, le Code civil français a été modifié relativement aux droits des enfants adultérins.

Quel que soit le mode d'établissement de la filiation, judiciaire ou non judiciaire, les droits et les devoirs de l'enfant ne sauraient désormais être limités par l'éventuel adultère de l'un des parents. La Cour européenne des droits de l'homme a donc condamné la France pour violation de l'article 14 de la Convention combiné avec l'article 1er du protocole additionnel n°1, qui vise le droit au respect des biens.

[21] NIBOYET Marie-Laure., « Regard français sur la reconnaissance en France des répudiations musulmanes », *Rev. Int. de Droit comparé*, 2006, p. 27-46.

La juridiction européenne a en effet considéré qu'il n'existait pas de rapport raisonnable de proportionnalité entre les moyens employés par l'article 760 du Code civil, qui je le rappelle, réduisait de moitié la part des enfants adultérins en présence d'enfants légitimes, et le but visé consistant en la protection de la cellule familiale légitime, victime de l'adultère.

Il ne pouvait donc plus être envisagé une différence dans le partage successoral entre les enfants d'un même auteur, selon la nature adultérine ou légitime de leur filiation. La loi française du 3 décembre 2001 a donc mis en conformité le droit français avec la Convention en supprimant un certain nombre de textes discriminant cet enfant.

La Cour européenne, le 21 juillet 2011, arrêt Fabris, rendu en 1ère chambre, avait cependant considéré que sa jurisprudence ne pouvait s'appliquer que lorsque le partage était intervenu après la publication de la loi du 3 décembre 2001, car il fallait garantir la sécurité juridique et les droits acquis de longue date par les enfants légitimes.

Mais l'enfant adultérin, Monsieur Fabris, utilisa l'ultime recours prévu par l'article 43 de la Convention, c'est-à-dire la possibilité de saisir la Grande Chambre de la Cour européenne des droits de l'homme. L'arrêt fut rendu le 7 février 2013.

La Cour décida cette fois à l'unanimité qu'il y a bien eu violation de l'article 14 combiné à l'art 1 du protocole 1. Autrement dit, elle donna au principe de non-discrimination la priorité sur la sécurité juridique prévue par le droit interne.

Selon elle, « le but légitime de protection des droits successoraux du demi-frère et de la demi-sœur de Monsieur Fabris ne prévalait pas sur la prétention de ce dernier d'obtenir une part d'héritage de sa mère et que la différence de traitement à son égard était discriminatoire, n'ayant pas de justification objective et raisonnable. »

Ce qui signifie donc qu'un grand nombre de partages successoraux est aujourd'hui susceptible d'être remis en cause. Le principe d'égalité et de non-discrimination, cher à la Cour européenne des droits de l'homme, l'emporte donc.

La Cour européenne des droits de l'homme a en effet tendance à considérer que l'enfant ne doit pas subir les conséquences du choix de ses parents, en particulier lorsque ce choix le place dans une situation où il lui est impossible de revendiquer ses droits les plus fondamentaux. C'est effectivement le positionnement adopté dans l'affaire Menesson contre la France[22]. Il s'agit de mettre les parents et les états face à leurs responsabilités. L'enfant ne doit pas avoir à subir la situation d'illégalité dans laquelle ses parents se sont aventurés.

Dans cette affaire, les requérants n'ont pu mener à bien leur projet de parentalité en raison de l'infertilité de l'épouse. Ils décident alors d'avoir recours à une fécondation in vitro avec don d'ovules en vue d'une transplantation des embryons fécondés dans l'utérus d'une autre femme.

Pour ce faire, ils se rendirent en Californie où ces modalités sont prévues par la loi et conclurent une convention de gestation pour autrui. Des jumelles naissent le 25 octobre 2000. Un acte de naissance fut établi précisant que les enfants avaient le premier requérant comme père génétique et la deuxième requérante comme mère légale.

Ils se rendent ensuite au consulat français de Los Angeles en vue de la transcription des actes de naissance sur les registres de l'état-civil français et de l'inscription des enfants sur le passeport du mari afin de pouvoir rentrer en France avec elles. Mais les services consulaires opposèrent un refus faute pour le mari de pouvoir établir l'accouchement de sa femme. Ils transmirent le dossier au parquet de Nantes. L'administration fédérale américaine ayant délivré aux jumelles des passeports américains sur lesquels les requérants étaient désignés comme leurs parents, ils purent rentrer tous les quatre en France.

Une information fut ouverte contre les requérants du chef de simulation ayant entraîné une atteinte à l'état-civil d'enfant. Le juge d'instruction rendit un non-lieu. Entre temps, sur les instructions du parquet, les actes de naissance avaient été retranscrits sur les registres du service central d'état-civil de Nantes. Cependant, le procureur de la République de Créteil assigna le couple devant le TGI de Créteil aux fins d'annuler cette transcription. Pour lui, la convention de mère porteuse est contraire à la conception française de l'indisponibilité du corps humain et de l'indisponibilité de l'état des personnes. Le TGI de Créteil déclare l'action du procureur irrecevable.

[22] CEDH, 26 juin 2014, Menesson c. France.

La Cour d'appel de Paris confirme ce jugement. En revanche la Cour de cassation casse cet arrêt et renvoie les parties devant la Cour d'appel de Paris.

La Cour d'appel de Paris, le 18 mars 2010, annule la transcription des actes de naissance considérant que la convention de gestation pour autrui est contraire à la conception française de l'ordre public international. La Cour de cassation, le 6 avril 2011, rejette le pourvoi pour les mêmes motifs.

Les époux Menesson saisissent alors la Cour européenne des droits de l'homme en invoquant la violation du droit au respect de leur vie familiale et la violation du droit au respect de la vie privée de leurs enfants.

La Cour européenne distingue clairement les deux demandes : elle ne retiendra pas l'atteinte à la vie familiale des requérants ; en revanche, s'agissant du respect de la vie privée des enfants, elle considère que ce respect exige que chacun puisse établir les détails de son identité d'être humain, ce qui inclut sa filiation. Or, en l'état du droit positif, les enfants se trouvent dans une situation d'incertitude juridique. Le refus de transcrire l'état-civil manifeste que le lien de filiation n'est pas reconnu par l'ordre juridique français. Autrement dit, la France, sans ignorer que ces enfants ont été identifiés ailleurs comme étant ceux du couple requérant, leur nie néanmoins cette qualité dans l'ordre juridique français.

Il en résulte que les effets de la non-reconnaissance en droit français ne se limitent pas à la situation des parents d'intention qui seuls ont fait le choix des modalités de procréation ; ces effets portent aussi sur la situation des enfants eux-mêmes. Il se pose donc une question grave de compatibilité de cette situation avec l'intérêt supérieur des enfants d'autant que l'un des parents d'intention est également géniteur des enfants.

Compte tenu de l'importance de la filiation biologique, on ne saurait prétendre qu'il est conforme à l'intérêt de l'enfant de le priver d'un lien juridique de cette nature alors que la réalité biologique est établie.

La Cour estime donc qu'en faisant ainsi obstacle tant à la reconnaissance qu'à l'établissement en droit interne de leur lien de filiation à l'égard de leur père biologique, l'État français a violé l'article 8 quant au droit au respect de la vie privée des enfants.

CONCLUSION

Pour conclure, nous constatons tout d'abord que le droit international des droits de l'homme a conduit à un certain nombre d'avancées en matière de reconnaissance de la liberté dans la fondation de la famille. Certaines traditions ou pratiques heurtant les droits fondamentaux des personnes ont été définitivement condamnées. En revanche, s'agissant de l'application du principe d'égalité, la tâche est plus délicate. Les textes régionaux de protection des droits de l'homme, prenant en compte la diversité culturelle, conduisent sur ce point à un certain nombre d'accommodements. Dans le contexte culturel européen, la Cour européenne des droits de l'homme fait une application stricte de ce principe. En revanche, dans d'autres contextes culturels, on se réfère aux notions d'équité, de préférence matrimoniale ou encore d'avancée dans la reconnaissance des droits des femmes, afin de ne pas heurter de front les traditions séculaires.

III.

Familles au temps démocratique

Laïcisation de la parenté
Ce que la démocratie fait à la famille

Jean-Hugues Déchaux

Qu'arrive-t-il à la famille ? De quelle nature sont les défis auxquels elle doit faire face ? Chacun a pu constater que ces interrogations ont pris ces dernières années un sens politique. Les questions familiales se sont inscrites à l'agenda politique et ont parfois suscité d'intenses et virulentes mobilisations qui ont surpris bien des observateurs. Cela n'a rien d'un phénomène conjoncturel. Nous sommes en train de vivre un moment original, tout à fait particulier, qui, pour la famille, correspond à une réelle mutation, à un basculement d'un âge à l'autre. Cette transition est en cours, elle s'opère sous nos yeux. Elle se manifeste par un mélange de confusion et d'angoisse devant les incertitudes du présent et du futur. Ce qui arrive à la famille n'est rien moins que l'entrée dans une nouvelle phase de la démocratie qui nous met face à nous-mêmes. Elle nous oblige à penser à nouveaux frais ce qui fait famille désormais. Tel est l'argument qui sera défendu dans ce texte.

La thèse repose sur une architecture conceptuelle en poupées russes qui consiste en trois mots clés emboîtés (parenté, démocratie, pluralisme), eux-mêmes recouverts par un principe englobant, nommé ici « laïcisation de la parenté », qui relie les différents aspects du processus en cours de manière à en faire l'analyse. Ce processus, engagé, mais inachevé, a pour conséquence une transformation dans l'orientation temporelle des sociétés. Quelque chose de notre rapport à la temporalité se modifie, en particulier dans la famille, sur le plan des représentations, des croyances et des mythes qui inspirent la production des normes dans leur variété, y compris juridiques. Précisons enfin que l'analyse porte moins sur les pratiques familiales que sur la conscience qu'en ont les individus, c'est-à-dire sur les croyances, idées et normes qui font de la parenté une structure idéologique et politique autant que sociale.

L'EXTENSION DE LA DÉMOCRATIE À LA VIE PRIVÉE

La dynamique globale du mouvement démocratique, engagée il y a environ deux siècles (Tocqueville, 1986 [1835 et 1840]), entre depuis quelques décennies dans une phase nouvelle. Un analyste comme Marcel Gauchet (2002) la qualifie à la fois d'extension et de crise de la démocratie. De quoi s'agit-il ? L'exigence démocratique se déploie et gagne progressivement toute la société, créant paradoxalement un sentiment de malaise. Jusqu'au dernier tiers du XXe siècle, la démocratie prenait un contenu strictement politique, figuré sous les traits de l'État-nation : elle ne concernait que la sphère publique, la vie privée fonctionnant selon d'autres modalités et se fondant sur des normes spécifiques, plus ou moins marquées par le patriarcat (i.e. le pouvoir du père sur la mère et les enfants). Or cette partition privé/public est de moins en moins pertinente : pour diverses raisons, au premier rang desquelles figurent la redéfinition des rôles de sexe et l'autonomisation croissante des femmes, elle ne correspond plus aux manières actuelles de concevoir et de vivre les relations familiales (Neyrand, 2014). Aux normes et valeurs patriarcales se substitue une pluralité de modèles familiaux qui, tous, qu'ils se réclament ou non des valeurs de la démocratie, revendiquent une égale dignité. La détermination des normes en matière familiale n'a plus rien d'évident. Elle exige discussion et débat. Pourquoi faudrait-il continuer à soustraire la famille à l'exigence démocratique ? La question, longtemps impensée, est désormais incontournable. Y répondre oblige à rompre avec une très ancienne conception de la famille fondée sur la naturalité (Déchaux, 2014-a), c'est-à-dire sur l'idée d'une vérité intangible et indiscutable.

La démocratie est un phénomène profond qui recouvre une « nouvelle économie de l'être-ensemble » (Gauchet, 2007 : 92). Elle ne touche pas simplement au monde politique de la loi et des institutions, mais aussi à celui des mœurs et des normes, à « l'esprit général d'une nation » pour parler comme Montesquieu. Elle s'accompagne de transformations dans l'ordre subjectif, dans les manières d'être et de vivre. Tocqueville l'avait parfaitement entrevu il y a près de deux siècles. Son analyse de la démocratie américaine contient de remarquables intuitions au sujet de la démocratisation de la vie privée. Pour lui, la démocratie, définie comme mouvement continu d'égalisation des conditions, marque la fin de l'hétéronomie dans le domaine politique comme dans la vie familiale. S'agissant de la famille, il relève deux choses (Tocqueville, 1986 [1840]) : d'une part, le recul de l'institution familiale, c'est-à-dire l'établissement de relations, en particulier entre parents et enfants, fondées sur la complicité et la tendresse plutôt que sur la distance et l'autorité statutaire ; d'autre part, et ceci ne concerne pas seulement la famille, un tempérament psychologique porté à compatir à un large éventail de souffrances et d'injustices. Ce dernier point, rarement souligné, est crucial. La sensibilité aux injustices et le souci de les réparer par plus d'égalité encouragent le pluralisme moral : chacun a le droit de connaître le bonheur privé comme il l'entend dès lors que les moyens de le réaliser lui sont donnés et ne mettent pas en péril le bien commun. La doctrine morale, propre à la société démocratique, de « l'intérêt bien entendu », qui vise à rendre compatibles l'intérêt individuel et l'intérêt collectif, tout comme les intérêts individuels entre eux, favorise l'éclosion des droits subjectifs et conduit à une plus grande tolérance.

Un autre élément décisif concerne la moindre emprise des traditions qui cessent d'être vues comme des vérités révélées. Convaincu qu'il est semblable aux autres, l'homme démocratique selon Tocqueville considère que son jugement a autant de valeur que celui de quiconque et rejette tout ce qui renvoie aux traditions ou à ce qui ne s'explique pas (l'immémorial se confondant ici avec le surnaturel ou l'extraordinaire). En démocratie, on n'accepte plus de vérités morales sans discuter. À ce sujet, Tocqueville écrit : « Échapper à l'esprit de système, au joug des habitudes, aux maximes de famille, aux opinions de classe, et, jusqu'à un certain point, aux préjugés de nation : ne prendre la tradition que comme un renseignement » (*ibid.* : 13).

Cette observation permet de comprendre pourquoi, dans la société démocratique, en matière familiale, la référence à toute vérité première ou garantie transcendante de la norme est vouée à reculer. L'idée même d'extériorité de la norme ne va plus de soi. L'hétéronomie heurte la sensibilité démocratique et fait place à l'autonomie. La famille ne peut donc plus renvoyer à l'ordre du naturel, de l'immuable, à une sorte d'extériorité intouchable. En somme, on assiste à une « dénaturalisation » des normes de la vie privée : la famille n'est plus vue comme une association naturelle, qu'il s'agisse de la référer à la nature, à Dieu ou à une tradition intangible. Il n'y a plus de vérité en surplomb qui dirait ce qu'elle est et doit être. Profond, car porté par la dynamique démocratique, ce mouvement de dénaturalisation des normes est aussi contesté et donc inachevé.

En conséquence, la famille, plus exactement la parenté, devient une question politique. La parenté désigne ici – au-delà de la famille – deux niveaux d'analyse (Déchaux, 2009) : le « système de parenté », c'est-à-dire l'ensemble des relations entre parents ; le « modèle de parenté », c'est-à-dire l'ensemble des principes, croyances, normes qui, définissant ce qu'est un parent dans une société donnée à un moment donné de son histoire, concourent à organiser ces relations. Dire que la parenté est une question politique, c'est souligner que ce deuxième élément – le modèle de parenté – est débattu. Il n'est plus réglé par le renvoi à une norme naturelle, à une extériorité intangible, à une vérité qui serait « indisponible à la volonté d'hommes et de femmes particuliers » (Assier-Andrieu, 2000 : 650). À la question « qui est *ou* peut être *ou* doit être parent de qui ? », les réponses sont irréductiblement plurielles. Différents modèles de parenté coexistent et s'opposent. La politisation de la parenté n'est donc pas une expression conjoncturelle. Elle est une dynamique de fond, le résultat du déploiement de l'exigence démocratique. Donnée normale et élémentaire de toute vie démocratique, le pluralisme des options transforme le statut ontologique de la parenté.

La laïcisation de la parenté

La dénaturalisation des normes de la vie privée entraîne la laïcisation de la parenté. Famille et parenté deviennent des notions laïques. Prenons garde au sens des mots. « Laïc » ne s'oppose pas ici à religieux, mais à vérité transcendante, intangible, absolue (quelle que soit la source de cette transcendance), c'est-à-dire à l'idée d'une extériorité fondatrice. Quant au mot « naturel », il signifie indisponibilité et permanence, une intangibilité qui découle de la nature des choses. Transcendance et nature se confondent dans une pensée de l'hétéronomie qui, selon Marcel Gauchet (2002), signale le refus par l'homme de sa propre puissance de créateur et le report ailleurs, dans l'invisible, de l'origine et des normes : « L'installation dans une dépendance radicale envers l'origine surnaturelle vaut inclusion étroite dans le monde naturel. » (*ibid.* : 37)

À l'argument de la laïcisation de la parenté, on peut objecter que le mariage est un acte laïque, une convention, depuis plus de deux siècles (la loi sur le mariage date de 1792). Mais la rupture idéologique dont il s'agit cette fois ne concerne ni simplement le mariage ni le seul droit de la famille. D'une part, elle touche à tout l'édifice de la parenté, plus exactement au modèle de parenté tel que défini plus haut ; d'autre part, elle concerne l'ensemble des normes, pas uniquement les normes juridiques. La laïcité dont il est question englobe donc la laïcité au sens juridique. Elle touche au statut même de la norme. Elle signifie, de manière radicale, effacement de la transcendance (qu'elle soit religieuse ou non). La société démocratique est en train de se défaire de l'idée que la famille serait un ordre supra-humain, une association naturelle aux fondements immuables. Les normes qui l'organisent perdent leur caractère sacré. Ce basculement idéologique, revendiqué par les uns, contesté par les autres, consiste en « une opération d'évidement » (Kintzler, 2008 : 27) : il n'y a plus rien au-dessus de nos têtes ; il n'y a plus de clôture du sens. C'est sur ce « vide », explique Catherine Kintzler au sujet de la laïcité, que les normes de la vie commune doivent se construire. L'élaboration normative se disjoint de toute foi. Ce qui est vrai pour le lien politique – « le vide de la forme de l'incroyance [...] est placé au fondement de l'association politique » (Kintzler, 2012 : 57) – l'est aussi pour le lien de parenté. La croyance en une vérité première, en un ordre naturel, définissant une fois pour toutes ce qu'est la famille, ne fait plus sens. Le statut ontologique de la parenté est transformé : la vérité de la famille n'est rien d'autre que le résultat, immanent et contingent, de choix politiques.

Expression de l'exigence démocratique, ce basculement idéologique n'a rien de surprenant, ni de fortuit. Avec la démocratie de la vie privée, les normes familiales sortent de la métaphysique pour devenir l'unique affaire des hommes, de leur volonté, de leur raison. Cette mutation, assimilable à un « désassujettissement métaphysique » (Gauchet, 2007 :

109), marque la prise de conscience par l'homme, étape par étape, de sa condition historique : ce qui vaut pour le politique et qui est admis depuis longtemps[1] vaut aussi pour les normes de la vie privée[2]. Nous sommes les seuls producteurs des normes de la vie en commun, peu importe qu'elles relèvent de la vie publique ou de la vie privée. La détermination des normes est une opération immanente qui ne peut s'appuyer que sur nos propres lumières. Pour le philosophe Jürgen Habermas, cette sortie des normes de la vie commune de toute référence à la métaphysique (nature, religion, ordre symbolique, sens de l'histoire, etc.) transforme la manière dont nous les élaborons et y souscrivons. Les normes qui donnent une orientation pratique à nos vies doivent désormais être « réfléchies ». Il n'existe plus rien de supérieur à quoi nous puissions en appeler. Cela signifie que les débats éthico-politiques deviennent non seulement possibles, mais inévitables : « N'étant plus couvertes par des images religieuses ou métaphysiques du monde imperméables à la critique, les orientations pratiques ne peuvent plus être obtenues qu'à partir d'argumentations », observe Habermas (1997 [1992] : 113).

Les effets de la laïcisation : normes, pluralisme, temporalité

La démocratie de la vie privée modifie le statut même des normes en les rapprochant des lois : les normes deviennent aussi politiques que les lois, remarque avec justesse Éric Fassin (2005). Comme les secondes, elles ne peuvent être fixées que par délibération. La parenté[3] n'est rien d'autre que la réponse à la question : que voulons-nous qu'elle soit ? Le point de vue relativiste, familier aux sciences sociales, selon lequel il n'existe pas de norme universellement valable pour définir la famille et la régir, gagne peu à peu l'ensemble de la société. En devenant une pure convention humaine et historique, la parenté est privée de tout fondement naturel

[1] C'est-à-dire le fait, qu'en démocratie, la loi soit l'œuvre des citoyens.

[2] Par exemple dans le domaine de la sexualité. Sur cette question, cf. Maks Banens (2010) qui parle de « laïcité sexuelle » au sujet de certaines législations nationales en matière de mariage et de partenariat de même sexe en Europe.

[3] Au sens, défini *supra*, de modèle de parenté.

ultime. Il n'y a plus une ontologie unique de la parenté qui soit fondée sur un socle logique unanimement reconnu. Or une modernité qui prend ainsi conscience de ses contingences – « que voulons-nous ? » et « qui sommes-nous ? » sont deux questions liées en matière de parenté, tant la réponse à la première est liée à ce que nous croyons être le propre de l'humain – ne peut se passer d'une « raison procédurale » en vue de parvenir à un accord collectif. Ce qui était édicté et ordonné par des voies naturelles, ce qui était décrété par la tradition ou l'invisible, doit être maintenant débattu. Comme le dit Jürgen Habermas, la délibération est inévitable. Le refus de l'hétéronomie l'exige. Il y a presque deux décennies, le théoricien du droit Louis Assier-Andrieu parlait d'une « culturalisation généralisée de la parenté » à cause de l'impossibilité d'adosser les normes familiales au butoir sécurisant des « lois naturelles ». Ses propos sont d'une grande actualité : « C'est, d'un même mouvement, l'ordre de la famille, l'ordre universel de parenté et les facteurs distinctifs de l'humain qui entrent désormais dans l'arène politique pour y faire l'objet de délibérations conscientes », concluait-il (Assier-Andrieu, 2000 : 649).

En perdant sa naturalité, la parenté perd aussi, dans le même mouvement, son unité. Dans sa réflexion sur l'hétéronomie qui caractérise les sociétés d'avant l'avènement de la démocratie, Marcel Gauchet explique que « l'assujettissement à l'Autre », extériorité fondatrice, est un moyen de « produire l'Un » (Gauchet, 2007). Situer la norme à l'extérieur revient à fabriquer l'unité et l'homogénéité du corps collectif. Cela vaut aussi pour la parenté. L'unité de la famille était d'ailleurs moins une vérité de fait qu'un principe normatif. En effet, la famille a toujours été plurielle à l'échelle de la société : historiens et ethnologues du monde paysan ont bien décrit les clivages de classes et les traditions régionales qui expliquaient la variété des structures familiales au sein de la société française (Burguière et al., 1986). Mais la famille restait perçue par les individus comme une donnée naturelle et immuable, en partie parce que la mobilité géographique et sociale était réduite et que personne, en dehors des analystes, ne pouvait prendre la mesure de la diversité des pratiques. Aujourd'hui, le pluralisme familial n'est pas simplement une vérité de fait, mais, de plus en plus, un principe normatif, quoique discuté. La pluralité des familles est l'expression d'un pluralisme des options de vie autant, sinon plus, que des inégalités de conditions. Les sociétés démocratiques sont des sociétés pluralistes. Les conceptions du bien sont devenues plurielles dans la famille (Kellerhals, Widmer, Levy, 2004) comme ailleurs. Différentes philosophies familiales définissent, de façon parfois contrastée, ce qu'est un parent et ce que doit être une famille. À l'échelle de la société, cette coexistence d'ontologies familiales plurielles n'est pas toujours pacifique. Elle pose la question, par essence politique, des procédures de discussion et de délibération qui soient à même de déterminer une sorte de bien commun sur la base duquel ce pluralisme des options puisse être reconnu, protégé, organisé et régulé. C'est tout l'enjeu d'une parenté devenue laïque.

Un dernier aspect de la laïcisation de la parenté concerne le rapport au temps. Moins les individus souscrivent à l'hétéronomie, moins compte la tradition. Avec la démocratie, pour reprendre l'expression de Tocqueville[4], la tradition n'est plus guère qu'un « renseignement ». Elle n'est plus une vérité en surplomb, mais une option parmi d'autres. Cette disqualification du passé – ce qui se faisait avant ne nous dit plus ce que nous devons faire à présent – modifie l'orientation temporelle des expériences familiales. Nous passons de la généalogie à l'historicité. La famille n'est plus perçue comme une entité pérenne qui se reproduit et demeure quoiqu'il arrive. Elle est au contraire radicalement marquée par la contingence historique. C'est notre manière d'habiter le temps qui se transforme. Le temps généalogique était un temps homogène et continu. Il fabriquait un collectif familial (la lignée) qui obligeait l'individu. Vivre en famille, c'était assurer la continuité de la lignée. Idéalement, la parenté était vue comme une corporation familiale « qui ne meurt jamais » pour utiliser le mot célèbre de l'historien du droit Henry S. Maine (Zimmermann, 1993). À l'inverse, le temps de l'historicité est un temps pluriel et discontinu. La discontinuité vient du fait que l'individu est réticent à se mettre au service du groupe familial, le temps individuel primant sur le temps collectif, et que l'argument de la précédence a cédé devant le désir de produire le devenir. Le temps généalogique était un montage symbolique autant sinon plus qu'une réalité pratique et matérielle. Les familles pauvres n'avaient rien à transmettre, mais se

[4] *Cf.* citation supra, dans le paragraphe « L'extension de la démocratie à la vie privée ».

vivaient malgré tout comme des structures immuables. La généalogie est un montage, fictif pour une part, mais surtout indisponible à la volonté des hommes. C'est une manière d'instituer la vie en faisant de la parenté un élément qui est soustrait à la délibération. La laïcisation de la parenté rompt avec cette vision du temps, de la parenté et de l'humain[5]. Dans une formule lapidaire, mais suggestive, Marcel Gauchet écrit au sujet de la religion comme archétype de l'hétéronomie : « L'essence de la religion, c'est d'être contre l'histoire » (Gauchet, 2002 : 35). Le rapport au passé, à la tradition, est une façon de stériliser la condition historique de l'homme, de rendre improbable, sinon impossible, l'avènement d'une conscience historique. Unifiante, l'hétéronomie est aussi passéiste. « [La] dépendance envers l'invisible est simultanément dépendance envers le passé. » (*ibid.* : 94) L'avènement d'une conscience historique, corollaire de la laïcisation, se traduit dans l'ordre familial par la disqualification de la tradition.

INDÉTERMINATION DÉMOCRATIQUE ET « POSITION CRITIQUE »

L'horizon temporel n'est plus la reproduction du même. Privée de fondement ultime, renvoyée à la pluralité des options, la famille est effectivement devenue « incertaine » pour utiliser le titre connu d'un ouvrage de Louis Roussel (1989). Cette indétermination s'éprouve à l'échelle des familles à travers une plus grande instabilité du lien familial (ruptures conjugales, trajectoires familiales discontinues marquées par des phases de monoparentalité et de recomposition) comme à l'échelle de la société à travers les controverses, souvent vives, qui prennent pour objet la famille, le mariage, la filiation. Certains voient cette incertitude comme une crise : crise de l'institution familiale, de la filiation, du lien familial, etc. L'idée de crise se décline à loisir et fait écho à l'emploi généralisé du mot pour désigner tel ou tel aspect des sociétés occidentales dans la période actuelle[6]. Ne faudrait il pas plutôt se demander si la crise n'est pas le régime normal de la démocratie dès lors qu'elle gagne

---

[5] Vision qui fut notamment théorisée par Pierre Legendre (1985) au croisement de l'anthropologie, du droit et de la psychanalyse.

[6] Ne parle-t-on pas de crise économique, de crise politique, de crise des valeurs, de crise de la pensée, de crise de l'école, etc. ?

l'ensemble de la société et remet en question croyances, vérités et normes établies ? La laïcisation de la parenté revient à mettre en crise ce qui, jusqu'alors, était posé comme une vérité indisponible. Si l'indétermination est une donnée fondamentale de l'époque, c'est qu'elle est inhérente au processus de démocratisation et de laïcisation de la parenté.

Le passage de l'hétéronomie à l'autonomie a comme implication l'absence de clôture du sens. Si vivre en démocratie, c'est renoncer à toute garantie transcendante et revendiquer le pouvoir humain d'énoncer la norme, l'indétermination et la mise en critique en sont le corollaire. Cette immanence de la pensée et de la liberté humaines par laquelle les individus deviennent les auteurs de leurs normes est une expérience fragile, « perpétuellement hantée d'inquiétude » (Kintzler, 2008 : 56). Le renvoi à la naturalité vue comme extériorité fondatrice marquait le refus ou le déni d'une société qui soit sujette d'elle-même. Avec la démocratie de la vie privée, ce renvoi est inopérant et nous devons assumer notre condition historique sans le secours d'une vérité indisponible. C'est le cœur de ce que signifie laïciser la parenté. Ce qui remplace l'ordre naturel n'est rien d'autre que la raison, l'activité et la volonté humaines. Au décret naturel ou divin se substitue la mise en délibération des options dans leur diversité.

Claude Lefort et Cornelius Castoriadis, deux grands penseurs de la démocratie, ont finement analysé ce qu'elle implique sur le plan des normes et de la culture. Dans *L'invention démocratique* (1981), Lefort voit dans l'indétermination et la division le propre de la démocratie : « La société démocratique moderne [est] cette société où le pouvoir, la loi, la connaissance se trouvent mis à l'épreuve d'une indétermination radicale » (*op. cit.* : 182). Avec la démocratie, explique Castoriadis (1975), la loi ne peut plus être imputée à une source extra-sociale, naturelle ou divine : les hommes doivent reconnaître qu'ils sont les seuls auteurs de leurs institutions. Cela implique une constante remise en question des fondements de la norme au sein d'un espace public où la légitimité de celles-ci est toujours interrogée. La société est autocréation et ce refus de l'hétéronomie n'est possible que sur la base du principe, conçu comme « une exposition lucide au chaos », qu'existe une pluralité d'ordres possibles. Lefort et Castoriadis sont conscients du fait que l'expérience démocratique est toujours fragile, marquée par l'inquiétude et le doute. Faire de la parenté une question démocratique, c'est accepter sereinement cette « indétermination », cette « division » et ce « chaos » que le renvoi à une vérité transcendante s'efforçait de combler à travers une pensée de l'assignation, de l'unité et de l'ordre. On comprend mieux la virulence et la violence des conflits récents au sujet du mariage des couples de même sexe, de l'homoparentalité ou de la gestation pour autrui. Pour certains, parmi les adversaires de ces dispositions, le deuil de la transcendance est impossible, traumatisant plutôt que libérateur : il est irruption du doute et de la pluralité dans une ontologie de la parenté dominée par la certitude et l'unité. Cette position exprime la nostalgie d'une vérité indisponible.

Poursuivons le raisonnement à l'aide du concept de « position critique » forgé par Catherine Kintzler dans son analyse de la laïcité : « j'appelle position critique la position qu'occupe la pensée lorsqu'elle se rend compte de son immanence à elle-même, lorsqu'elle prend conscience qu'elle n'a à sa disposition que ses propres forces pour construire une proposition ou une idée : celles-ci ne peuvent jamais nous être données et surtout jamais être validées par une instance extérieure », explique-t-elle (2008 : 57). La vérité d'une idée ou d'une norme ne peut être établie par référence à « la » vérité qui serait déposée quelque part. C'est pourquoi, dans une démocratie laïque, le doute hante constamment l'exercice de la pensée et de la délibération collective. Lorsque Catherine Kintzler souligne que la laïcité implique une « dialectique du doute », c'est d'un doute créateur dont il s'agit, un doute qui ne se crispe pas sur le « moment précritique », celui où on ne doutait pas encore et que le flottement des certitudes vient ébranler. L'indétermination démocratique est une expérience fragile parce que la crispation réactive et, à l'inverse, l'argument relativiste du « tout se vaut », en sont deux issues possibles, aussi regrettables l'une que l'autre : dans les deux cas, la mise en doute ne se dénoue pas, elle ne débouche sur rien. L'enjeu de la délibération démocratique en matière familiale est clair : il est d'encourager la « position critique » et de décourager le repli dogmatique, réactif ou relativiste, qui verrouille la pensée. Concrètement, cela soulève la question de la présence dans les instances de délibération des groupes de pression dont la stratégie politique est généralement la stigmatisation de l'opposant, assimilé à un adversaire, sa critique injurieuse et le refus de tout examen critique de ses propres positions.

L'ÉTAT ENTRE NEUTRALITÉ ET INTERVENTIONNISME

Le pluralisme, valeur démocratique par excellence, est non seulement politique et moral, mais aussi juridique. Le droit a accompagné les changements de la famille tout en s'efforçant de les réguler. En multipliant les options, en renonçant à privilégier un schéma plutôt qu'un autre, il est devenu, selon la formule du doyen Jean Carbonnier, « un droit de la coexistence pacifique » (cité par Ruge-Antoine, 2007 : 259). En droit de la famille, le « pluralisme légal » est de plus en plus la règle (Lemouland, 1997). Le Code civil de 1804 avait imposé un modèle : celui de la famille légitime, patriarcale et autoritaire (qui était aussi celui de la famille bourgeoise). Depuis environ 40 ans, les réformes successives de la filiation (1972 puis 2005), du divorce (1975 puis 2004), du pacs (1999), de la succession (2001), de l'autorité parentale (2002), du nom de famille (2002 et 2003), du mariage des couples de même sexe (2013), ont fait du droit de la famille un système pluraliste (Roy, 2011). C'est « à chacun sa famille, à chacun son droit », pour reprendre une autre formule de Jean Carbonnier. Telle est du moins la tendance, car, si le droit compose avec l'évolution des mœurs familiales et sexuelles, il défend aussi un certain nombre de principes d'ordre public, davantage dans le domaine de la filiation et de la parentalité que dans celui de l'alliance[7], et n'est pas entièrement dominé par la logique extensive des droits subjectifs. C'est d'ailleurs pour cette raison qu'un certain nombre d'individus – par exemple les couples de même sexe désirant recourir à « l'assistance médicale à la procréation » – s'estiment discriminés du fait de leur choix de vie. Le pluralisme légal est donc relatif, car il importe pour le législateur d'arbitrer entre le bien commun et la satisfaction, sous forme de droits subjectifs, des revendications individuelles.

---

[7] Libre à chacun de choisir l'option juridique qui lui convient en matière conjugale (mariage, lequel connaît différents régimes matrimoniaux, pacs, concubinage déclaré ou non). En revanche, bien que les différences entre enfants légitimes et enfants naturels aient été effacées, l'accès à la filiation est plus sélectif car il y va pour le droit de « l'intérêt supérieur de l'enfant ».

Le pluralisme légal traduit la volonté du législateur[8] de réguler un paysage familial devenu pluriel et fragmenté. D'un côté, le fait de vouloir adapter la loi aux mœurs, d'accompagner les changements sociaux, met l'État en position de neutralité. C'est la conception libérale classique d'un État neutre qui, face au pluralisme des options de vie, refuse de choisir et de défendre une conception de la vie bonne parmi toutes celles présentes dans la société civile. Dans cette vision libérale, pluraliste et tolérante, qui peut aller jusqu'à une laïcité juridique lorsque la puissance publique s'abstient absolument de professer une option religieuse ou philosophique déterminée, le souci principal est d'éviter les discriminations. Cette neutralité de l'État s'accompagne alors d'un droit gestionnaire : « La loi ne dirige plus, elle gère », observe le juriste Jean-Jacques Lemouland (*op. cit.* : 135). La régulation « par le haut » fait place à une régulation « immanente et plurivoque » visant à organiser la coexistence des libertés cependant que reculent les références aux valeurs collectives, incarnations du bien commun.

Toutefois, d'un autre côté, en tant qu'il est le garant de l'intérêt général de la nation, l'État se doit aussi de veiller à ce que la variété des accords familiaux ne soit pas défavorable aux plus faibles : les enfants, mais aussi tous ceux qui se trouvent dans une situation de forte dépendance à l'égard de leurs proches (handicapés, vieillards, femmes au foyer, chômeurs en fin de droit, etc.). Dans ces situations familiales, l'objectif des pouvoirs publics est de limiter le pouvoir des parents de manière à protéger les plus faibles. C'est pourquoi il y a une légitimité pour l'État à intervenir dans la vie familiale et à faire de la famille l'objet de politiques publiques[9].

L'État est finalement, lui aussi, comme la société démocratique elle-même, dans une certaine indétermination. Il est partagé entre neutralité et interventionnisme (Merrill, 2011). Le premier objectif lui impose de rester neutre sur le plan axiologique : aucune conception du bien n'est a priori supérieure à une autre. Cela implique qu'aucun modèle de parenté n'est objectivement meilleur qu'un autre. La disparition de tout

[8] Et aussi du juge dans la pratique judiciaire.

[9] Et non simplement, comme cela se fait depuis plus d'un siècle, à la mettre au cœur des politiques sociales en la considérant comme un recours en matière de solidarité (sur ce dernier aspect : cf. Assier-Andrieu, 2000).

fondement ultime met toutes les options sur le même plan. Le deuxième objectif exige au contraire son intervention au nom d'une valeur cardinale de la modernité démocratique : l'égalité et la protection des plus faibles. Mais ce faisant, cela revient à défendre certaines options, à dire qu'il y a des options de vie familiale meilleures que d'autres parce qu'elles protègent mieux les plus faibles. L'étape suivante est d'admettre qu'il est légitime de limiter la liberté pour le bien de la personne et de la société[10].

Avec la démocratie de la vie privée, la question fondamentale pour l'État est donc de savoir comment, à l'échelle de la société, organiser le pluralisme familial. Quel doit être le principe régulateur de l'action publique ? L'égalité ? Mais alors, celle des chances ou celle des conditions ? Et pourquoi pas celle des « capabilités »[11] (Nussbaum, 2012) en ce qu'elle est attentive aux moyens d'exercer sa liberté ? Sans oublier l'intérêt de l'enfant de plus en plus perçu, par la justice notamment, comme un « intérêt supérieur » (Hauser, 2001) et le principe de coparentalité qui, pour le droit, sert de règle commune en matière de relations parents-enfants pour les couples séparés (Fulchiron, 2011 ; Le Collectif Onze, 2013) ? Et quid de l'accès à l'autonomie qui ne concerne pas uniquement les enfants, mais aussi de nombreuses femmes divorcées, les personnes handicapées, les malades et les vieillards ? Il règne au sujet de l'intervention publique auprès des familles une certaine confusion : la régulation publique de la vie privée n'est pas seulement « plurivoque », mais incertaine et ambiguë dans ses fondements mêmes.

D'un mythe à l'autre : la parenté entre généalogie et contrat

Chaque époque véhicule ses propres mythes qui offrent une vision idéalisée de l'être-ensemble, des rapports de l'homme et de la société à un

---

[10] Cette position interventionniste peut d'ailleurs être critiquée sur sa droite, certains libéraux la qualifiant de « paternalisme » (Merrill, *ibid.*), comme sur sa gauche, lorsqu'il lui est reproché d'être une « police des familles » (Donzelot, 1977).

[11] Une égalité des « capabilités » équivaudrait à une égalité dans le fait de pouvoir choisir sa vie en garantissant à chacun les conditions concrètes permettant d'accomplir ses choix (sur la notion de capabilités : cf. Nussbaum, 2012 [2011]).

moment donné de l'histoire ; la spécificité du mythe étant qu'il se refuse à l'historicité en se posant comme vérité éternelle. L'extension de la démocratie à la vie privée, le basculement d'un modèle de parenté fondé sur l'hétéronomie à une vision laïcisée et pluraliste de ce qui fait parenté modifie profondément la manière dont les hommes perçoivent leur rapport à la temporalité. Nous avons vu combien l'intuition de Tocqueville concernant la perte d'autorité de la tradition se vérifie. La dépendance envers l'extériorité est foncièrement passéiste : la vérité fondatrice se situe dans un ailleurs intouchable : « Nous recevons l'ordre qui nous tient ensemble, et nous avons à le transmettre tel que nous l'avons reçu », note Marcel Gauchet (2002 : 94) au sujet de l'hétéronomie religieuse. Cette observation s'applique aussi au modèle de parenté fondé sur la naturalité. L'extension de l'exigence démocratique à la vie privée transforme cette vision et produit une « détraditionalisation » de la famille.

Avant que la parenté ne soit touchée par la dynamique démocratique, le temps qui prévalait était, avons-nous dit, le temps généalogique. La référence généalogique fonctionnait comme un montage symbolique, un mythe articulant hiérarchiquement deux temporalités : celle, englobante, du temps long et instituant de la lignée ; et celle, englobée, du temps de la vie individuelle, c'est-à-dire d'un sujet institué par la généalogie. Ce mythe généalogique allait de pair avec une définition de la parenté renvoyant à la naturalité. Le Code Napoléon de 1804 en porte la trace. En rompant avec la brève parenthèse contractualiste du droit révolutionnaire, le Code civil a travaillé à « la remise en ordre des hiérarchies naturelles » (Barret-Kriegel, 1989 : 506) : il a mis au centre du droit de la famille la filiation, la propriété et la transmission du patrimoine. Il s'agissait alors de propager « l'esprit de famille » comme ce qui fonde et entretient « l'esprit de la cité ». La fonction politique de la parenté – garantir les vertus publiques par les vertus privées – ne se réalisait qu'au prix de sa dépolitisation et de sa naturalisation. Si, au cours de cette période, la parenté est vue comme un facteur d'ordre et de stabilité, c'est parce qu'elle renvoie dans l'esprit du droit et des représentations dominantes non pas au politique, à ce sur quoi les hommes ont prise, mais au naturel, à ce qui est intangible, extérieur, indisponible à la volonté humaine, bref à ce qui, devant être reçu et transmis tel quel, fixe dans le marbre les inégalités entre hommes et femmes et entre générations, assimilables à des destins naturels.

Désormais, à l'heure de la démocratie de la vie privée, le mythe serait plutôt celui d'un temps court et réversible, incarné par la figure du contrat. L'individu est premier, il n'est plus englobé par le temps long de la généalogie. Le contrat se conçoit comme accord de volontés souveraines, libres de déterminer le juste et le bien. On voit ce que ce mythe du contrat, temps court et réversible, doit à l'exigence démocratique, au rejet de l'assignation et de l'hétéronomie au profit de la liberté et de l'autonomie. Sur un plan juridique, le mythe du contrat s'accompagne d'une extension des droits subjectifs : c'est à la société qu'il incombe de reconnaître des « droits à » comme autant de réponses à l'épanouissement des désirs individuels. D'institué par la généalogie, le sujet est devenu force instituante du lien de parenté.

Le passage d'un mythe à l'autre transforme la manière de vivre l'expérience du temps dans la famille et d'approcher la question de la filiation. Certes le mythe, précisément, n'est pas la réalité. Mais par sa dimension symbolique, mixte de croyances et d'affects, il contribue à définir un cadre de légitimité pour les pratiques. S'agissant de la filiation, peut-être sommes-nous sur le point de passer d'un régime à un autre : une transition qui irait de la lignée au « contrat de filiation » comme le montrent les possibilités ouvertes par les nouvelles techniques de reproduction (Déchaux, 2014-b). Ainsi l'assistance médicale à la procréation avec don de gamètes ou le scénario de la gestation pour autrui (GPA), en rompant tout lien entre sexualité, enfantement et filiation, conduisent-ils à renforcer la composante volitive du lien de filiation. Est parent celui qui a la volonté et le projet de l'être, telle est la conception sous-jacente à ces démarches. Ce sont les « parents d'intention » qui comptent pour établir la filiation. Le recours au tiers (don de gamètes, gestatrice) suppose que celui-ci accepte de renoncer à ses droits parentaux et de n'être qu'un auxiliaire biologique, géniteur ou gestatrice de l'enfant à naître. Que cette renonciation prenne la forme d'un contrat en bonne et due forme[12] ou qu'elle exige un consentement formel dans le cas du don anonyme de gamètes, la dimension

[12] Aux États-Unis, les couples qui recourent à la GPA concluent avec la gestatrice une « convention de gestation » qui définit les droits et obligations de chaque partie.

contractuelle est au premier plan. Dans la mesure où ce qui institue la filiation est l'accord de volonté entre parents d'intention et « tiers donneur » (et la négociation qui précède cet accord, par exemple dans le cas de la GPA), comment ne pas déceler un mouvement de contractualisation de la filiation ?

Parmi les points qui vont devoir faire l'objet d'un débat démocratique, il y a celui, crucial, de la place du contrat dans la définition de « qui est *ou* peut être *ou* doit être parent de qui ». Le contractualisme, défini comme un cadre légal fondé sur des principes très généraux de non-nuisance à autrui laissant la plus large liberté aux parties de choisir les termes du contrat, n'est pas simplement une solution pragmatique pour produire des accords. Il est porté par le mythe d'un temps court et réversible, d'un individu sujet autonome et non plus institué par la généalogie. Est-il pour autant le bon cadre pour organiser la parenté en démocratie ? Comment régler la délicate question du consentement des parties ? Que faire de l'inégalité réelle entre les parties ? Comment sortir de la logique de l'affrontement binaire (mon droit contre ton droit) que le registre des droits subjectifs risque d'encourager ? Au nom de quel intérêt supérieur faudra-t-il trancher entre des droits subjectifs opposés si la notion de bien commun ou d'ordre public, elle-même déterminée en partie par l'idée d'appartenance collective et instituante, s'affaiblit ? À cet égard, la notion de « dignité humaine » apparaît trop vague, trop dépendante des options idéologiques, pour servir de critère juridique applicable (Dekeuwer-Défossez, 2014). Et, sur un plan éthique, que signifie une vie humaine conditionnée par un « contrat de naissance » ? Doit-on considérer qu'un être humain est réductible dans son essence à la volonté de ceux qui le désirent ?

Ces questions sont autant de défis que l'exigence démocratique nous invite à relever. Aucune d'elles ne peut plus être tranchée par la référence à une vérité première indiscutable. La délibération politique est l'unique horizon. « Il convient de prendre acte que la « structure » idéale d'une famille indisponible, réifiée, fixiste, portée par tradition et porteuse de "valeurs essentielles" présente un caractère idéologique si ingénu qu'elle ne résiste pas plus à la critique intellectuelle qu'au jeu de la volonté démocratique », notait avec perspicacité Louis Assier-Andrieu (*op. cit.* : 652) dès 2000. Le défi, incontournable, est à la fois politique et intellectuel. À nous, contemporains, d'être suffisamment vertueux, c'est-à-dire d'adopter la « position critique » qui est seule à même, au sein d'une démocratie laïque, de nous rendre capables de traiter politiquement cette question selon les voies délibératives de la démocratie.

ÉLÉMENTS DE BIBLIOGRAPHIE

ASSIER-ANDRIEU (L.), « Les politiques de la vérité familiale : le droit entre la science et le marché » (2000), in *Droits et Sociétés*, n° 46, p. 615-653.

BANENS (M.), « Mariage et partenariat de même sexe en Europe. Vingt ans d'expérience » (2010), in *Politiques Sociales et Familiales*, n° 99, p. 73-84.

BARRET-KRIEGEL (B.), « Sphère privée, citoyenneté, démocratie » (1989), in I. Théry et C. Biet (textes réunis et présentés par), *La famille, la loi, l'État. De la Révolution au Code civil*, Paris, Imprimerie nationale et Centre Georges Pompidou, p. 503-506.

BURGUIÈRE (A.), KLAPISH-ZUBER (C.), SEGALEN (M.) ET ZONABEND (F.) (dir.), *Histoire de la famille. Tomes 1 et 2*, Paris, Armand Colin, 1986.

CASTORIADIS (C.), *L'institution imaginaire de la société*, Paris, Seuil, 1975.

DÉCHAUX (J.-H.), *Sociologie de la famille*, Paris, La Découverte, 2e éd., 2009.

DÉCHAUX (J.-H.), « La parenté et l'exigence démocratique : sociologie politique du pluralisme familial » (2014), in *Le Laboratoire Politique – Think Thank Différent*, note, septembre, 11 p. http://www.thinktankdifferent.com/fr/

DÉCHAUX (J.-H), « Les défis des nouvelles techniques de reproduction : comment la parenté entre en politique » (2014), in *L'influence de la biomédecine sur la parenté. Approche internationale*, sous la direction de B. Feuillet-Liger et M.-C. Crespo-Brauner, Bruxelles, éditions Bruylant, p. 317-339.

DEKEUWER-DÉFOSSEZ (F.), « Réflexions conclusives » (2014), in *L'influence de la biomédecine sur la parenté. Approche internationale*, sous la direction de B. Feuillet-Liger et M.-C. Crespo-Brauner, Bruxelles, éditions Bruylant, p. 359-367.

DONZELOT (J.), *La police des familles*, Paris, Minuit, 1977.

FASSIN (E.), « Démocratie sexuelle » (2005), in *Comprendre*, n° 6, p. 263-276.

FULCHIRON (H.), « Pluralisme et rupture familiale » (2011), *in* O. Roy (dir.), *Réflexions sur le pluralisme familial* [en ligne], Nanterre, Presses universitaires de Paris Ouest. http://books.openedition.org/pupo/656

GAUCHET (M.), *La démocratie contre elle-même*, Paris, Gallimard, coll. « Tel », 2002.

GAUCHET (M.), *La révolution moderne. L'avènement de la démocratie I*, Paris, Gallimard, coll. « Folio », 2007.

HABERMAS (J.), *Droit et démocratie. Entre faits et normes*, tr. fr., Paris, Gallimard, 1997 [1992].

HAUSER (J.), « Droits de l'enfant, état des lieux » (2001), in *Journal du droit des jeunes*, n° 208, p. 13-19.

KELLERHALS (J.), WIDMER (É.), LEVY (R.), *Mesure et démesure du couple*, Paris, Payot, 2004.

KINTZLER (C.), *Qu'est-ce que la laïcité ?*, Paris, Vrin, coll. « Chemins philosophiques », 2008.

KINTZLER (C.), « Construire philosophiquement le concept de laïcité. Quelques réflexions sur la construction et le statut d'une théorie » (2012), in *Cités*, n° 52, p. 51-68.

LE COLLECTIF ONZE, *Au tribunal des couples. Enquête sur des affaires familiales*, Paris, Odile Jacob, 2013.

LEGENDRE (P.), *L'inestimable objet de la transmission. Étude sur le principe généalogique en Occident*, Paris, Fayard, 1985.

LEMOULAND (J.-J.), « Le pluralisme et le droit de la famille, post-modernité ou déclin ? » (1997), *Recueil Dalloz*, Chron., p. 133.

LEFORT (C.), *L'invention démocratique*, Paris, Fayard, 1981.

MERRILL (R.), « Comment un État libéral peut-il être à la fois neutre et paternaliste ? » (2011), in *Raisons politiques*, n° 44, p. 15-40.

NEYRAND (G.), La « démocratisation" des relations familiales, un processus pluriel difficile à réguler » (2014), in *Le Télémaque*, n° 46, p. 59-71.

NUSSBAUM (M. C.), *Capabilités. Comment créer les conditions d'un monde plus juste ?*, tr. fr., Paris, Climats, 2012 [2011].

ROUSSEL (L.), *La famille incertaine*, Paris, Odile Jacob, 1989.

ROY (O.) (dir.), *Réflexions sur le pluralisme familial* [en ligne] (2011), Nanterre, Presses universitaires de Paris Ouest. http://books.openedition.org/pupo/656

RUDE-ANTOINE (E.), "Jean Carbonnier et la famille. Transformations sociales et droit civil" (2007), in *L'Année sociologique*, vol. 57, n° 2, p. 527-543.

TOCQUEVILLE (A. de), *De la démocratie en Amérique, vol. 2*, Paris, Gallimard, coll. « Folio », 1986 [1840].

ZIMMERMANN (F.), *Enquête sur la parenté*, Paris, PUF, coll. « Ethnologies », 1993.

Le temps et la famille[1] : entre donné et construit

Jean Hauser

INTRODUCTION

> *« Nous vivons pour le monde extérieur plutôt que pour nous ; nous parlons plutôt que nous ne pensons ; nous sommes agis plutôt que nous n'agissons nous-même. Agir librement, c'est reprendre possession de soi, c'est se replacer dans la pure durée. »*
>
> H. Bergson, *Essais*, p.176

DES MOTS

Il n'appartient pas au juriste de s'attarder trop longtemps sur le sens du mot « temps », mentionné dans le titre de cette communication, et ce pour plusieurs raisons. Tout d'abord, parce que ce qui doit être dit sur ce sujet l'a été, ou le sera, par les philosophes, ensuite parce que le droit se contente, en tel domaine, du sens commun des mots et retiendrait plutôt le banal que le fondamental : le temps passe. Cela ne signifie pas que les discussions de fond n'ont pas d'effet sur la matière juridique[2]. On y reviendra.

Par contre la famille est dans le domaine du juriste et on se contentera de noter, dans l'introduction, que les organisateurs ont mis le mot au pluriel comme c'est désormais la règle. On notera simplement que ce

[1] On dit désormais en général « les » familles, sans qu'on sache exactement si ce pluriel ne révèle que le nombre des familles ou, ce qui est autre chose, la variété des modèles familiaux…

[2] Parmi une abondante littérature, on consultera avec profit *Le droit à la lumière de Bergson : mémoire et évolution,* éditions Panthéon-Assas, ss. la dir. de C. Puigelier et B. Saint-Sernin, 2013. V. également J. Chevalier, *Bergson*, Plon, 1926.

pourrait être déjà une importante prise de position sur les développements qui suivent.

Ensuite, le choix d'une petite incise supplémentaire faisant référence au « donné » et au « construit » n'est pas sans intérêt, même si, là encore, elle renvoie à une pensée philosophique précise. C'est que le droit est une discipline qui ne se résume pas à la réalité brute, même si c'est son matériau premier. En charge d'une organisation collective, il fait une consommation non négligeable de fictions[3], vérités provisoires en espérant mieux, demi-vérités érigées en évidences, vérités présumées à partir de la statistique, vérités en cascade où l'une soutient l'autre, petits mensonges déguisés pour assurer la sécurité et la paix sociales, etc.[4]

Enfin les rapports entre le droit et le temps sont ambigus. Le temps est certes une donnée incontournable… mais le droit se sert à la fois de ce caractère pour l'utiliser et promouvoir l'oubli et, en sens inverse, cherche à le dépasser dans une entreprise évidemment vouée à l'échec, mais tout de même toujours recommencée.

Le temps et le droit privé en général[5]

L'ensemble du droit privé entretient des rapports essentiels avec le temps. Si l'on se tourne vers le droit des contrats, une doctrine assez répandue analyse le contrat comme une emprise sur le temps[6]. Il est vrai que si tout le monde respectait la parole donnée, il n'y aurait pas besoin de droit des contrats et, s'il existe, c'est pour se prémunir contre les retournements et les caprices. Ici, le droit emprisonne, au moins

---

[3] La distinction conduit F. Gény, *Science et technique en droit privé positif*, Sirey 1927, spéc. n°166 s., à distinguer plusieurs « donnés » des données réelles ou strictement naturelles, des données historiques, des données rationnelles et des données idéales.- Sur les fictions, G. Wicker, *Les fictions juridiques, contribution à l'analyse de l'acte juridique*, préf. J. Amiel-Donat, Bibl. dr. privé t.253, LGDJ, 1997.

[4] L'exemple le plus célèbre est sans doute celui de la présomption de paternité du mari en mariage : les époux sont tenus d'un devoir de fidélité, la femme est présumée fidèle, donc les enfants qui en naissent sont, en général, ceux du mari…

[5] M. Cresp, *Le temps juridique en droit privé. Essai d'une théorie générale*, préf. J. Hauser, PUAM, 2013.

[6] J. Hauser, *Objectivisme et subjectivisme dans l'acte juridique*, préf. P. Raynaud, LGDJ, 1971.

provisoirement, le temps auquel on demande de suspendre son vol. Aussi bien vit-il sur une distinction jugée fondamentale entre les contrats à exécution instantanée et les contrats à exécution successive.

Mais, en sens inverse, le droit utilise le temps. C'est tout le droit des prescriptions extinctives[7], forme du droit à l'oubli[8], ou du droit des prescriptions acquisitives où le temps réunit le fait et le droit. La tension y est parfois vive et la doctrine classique des XIXe et XXe siècles a retenti de joutes autour du problème de l'imprévision : réglé par la réforme de 2016, et du droit du juge de réviser les contrats dont les conditions ont profondément changé du fait du temps ? Le meilleur exemple reste sans doute la prohibition des engagements à durée indéterminée ou, plus exactement, la possibilité de les rompre quand on veut[9].

LE TEMPS ET LES FAMILLES

Il était inévitable que le rôle du droit dans les familles, par rapport au temps, s'insérât dans ces relations d'ensemble. La tension entre le temps qui s'impose et le temps qui s'oppose se retrouve avec, peut-être, un donné plus lourd qu'ailleurs, qui tient au fait que l'espèce humaine nécessite un long apprentissage avant l'autonomie, ce qui structure nécessairement le droit de la famille d'une façon un peu particulière[10]. On dira que, plus qu'ailleurs en droit, le temps s'impose comme une

[7] Notre époque, qui veut tout et son contraire, hésite constamment, en matière de prescription pénale, entre l'oubli nécessaire avec des prescriptions courtes, et l'horreur de certains agissements qui justifieraient des prescriptions longues… !

[8] Dans l'arrêt Google Spain, CJUE, Gde Ch., 13 mai 2014, Aff. C.131/12, D.2014.1476 note V.L. Benabou et J. Rochfeld ; JCP 2014.768 ; S. Mauclair, « Vers un droit à l'oubli », RJPF 2014 7-8/16, apparaît une nouvelle relation entre l'homme et le temps qui a eu, immédiatement, des effets concrets considérables sur les demandes de radiation….

[9] Pour le contrat de louage de service : « on ne peut engager ses services qu'à temps, ou pour une entreprise déterminée » C. civ. art.1780.

[10] Dans un euphémisme émouvant, le législateur (C. civ. art. 371-2 al. 2) a ajouté, en 2002, que l'obligation alimentaire des parents envers les enfants « ne cesse pas de plein droit lorsque l'enfant est majeur », ce qu'on savait depuis longtemps, mais s'est bien gardé de préciser quand elle cesse… !

donnée naturelle[11], notamment en droit de la filiation et de la parenté en général[12].

Dans une démarche un peu contradictoire, le droit de la famille va imposer une continuité qui va contredire l'écoulement du temps (I), mais, d'un autre côté, va imposer une obsolescence qui va interdire de contredire trop le temps (II). L'équilibre entre les deux tendances est instable selon qu'on veut promouvoir la protection, la liberté et l'efficacité économique…

I. Le droit et la continuité souhaitable

Remarquons, *in limine*, que l'idée de continuité contredisant le temps concerne, avant même la famille, l'individu lui-même dans sa personne. Notre époque est friande de ces techniques qui permettent de « tout prévoir » par avance, ce qu'attestent notamment les multiples assurances, mais aussi des techniques juridiques sur lesquelles on pourrait réfléchir. La création, par la loi du 5 mars 2007, du mandat de protection future qui permet d'anticiper une éventuelle déficience mentale serait un exemple très typique de cette volonté de maîtriser et d'anticiper un avenir que l'on redoute[13].

Pour ce qui est de la famille, dont nous traitons, il est assez habituel de dire, à notre époque, que la continuité juridique des situations familiales n'est plus qu'un souvenir. Dans la foire aux individualismes, elle n'aurait plus droit de cité et la réflexion d'Héraclite selon laquelle « on ne se baigne pas deux fois dans un même fleuve » aurait atteint notre domaine, jadis plutôt axé vers l'immobilité. C'est en réalité plus compliqué que cela et la démonstration peut se faire, tant en matière de couple, qu'en matière d'état-civil au sens large.

---

[11] Même si, on va le voir, l'évolution moderne, du fait des moyens techniques de procréation, viserait à conquérir une maîtrise sur le temps dont on ne disposait pas jusque-là.

[12] Sur quoi, C. Higy, *Le temps en droit de la filiation*, préf. F. Granet, PUS, 2012. J. Hauser, « Retour sur le sens du temps en droit de la famille », in *Parenté, filiation, origines*, ss.la dir. de H. Fulchiron et J. Sosson, Bruylant, 2013, p. 321 s.

[13] On pourrait y comprendre, dans la même veine, les directives de fin de vie (CSP, art. L.1111-11 à L.1111-13) et la désignation d'une personne de confiance (art. L.1111-6 CSP).

Le rapport peut être présenté en distinguant l'acte fondateur du couple et sa dissolution, en insistant toutefois sur le fait que les deux sont relativement inséparables.

A. Le temps et l'acte fondateur du couple

C'est sans doute le secteur où la considération du temps a perdu une grande partie de sa pertinence. Dans le débat classique, devenu démodé voire ringard, entre la thèse du mariage-contrat et la thèse du mariage-institution, on est bien obligé d'avouer que le mariage civil est devenu un pur contrat, certes à durée indéterminée théoriquement, mais pratiquement à durée déterminée selon la volonté unilatérale de chacun[14].

On peut évidemment y trouver des explications diverses. La longévité y entre sans doute pour partie qui conduit à diviser les périodes de la vie personnelle ou conjugale, ce qui serait rebelle à un engagement viager. Le goût pour la liberté individuelle y entre aussi, dans une proportion certainement non négligeable. L'inconvénient de ce « saucissonnage » de la vie est de détruire les éléments de réciprocité : le conjoint des jeunesses heureuses ne sera pas, éventuellement, celui des vieillesses malheureuses… La dimension temporelle des solidarités conjugales s'en trouve compromise et pose à la société des problèmes nouveaux[15].

Pourrait-on envisager un mariage à renouvellement programmé ? L'idée d'un engagement matrimonial à temps, qui se renouvellerait par une volonté exprimée (ou par tacite reconduction) n'est pas inconcevable et traduirait un nouveau rapport au temps. Pourtant, dans le pacte civil de solidarité, qui aurait pu être le laboratoire de ce type d'essai, le

[14] Avec le divorce sans juge (novembre 2016), le caractère purement conventionnel du mariage sera devenu tout à fait incontestable, au moins quant au Droit… Sur l'ensemble, J. Hauser, « Amour et liberté : la devise contemporaine du couple ? », *Archives de philosophie du droit*, t. 57, p. 73 s., Dalloz, 2014.

[15] On ne réfléchit pas assez sur certains aspects qui peuvent surprendre comme l'attribution des pensions de réversion *pro rata temporis* ?

législateur français s'est bien gardé d'ouvrir cette possibilité : le pacs est conclu sans indication de durée[16].

B. Le temps et la dissolution du couple

Les choses sont déjà beaucoup moins claires, tant entre les conjoints ou partenaires qu'à l'égard des enfants.

a) Entre conjoints ou partenaires. On sait, qu'entre conjoints[17], il est possible de prévoir, soit conventionnement, soit judiciairement, une prestation compensatoire destinée à compenser la disparité créée par la rupture du lien que l'on pouvait légitimement espérer viager. Née en 1975, elle a eu pour but de remplacer l'ancien système qui faisait survivre – en niant directement le temps – le devoir de secours entre époux, ce qui supposait une possibilité de révision à tout moment. La fiction d'un couple « maintenu » pour les besoins de la solidarité a donc fait place à un règlement, qui se voulait instantané, mais tout n'était pas dit et l'arrêt du temps espéré cause encore bien des tracas…

Tout d'abord, on a vu se maintenir des prestations sous forme de rente à vie ou à temps qui réintroduisaient la durée dans ce qui devait être forfaitaire et pour solde de tout compte, c'est-à-dire sans avenir.

Ensuite si, après de vigoureuses réformes, notamment en 2004, le principe forfaitaire s'est plus ou moins imposé, le temps s'est réinvité à la table… Que faut-il compenser ? La disparité née du déroulement du ménage (par exemple l'un a élevé les enfants plus que l'autre…) ou plus loin, la disparité née de l'espérance d'un train de vie qu'on n'aura plus ? Si l'on retient (ce qui n'est pas le cas en droit français) ce second point de vue, on réintroduit la considération du temps espéré dans la conclusion du mariage[18]. Si l'on admettait ce raisonnement, on réintroduirait une

---

[16] Dans la mesure où le texte affirme que c'est un contrat, on pourrait toutefois se demander ce qu'il adviendrait d'un contrat de pacs à « temps »… ?

[17] Il faut le rappeler désormais, de sexe différent ou de même sexe.

[18] La controverse apparaît surtout, ces dernières années, quand les époux ont adopté le régime de séparation de biens, et que donc l'un n'a pas profité de l'enrichissement de l'autre, notamment, ce qui se développe quand c'est le mari qui demande une prestation compensatoire (et que souvent il ne peut pas prétendre s'être dévoué plus que son épouse à l'éducation des enfants !)

sorte de « droit à la durée » dans le mariage[19]. La philosophie de la prestation compensatoire est étroitement dépendante de la conception du temps que l'on retient dans le mariage.

Rien de semblable entre partenaires pacsés puisque les textes se bornent à évoquer une éventualité de dommages-intérêts et une intervention du juge faute d'accord. Tout dépendra, pour notre sujet, de la jurisprudence selon ce qu'elle mettra dans les dommages-intérêts et l'on risque de retrouver le débat évoqué ci-dessus. L'enjeu sera finalement de savoir si le modèle mariage et le modèle pacs ne se fondent pas l'un dans l'autre[20].

b) À l'égard des enfants. La situation est ici particulièrement intéressante pour notre sujet. Alors que l'évolution de la conjugalité aurait pu logiquement conduire à constater la disparition de la famille, à l'occasion de la disparition de la cohabitation du couple, c'est le phénomène inverse qui s'est produit, non sans difficultés.

Tout s'est passé comme si, conscient des problèmes posés aux enfants par la libéralisation des séparations, notre législateur avait construit la fiction d'une famille maintenue et, ce, par des dispositions la plupart du temps autoritaires. Malgré la disparition de la cohabitation, on maintient une *e-famille*, une famille virtuelle, qui doit beaucoup, en notre temps, à l'internet et au téléphone portable[21] ! Cette tentative d'arrêter le temps est fort intéressante et fait appel, quoi qu'on en dise, à la technique des fictions juridiques. L'extrême pointe se retrouve, ces derniers mois, dans la querelle sur la résidence alternée : faute de cohabitation, on ferait voyager les cohabitants[22]! C'est ici une très intéressante tentative de concilier à la fois l'emprise sur le temps (je romps) et le maintien du

---

[19] Sur ce débat, V. not. RTD civ. 2011.332 et 521 ; 2014.630 obs. Hauser.

[20] V. ainsi, H. Fulchiron, « Le partenariat est-il soluble dans le mariage (et réciproquement) ? », in *Mélanges offerts à J. Hauser*, Lexis-Nexis – Dalloz, 2012 p., 125 s.

[21] Sur ce sujet, comme sur d'autres en droit de la famille, il est souvent difficile d'obtenir des études réalistes, V. *Pratiques sociales et familiales*, n°117, septembre 2014, spéc. G. Neyrand, « La résidence alternée ou le défi de la coparentalité », not. Conclusion p.12.

[22] « Sur la résidence alternée en pratique », CNAF, *Politiques sociales et familiales*, n° 117 septembre 2014, dossier : la résidence alternée, p. 5.

temps promis (je fais semblant). La combinaison est évidemment complexe.

LE DROIT DE L'ÉTAT DES PERSONNES

A. La permanence de l'état-civil formel

On étudie peu, chez les juristes, le sens de l'état-civil en tant que service public et sa dimension quant au temps. Il ne s'agit rien de moins que d'emprisonner dans du papier, des registres – ou maintenant des mémoires d'ordinateurs –, l'existence même des individus afin que nul ne meure avant son terme ![23]

Le détail des précautions formelles de conservation, l'exigence de témoins instrumentaires au moment du mariage (démodé !), la distinction difficile entre la rectification de l'erreur matérielle et l'action au fond, ont un sens quant au rapport avec le temps.

B. La permanence de l'état-civil au fond[24]

Deux points, parmi d'autres, peuvent être retenus.

a) En 2005 le législateur a ramené la prescription des actions d'état à 10 ans en principe, sauf délai plus court. Après le Code civil, on soutenait majoritairement que les actions d'État étaient imprescriptibles (comme l'État lui-même) puis on a ramené le délai à trente ans en 1972. La difficulté est ici à peu près insoluble. Si l'on permet des actions tardives en contestation d'État ou en réclamation d'État, on développe une instabilité de la filiation au détriment de l'enfant qui risque de changer de filiation au gré des fantaisies conjugales de ses « parents ». Si l'on retient des prescriptions très courtes, on va contre le droit, de l'enfant, très à la mode, de connaître ses vrais parents biologiques… Il faut tout de même insister sur le fait que beaucoup de ces actions ont un but successoral, ce qui introduit alors d'autres difficultés dans les familles

---

[23] Le système juridique de l'absence ou de la disparition (C. civ. art.112 s.) mériterait, dans le cadre de ce sujet, d'intéressants développements au bord de la philosophie…

[24] Sur quoi, G. Raoul-Cormeil, « L'état-civil, lieu de mémoire de l'existence sociale de la personne », in *Le droit à la lumière de Bergson*, op. cit.p.147 s.

concernées[25]. Le développement, discuté (2016), du contrôle de proportionnalité sur les prescriptions pourrait relancer le débat.

b) Le correcteur des difficultés est, en droit français, la possession d'état qui peut ouvrir une filiation ou, au contraire, en consolider une et bloquer toute discussion. Ce qui est intéressant pour nous, c'est que la technique de la possession d'état implique la durée : c'est une sorte de prescription acquisitive de l'État qui permet de le revendiquer ou de le défendre. Très souvent, les contentieux portent sur le temps qu'a duré cette possession d'état dont le texte nous dit qu'elle doit être « continue ». Là, le temps qui s'écoule est créateur d'une certaine continuité.

Si le temps est utilisé par le droit de la famille pour assurer une certaine continuité et une certaine stabilité, il peut aussi être défendu contre les tentatives d'éternité à l'échelle humaine.

II. Le droit et l'éternité redoutée[26]

Au-delà même du sujet relevant du droit familial, on notera en passant un développement non négligeable de la survivance, après la mort, d'une certaine « personnalité » qui produit des conséquences juridiques. Certes, cette tendance s'appuie plus sur le concept d'espèce humaine que sur celui de la personnalité qui continuerait après la mort, nonobstant l'écoulement du temps[27], mais elle n'en produit pas moins des conséquences juridiques. Toute la question juridique est de faire ce

---

[25] J. Hauser, *Le temps en droit de la filiation, Lebendiges Familienrecht, Festschrift für Rainer Frank*, p.211 s. éd. Verlag für Standesamtswesen 2008. G. Raoul-Cormeil, « La part du temps dans le droit de la filiation », *LPA*, 3 juill.2007, n° 132 p.7 s.

[26] La notion de « concession perpétuelle » dans les cimetières mériterait une mention… Le code des communes, art. L.2223-14, laisse le choix aux communes d'instaurer ou non des concessions perpétuelles.

[27] Un temps tentée, dans une affaire célèbre, de consacrer un droit au respect de la personnalité au profit des morts – jurisprudence pharaonique selon un auteur ! –, la Cour de cassation est revenue, plus sagement, à un simple droit à la dignité humaine qui s'appliquerait aussi aux morts, ce que le législateur a finalement consacré (C. civ. art. 16-1-1).

qu'il faut, sans trop en faire et sans consacrer une éternité qui ne serait pas de saison !

Pour notre sujet, c'est la volonté, en famille, de dépasser le seuil de la vie en disciplinant le temps qui doit retenir notre attention.

On ne s'étonnera pas qu'au cours des âges, dès le droit romain, on ait constaté la prétention des hommes à vouloir dépasser le temps qui s'écoule, durant leur vie, mais aussi celui qui s'écoule après leur mort.

La tension juridique devant ces tentatives vient de ce qu'en général il s'agit pour le prétendant d'engager l'autre en l'empêchant d'exercer sa liberté et, plus particulièrement, de l'engager *a futuro*. C'est une forme d'emprisonnement de l'autre pour s'assurer à soi-même une sécurité arrêtant le temps qui passe.

On peut pour cela utiliser la promesse qui obligera l'autre, voire l'engagement sans limite de durée qui va encore plus loin.

LES PROMESSES *A FUTURO*

A. Les promesses de mariage

On peut toujours promettre un contrat et l'avant-contrat, qui prend en droit des formes très diverses et est un des instruments irremplaçables du fonctionnement économique du commerce et des affaires. Son application, quand la promesse porte sur un droit attaché à la personne, est évidemment plus douteuse. Pourtant, pendant longtemps, les promesses de mariage, parfois formalisées dans des fiançailles, ont été pratiquées. Ici, le temps qui passe était donc discipliné par un procédé qui ne faisait que traduire l'idée que le mariage était une affaire entre deux familles, résultat d'une stratégie largement patrimoniale, dont l'arrangement se déroulait dans le temps.

C'est en 1838 que la liberté va gagner et que le temps sera libéré : les promesses n'engagent pas, dit la Cour de cassation, dans deux arrêts célèbres. Tout au plus si l'on rompt dans certaines circonstances, tardivement, sans motifs, pourra-t-on supporter des dommages-intérêts, mais de nature délictuelle, pas contractuelle parce qu'il n'y avait pas de contrat[28].

[28] On n'en trouve plus trace aujourd'hui !

Dans le cadre de notre sujet, on pourrait aussi philosopher sur le sens de l'étonnant article 171 C. civ. qui permet un mariage posthume avec une personne décédée, sur autorisation du président de la République, si les formalités en vue du mariage avaient été effectuées avant le décès[29]. On est en présence d'un double mouvement d'une anticipation sur un consentement et d'une prolongation de ce consentement *a futuro* dans une étonnante survie qui ignore la mort !

B. La prohibition des donations à cause de mort et les testaments

a) Prohibition des donations à cause de mort. Le Code civil n'a pas eu de « sympathie » particulière pour les actes à titre gratuit et l'on sent, dans la législation de l'époque qui marquera le droit français, une méfiance envers ces actes sans contrepartie. Elle se trouve encore accentuée quand on prétend, de son vivant, s'engager définitivement à transmettre… à sa mort. La déconnexion temporelle entre l'engagement et l'exécution fait craindre l'inconséquence et la légèreté dont on se repentira après (« Qui son bien donne avant mourir, bientôt se prépare à moult souffrir ! »). Si l'on donne, on se dépouille tout de suite, et c'est définitif !

Les donations exécutables seulement à la mort sont donc prohibées : ou bien on donne et on se dépouille tout de suite (il n'y pas de hiatus entre la volonté de donner et le transfert de propriété), sans espoir de retour, ou bien on envisage de donner sans transfert immédiat et on fait un testament qui sera toujours révocable. On ne peut pas combiner les deux, promettre et ne pas transmettre. C'est là le refus du droit positif de laisser gérer l'engagement à titre gratuit en dissociant dans le temps la volonté et le transfert matériel[30].

---

[29] L'article est né de la catastrophe du barrage de Fréjus au bénéfice d'un couple, en attente d'un enfant, où le mari décédé devait se marier le lendemain… à une époque où être un enfant légitime avait encore une importance sociale et juridique ! La grand-mère a écrit au président de la République…

[30] On pourrait soutenir que le système de l'assurance-vie au profit d'un tiers permet de contourner la prohibition, mais l'indication du bénéficiaire, au moins tant qu'il n'a pas accepté, est toujours modifiable jusqu'à l'effet du contrat. Si même ce bénéficiaire est désigné dans un testament, la révocabilité du testament s'applique dans tous les cas.

b) Les testaments. C'est un puissant révélateur pour notre sujet et ses limites. On peut décider pour « après sa mort », tant pour sa personne que pour ses biens, mais cette décision ne deviendra définitive qu'à la date du décès et, jusque-là, elle sera toujours révocable et sans valeur[31]. C'est donc un report obligatoire du temps qui est ici prévu et qui conditionne la nature de l'acte. On pense, bien entendu, aux biens, mais se développent de nombreuses dispositions de type personnel qui constituent la plus belle projection dans le « temps d'après-vie » que le droit puisse offrir, notamment avec les contrats « obsèques » ou encore les dispositions de volonté, de plus en plus nombreuses, sur les restes funèbres[32].

C. Les pactes sur succession future

Le grand sujet, qui nous ramène très directement à la philosophie du temps, est celui des pactes sur succession future. Il s'agit là, entre sujets[33], de se mettre d'accord, à l'avance, sur la répartition de la succession d'une personne qui n'est pas encore décédée, mais dont ils sont héritiers présomptifs. Cette fois c'est d'une anticipation sur un temps futur dont il s'agit.

L'attitude du législateur français envers le procédé a oscillé entre une franche hostilité et une prudente admission. À l'origine, la prohibition très nette est fondée sur une position morale : il est immoral de régler la succession de quelqu'un qui n'est pas mort, c'est une anticipation morbide qui méconnaît l'autorité du temps. Cette prohibition est fulminée, d'une façon générale, à l'article 1130 C. civ. (réd. d'origine) :

---

[31] Dans la mesure où on stipule pour après sa mort et sans engagement immédiat, le contrôle de l'intégrité du consentement reste délicat et suscite un fort contentieux, notamment quand la personne est ensuite mise sous protection ou dans les testaments *in articulo mortis*…

[32] Les contentieux sur le sort des « restes » sont de plus en plus fréquents, notamment du fait de l'éclatement des familles et les batailles familiales autour du corps du défunt (ou de ses cendres !), du lieu de son inhumation, des titulaires de la décision, etc. occupent les juges. (V. ainsi, en dernier lieu, Cass. civ. 1°, 30 avril 2014, n° 13-18951, RTD civ. 2014.618 obs. Hauser). Le principe demeure qu'on doit respecter d'abord les dispositions prises par le défunt de son vivant (loi du 15 novembre 1887).

[33] En simplifiant, car les formes sont très diverses, la pratique ayant constamment inventé de nouveaux montages pour contourner la prohibition…

« on ne peut cependant renoncer à une succession non ouverte, ni faire aucune stipulation sur une pareille succession, même avec le consentement de celui de la succession duquel il s'agit », mais la loi du 23 juin 2006 ajoute « que dans les conditions prévues par la loi »...

C'est que la prohibition, moralement inacceptable et qui conduit à accélérer juridiquement (voire à hâter !) la mort de quelqu'un, se heurte à de solides arguments d'utilité. Aussi bien l'exception la plus célèbre demeure la possibilité des donations – partages qui est la plus belle technique d'anticipation sur le temps de la mort. La prohibition demeure, elle s'est relâchée, signe qu'au fond, parce que la mort s'éloigne dans notre société, il devient urgent de... l'anticiper[34] ! La longévité moderne, au moins dans les sociétés développées, a un effet direct sur le droit des successions et des libéralités[35].

LES ENGAGEMENTS *A FUTURO*

On atteint le sommet de la prétention à l'éternité humaine avec les substitutions fidéicommissaires[36]. Il s'agit d'une libéralité, dans laquelle on prévoit que le gratifié devra conserver le bien et le transmettre à son tour à un tiers désigné, lequel devra le transmettre, etc. Théoriquement, le procédé pouvait fonctionner pour toujours ! Il était à la base de l'Ancien Régime et des successions nobles, mais les successions roturières bourgeoises en étaient aussi devenues le terrain favori à la veille de la Révolution. Ces substitutions présentaient d'énormes inconvénients

---

[34] La même loi de 2006 a permis une autre anticipation : les héritiers réservataires (ceux qui peuvent faire réduire les libéralités de leur auteur, en pratique, les descendants), peuvent désormais renoncer par avance à exercer l'action en réduction, c'est-à-dire à accepter qu'une libéralité diminue leur part réservataire (généralement dans le cadre d'un arrangement de famille) (C. civ. art. 929 s.). Mais cette anticipation est si inquiétante que le texte exige deux notaires et interdit le procédé aux mineurs, même émancipés.

[35] J. Hauser, « L'influence de l'accroissement de la longévité sur le droit français de la famille », in *Festscrift für Ulrich Spellenberg*, Sellier European Law Publisher, 2010 p. 591 s.

[36] On pourrait aussi mentionner les clauses d'inaliénabilité comprises dans les libéralités, admises, mais sous des conditions strictes, qui constituent une emprise de la volonté du disposant sur le temps et sur le gratifié.

économiques et leur maintien explique pour partie l'échec économique final du régime ancien.

Aussi bien D'Aguesseau, dès le règne de Louis XIV dont il était ministre de la Justice, avait exprimé son hostilité et souhaité les interdire, mais devant les oppositions, il avait conclu, désabusé, « avant de les réformer il faudra réformer les esprits… » C'est la Révolution, puis le Code civil, qui, au nom de la liberté économique, vont avoir raison du procédé. Portalis, dans le discours préliminaire, résume, dans la belle langue de son temps, la décision :

« Sans doute a-t-on bien fait, pour la liberté de la circulation et pour le bien de l'agriculture, de proscrire ces substitutions absurdes qui subordonnent les intérêts du peuple vivant aux caprices du peuple mort, et dans lesquelles, par la volonté de la génération qui n'est plus, la génération qui est se trouve constamment sacrifiée à celle qui n'est point encore. »

Comme pour les pactes sur succession future, la prohibition absolue retenue par le Code civil s'est un peu affaiblie. Le législateur de 2006 a quelque peu desserré l'étau en permettant – après la jurisprudence – des libéralités résiduelles, où le premier gratifié peut disposer de la libéralité, mais où la dévolution, à sa mort et s'il reste quelque chose, est prévue dans l'acte d'origine[37].

Encore plus intéressantes pour notre sujet, apparaîtront les libéralités trans-générationnelles, permises depuis 2006, qui permettent à un disposant de « sauter » une génération en faisant une libéralité à une génération ultérieure avec l'accord de la génération intermédiaire. Le procédé répond à la fois à l'allongement de la vie, au risque économique de voir des biens constamment attribués à des personnes très âgées et au souhait de certains parents de voir leurs enfants plutôt qu'eux-mêmes gratifiés par un aïeul arrivé à un grand âge. On est alors en présence d'une sorte de « saut de temps » qui en dit long sur les conséquences concrètes de l'allongement de la durée de vie.

[37] Avant 2006, le *legs de residuo* était souvent utilisé par les parents d'un enfant handicapé qui lui léguaient leurs biens et prévoyaient, qu'à son décès, le *résiduum* irait à la structure d'accueil où il résidait.

CONCLUSION

Le temps imparti ne permettait d'envisager qu'une petite partie du sujet. Il eût été, par exemple, intéressant d'entrer dans le phénomène inverse de la rétroactivité des textes et des situations, car le droit a aussi pour mission d'effectuer des « rétablissements » qui conduisent à remonter dans le passé, mais selon une alchimie fort complexe, car elle peut porter atteinte aux libertés fondamentales[38]. Ce pourrait être l'objet d'autres réflexions[39].

Le temps qui passe, qui est une donnée naturelle, n'est donc pas totalement hors de portée de l'homme qui peut utiliser la facilité du droit pour reconstruire la nature à coup de fictions. Ce qui importe, c'est de garder un juste équilibre entre la continuité et ses avantages et l'écoulement du temps qui prohibe l'éternité. Se survivre à soi-même dépend de sa propre créativité, pas de l'enfermement de l'autre dans des prétentions à l'éternité.

---

[38] La loi ne saurait être rétroactive : « La loi ne dispose que pour l'avenir ; elle n'a point d'effet rétroactif » (C. civ. art.2), mais le principe n'a pas valeur constitutionnelle en matière civile, mais seulement en matière pénale. Toutefois la jurisprudence de la Cour EDH reste très vigilante sur les conditions de cette rétroactivité notamment pour les lois intervenant au cours d'un procès, Cour EDH, 28 oct.1999, Zielinscky/France, RTD civ. 2000.436 obs. Marguenaud.

[39] Le droit civil est riche de techniques de « rétablissement » qui reviennent sur le passé : théorie des récompenses dans les régimes matrimoniaux, qui permettent de rééquilibrer à la fin les mouvements de valeurs entre les patrimoines des deux époux communs en biens, théorie du rapport des libéralités qui permet de ramener dans la succession les libéralités qui n'étaient que des avances sur cette succession, etc.

Temporalité et parentalité : entre principes juridiques et effectivité en protection de l'enfance

Marie Douris

Argument

L'*Encyclopædia universalis* définit la temporalité comme « le temps vécu par la conscience, celui dont elle fait l'expérience et qui déploie, à partir du présent, un passé qui est fait de rétentions utilisées comme acquis et comme appoint pour l'action et un futur qui est fait de protentions, c'est-à-dire de projets, de possibilités nouvelles. »

L'utilisation de ce terme abstrait, mais qui se veut concret permet d'inscrire dans la notion de temporalité la différence que propose Gaston Berger entre le temps existentiel (ou temps à tonalité affective) et le temps opératoire (ou temps de l'action sur les choses, qui est objectif, mesurable).

À l'aune de la parentalité, il s'agira de constater comment la loi sur l'autorité parentale s'inscrit dans le temps pour façonner cette fonction d'ordre public en intégrant son contexte de mise en œuvre, qui anticipe toujours l'avenir en suivant ses évolutions passées. L'on pourra ensuite mesurer comment le temps construit la parentalité et justifie, en droit, des actions de protection de l'enfance sur cette fonction.

Traiter du point de vue juridique de la question du temps et des familles nécessite quelques préalables :

1) Le temps au prisme du droit rappelle les thèses de François Ost[1] pour qui il existe un lien réciproque entre le temps et le droit, de sorte que « le droit temporalise le social, et le temps institue le social via le

[1] F. Ost, *Le temps du droit*, éd. Odile Jacob, Paris, 1999. L'auteur indique que le temps est une construction sociale et considère que le droit institue la société, par un ensemble de fictions opératoires qui disent le sens et la valeur de la vie en société.

droit ». L'on peut donc aisément imaginer que l'évolution de notre rapport au temps fait évoluer le droit qui s'y rapporte, puisque pour être applicable aux faits, encore faut-il que le droit réponde à ces faits.

2) Au prisme du temps, le droit doit construire sa propre dimension temporelle pour atteindre les différentes finalités qu'il poursuit. C'est ainsi que Marie Cresp[2] a pu développer les caractéristiques de la durée du temps juridique et indiquer que cette durée est soit illimitée, soit limitée, déterminée ou indéterminée. En tous les cas, « la règle juridique demeure l'élément fixe du droit face au mouvant du fait. »[3] On peut comprendre que le temps constitue, en principe, un précieux allié de stabilité.

3) Traiter de la parentalité dans l'axe de ce colloque « Familles au temps démocratique » interroge l'influence du temps sur la mise en œuvre juridique de l'autorité parentale. Cette question s'envisage du côté de la construction de la parentalité par le temps juridique (I). Cette interrogation fait émerger l'influence de l'absence de temps consacré à l'enfant sur la diminution de la fonction parentale (II).

I. La construction de la fonction parentale par le temps juridique

Le droit a rattrapé l'air du temps en réformant, à partir des années soixante, l'ensemble du droit de la famille, notamment la fonction parentale, sous l'influence imminente du doyen Carbonnier[4]. Cette transformation n'a eu de cesse que de modifier le caractère de cette relation parents-enfant en cherchant à construire une fonction démocratique (I. A) fondée sur des critères temporels déterminants (I. B).

A. La nature progressivement démocratique de la fonction parentale

D'ordre public, l'autorité parentale oblige les parents juridiques. Ces derniers ne peuvent donc pas déroger à leurs droits et obligations par

---

[2] M. Cresp, *Le temps juridique en droit privé, essai d'une théorie générale*, Université de Bordeaux, 2010.

[3] F. Terré, *Introduction générale au droit*, Dalloz, coll. « Précis », Paris, 9e éd., n° 509.

[4] J. Carbonnier, *Essai sur les lois,* Defrénois, 1995, 2e éd.

convention[5]. La démocratisation de la fonction parentale dans la loi s'est d'abord exprimée par une égalité des droits et devoirs entre les membres du couple parental (I. A. a), pour s'étendre largement à la relation entre les parents et les enfants (I. A. b).

a) **Dans les relations entre les membres du couple parental.** Destinée aux parents les plus répandus à l'époque – les couples mariés –, la loi du 4 juin 1970 a permis de développer une fonction au lieu d'une puissance. L'autorité parentale désigne en effet un rapport générationnel entre les parents débiteurs et les enfants créanciers de cette protection. Chaque parent détient des droits et des devoirs, de façon égalitaire à compter de cette date.

Cette démocratisation des droits et devoirs parentaux s'est plus tardivement exprimée pour les couples non mariés lorsque le législateur a timidement permis, en 1987, que l'autorité parentale puisse être exercée par les deux parents s'ils en faisaient « la déclaration conjointe devant le juge des tutelles », sinon la mère exerçait seule cette autorité malgré le double établissement de la filiation[6]. En 1993, la loi du 8 janvier[7] a énoncé le principe de l'exercice conjoint en faisant profiter de cette modalité d'exercice les couples non mariés qui vivaient ensemble au moment de la deuxième reconnaissance, établie par les deux parents dans l'année de la naissance.

Cette démocratisation s'est finalisée pour les couples hétérosexuels de façon générale, en 2002, indépendamment de l'union du couple parental[8]. L'égalité entre les parents hétérosexuels qui ont établi leur filiation, existe désormais quel que soit le mode de conjugalité.

L'accès à la parenté des couples de même sexe a également bénéficié d'une démocratisation. En effet, la loi n° 2013-404 du 17 mai 2013[9], en autorisant le mariage des couples de même sexe, admet leur accès à une filiation par adoption. En ouvrant légalement cet accès à la parenté à des

---

[5] C. civ., art. 376. Sous réserve, cependant, de l'article 376-1 du C. civ.

[6] C. civ., art. 374, al. 1 anc.

[7] L. n° 93-22, 8 janvier 1993. V. en ce sens, l'ancien article 372 du Code civil (C. civ.).

[8] Depuis la loi n° 2002-305 du 4 mars 2002 (J.O. 5 mars), les mentions « légitime » et « naturel » ont été écartées des textes de l'autorité parentale.

[9] J.O.18 mai.

couples qui naturellement ne peuvent pas procréer, le législateur a, dans le même temps, omis les couples non mariés. Ces derniers, hétérosexuels ou homosexuels, ne peuvent toujours pas adopter[10]. Sans favoriser une cohérence dans ses dispositions, le législateur a manqué une démocratisation complète d'accès à la parenté en favorisant le mariage et en renforçant ainsi une inégalité entre les formes de couples.

En dehors de ces bémols, la démocratisation progressive de la fonction parentale s'est aussi réalisée dans les relations parents-enfants.

b) Dans les relations parents-enfant. Grâce à la dernière réforme de l'autorité parentale, cette fonction a une double finalité : la protection de la santé, sécurité, moralité, d'une part, la recherche d'une autonomie progressive de l'enfant en assurant son éducation et son développement, d'autre part[11]. Cette fonction d'ordre public doit servir l'intérêt de l'enfant, autrement dit, d'après le code de l'action sociale et des familles[12], « (…) la prise en compte de ses besoins fondamentaux, physiques, intellectuels, sociaux et affectifs ainsi que le respect de ses droits (…) »[13].

Les règles relatives à l'autorité parentale ne prévoient pas seulement la fonction des titulaires : l'enfant mineur, destinataire de la fonction, est identifié et nommément désigné dans la loi. Sous l'impulsion de la Convention internationale des droits de l'enfant (CIDE), l'inscription légale de cette triangulation entre les parents et l'enfant a également permis en droit français de considérer la parole des mineurs en justice. Il est donc inscrit, depuis 2002, que le mineur peut participer aux décisions qui le concernent, suivant son âge et son degré de maturité[14]. Ainsi, le mineur peut exprimer son point de vue et donner un éclairage à la décision parentale. Plus encore, depuis 2007, si le mineur demande à être

---

[10] Pourtant, les chiffres de l'INSEE montrent que les enfants naissent majoritairement dans des couples non mariés depuis 2004 : 6 enfants sur 10 naissent dans des couples non mariés. En 2014, 58 % des enfants naissent hors du mariage de leurs parents.

[11] C. civ., art. 371-1, depuis la loi n° 2002-305 du 4 mars 2002 (J.O.5 mars).

[12] Depuis la réforme de la protection de l'enfance par la L. n° 2007-293 du 5 mars 2007 (J.O.6 mars).

[13] CASF, art. L. 112-4.

[14] C. civ., art. 371-1, al. 3.

entendu en justice, son audition est de droit, sous réserve qu'il soit capable de discernement[15].

Cette démocratisation progressive a pu avoir lieu grâce aux critères de parenté fondés sur le temps.

B. Critères temporels déterminant la parenté

Si la mise en œuvre de la parentalité est souvent réduite à la minorité, les critères temporels qui déterminent la fonction parentale s'avèrent tour à tour à durée illimitée (I. B. a) et à durée limitée (I. B. b).

a) Critères à durée illimitée. Du point de vue juridique, ne peut être parent que celui qui a établi une filiation. La loi incite plus ou moins facilement l'accès à cette parenté qui va permettre la protection principale du mineur. En effet, la filiation maternelle s'exprime légalement dans un temps instantané, au moment où l'officier d'état-civil inscrit sur l'acte de naissance de l'enfant la femme qui en a accouché[16]. En quelque sorte, la loi impose la filiation à la femme qui accouche[17], exception faite de l'accouchement dans le secret[18].

En revanche, une différence entre les pères est maintenue, suivant leur conjugalité parentale. En effet, le mariage des parents de l'enfant attribue – quasi automatiquement – la paternité au mari de la mère depuis 1804 et sans discontinuer. Cette présomption n'est cependant plus irréfragable puisque, depuis 1972, l'absence de mention du nom du mari de la mère[19] ne permet pas d'établir sa paternité. De plus, en l'absence de mariage entre les parents, l'acte de reconnaissance prénatale ou post-natale[20] du père non marié à la mère constitue une volonté unilatérale et personnelle et traduit aussi le temps que le père biologique utilise à se

[15] C. civ., art. 373-2-11, 388-1.

[16] C. civ., art. 57, art. 311-25.

[17] Ceci est d'autant plus vrai depuis l'entrée en vigueur de l'ordonnance du 4 juillet 2005 (1er juill. 2006), date à laquelle le gouvernement a unifié les situations des mères qui accouchent, mariées ou non mariées.

[18] C. civ. art. 326.

[19] C. civ., art. 313.

[20] C. civ., art. 316.

déclarer parent. Cette situation peut créer une fluctuation temporelle dans l'attribution de la fonction parentale.

Le lien parental fondé sur la filiation fait naître, systématiquement, une obligation alimentaire réciproque entre les parents et les enfants, en cas de besoin vital, sans durée limitée[21]. Il faut également remarquer que chaque membre de cette relation parents-enfant se doit désormais mutuellement respect : depuis 1804 en effet, l'article 371 du Code civil dispose que « l'enfant, à tout âge, doit honneur et respect à ses père et mère »[22] tandis que depuis 2002, l'article 371-1 du C. civ. précise que l'autorité parentale doit protéger, éduquer et assurer le développement de l'enfant « dans le respect dû à sa personne ».

Si ces critères temporels déterminants sont parfois à durée illimitée, des critères à durée limitée fondent plus généralement la fonction parentale.

b) Critères de parenté limités dans le temps. Certains critères limités dans le temps durent au-delà de la majorité, avec une fin déterminée tandis que d'autres critères limités s'arrêtent à la majorité ou à l'émancipation de l'enfant.

Critères à durée limitée après la majorité : l'obligation d'entretien

L'obligation d'entretien de l'enfant est inscrite à l'article 371-2 du C. civ. Au contraire de l'obligation alimentaire qui s'avère sans durée limitée et s'applique en cas de besoin mutuel, l'obligation non réciproque que les parents ont vis-à-vis de l'enfant pour l'éduquer commence à la naissance de l'enfant, indépendamment du moment où la filiation a été établie[23] ; elle dure au-delà de la majorité. En effet, depuis 2002, l'article 371-2 C. civ. prévoit que cette contribution ne cesse pas de plein droit à

---

[21] C. civ., art. 205, 207.

[22] Cette disposition a permis d'intégrer les frais d'obsèques dans l'obligation alimentaire de sorte que lorsque l'actif successoral ne permet pas de faire face aux frais d'obsèques, les débiteurs de l'obligation alimentaire à l'égard de leurs ascendants et descendants doivent honorer ces frais, dans la proportion de leurs ressources, même s'ils ont renoncé à la succession. V. en ce sens, Cass. 1re civ., 8 juin 2004, pourvoi n° 02-12131, Bull. civ. I, n° 163.

[23] P. Bonfils & A. Gouttenoire, *Droit des mineurs*, Dalloz, coll. « Précis », 2014, 2e éd., n° 891.

la majorité. Autrement dit, cette contribution continue tant que les parents ne prouvent pas la cessation des besoins en éducation de l'enfant, ou son accès à l'autonomie financière. C'est ainsi qu'à l'égard d'un enfant de quarante-quatre ans, les juges ont retenu l'absence d'obligation alimentaire et l'absence d'obligation d'entretien, estimant au surplus que les parents n'avaient pas à loger cet enfant[24]. En effet, cette obligation d'entretien ne peut pas durer au-delà de la période nécessaire à la recherche d'un emploi et le suivi d'une formation[25]. Rien n'empêche jamais les magistrats d'examiner si l'enfant n'est pas en situation de besoin, et donc créancier d'une obligation alimentaire[26], différente de l'obligation d'entretien.

À ces critères à durée limitée qui dépassent la majorité, la plupart des critères temporels se situent, généralement, pendant la minorité.

Critères à durée limitée pendant la minorité

Grâce à l'établissement de la filiation, quel que soit le moment, chaque parent détient un socle d'attributs qui expriment la titularité de l'autorité parentale[27]. Ainsi, les parents consentent à des actes exceptionnels, comme le consentement à l'adoption[28], à l'émancipation[29] et au mariage de l'enfant mineur[30]. Cette fonction permet aussi aux parents de saisir directement la justice au sujet de la mise en œuvre de l'autorité parentale ou du danger qu'ils font encourir à leur enfant[31].

De plus, pendant la minorité de l'enfant, les attributs de cette fonction rendent les parents, titulaires de la résidence de ce dernier, du

[24] CA Pau, 29 oct. 2001, *LPA* 30 janv. 2002, n° 22, p. 16-18, obs. F-X Lucas.
[25] CA Douai, 15 mars 2001, D. 2002, somm. 1875, obs. D. Bourgault-Coudevylle.
[26] Cass. 1ère civ., 9 fév. 2011, pourvoi n° 09-71.102, RTD civ., 2011, p. 342, obs. J. Hauser.
[27] I. Maria, « Réflexions autour de la distinction entre titularité et exercice de l'autorité parentale », *Mélanges en l'honneur de C. Neirinck*, Lexisnexis, 2015, p. 735.
[28] C. civ., art. 347.
[29] C. civ., art. 413-2, sauf pour le mariage et pour l'adoption (C. civ., art. 413-6).
[30] C.c iv., art. 148.
[31] C. civ. art. 373-2-8 (saisine directe du Juge aux affaires familiales), C. civ., art. 375 (assistance éducative..

droit de visite et d'hébergement en cas de séparation parentale[33]. D'une façon générale, ils sont titulaires de droits et de devoirs en vue de protéger la santé, la sécurité, la moralité de l'enfant, d'assurer son développement et son éducation[34] dans l'intérêt du mineur. Consacrant la continuité de la fonction par-delà les ruptures conjugales, l'article 373-2 du C. civ. précise également que chacun des parents doit maintenir des relations personnelles avec l'enfant et respecter les liens de celui-ci avec l'autre parent.

L'exercice de l'autorité parentale dont le législateur a encore facilité l'attribution en 2002[35] s'appuie aussi sur un critère temporel strictement objectif. De la sorte, le législateur fait produire un effet juridique important à partir du temps que le parent met à établir cette filiation. Si la filiation a été établie dans l'année de la naissance de l'enfant, chaque parent – même séparé de l'autre – décide des actes relatifs à l'enfant. Ce principe de coparentalité ne cesse pas en cas de séparation parentale[36], même dans l'hypothèse où les parents en seraient d'accord[37]. D'après la Cour de cassation, qui a durci son interprétation de la loi quant aux motifs justifiant l'exercice unilatéral, il a été décidé que « L'exercice en commun de l'autorité parentale par les deux parents, même séparés, est le principe, l'exercice unilatéral étant l'exception résultant de motifs graves tirés de l'intérêt de l'enfant et s'opposant à l'exercice conjoint de l'autorité parentale. »[38]

L'ensemble de ces critères temporels, à durée limitée ou illimitée, définit cette fonction parentale. Le temps peut également justifier la diminution des droits et devoirs parentaux lorsque les titulaires de cette autorité ne la mettent pas en œuvre de façon efficiente, eu égard les besoins de l'enfant.

---

[33] C civ., art. 373-2-1 pour l'exercice unilétaral, donc *a fortiori* en cas d'exercice conjoint.

[34] C.civ., art. 371-1.

[35] L'article 372 du C. civ. consacre en effet la coparentalité quelle que soit la forme conjugale des parents.

[36] C. civ., art. 373-2.

[37] Les accords parentaux, d'après l'article 376-1 du C. civ., peuvent servir comme soutien à la décision judiciaire.

[38] Cass. 1ère civ., 20 fév. 2007, Bull. civ., I, n° 63.

Dans ces cas, la fonction juridique de parent peut nécessiter des modifications en vue de protéger le mineur.

II. La diminution par le temps de la parentalité

Les différentes interventions publiques sur l'autorité parentale permettent de constater que, progressivement, l'ingérence de l'État pendant ce temps limité de l'autorité parentale, dont le but est de protéger le mineur, a relativisé la fonction parentale. La loi n° 216-297 du 14 mars 2016 relative à la protection de l'enfant confirme ce positionnement. En effet, le contrôle juridique de cette période a pu montrer que la fonction de parent ne trouve pas toujours de compensation à l'intérieur du système familial et nécessite alors des appuis extérieurs, professionnels, voire un changement de statut du mineur (II. A)

De plus, il existe des situations où le temps de privation de liberté des parents peut empêcher l'expression de la parentalité et conduire alors à une privation effective des droits parentaux (II. B)

A. Le temps, outil de contrôle et de régulation de la fonction

Tant au niveau de la mesure *stricto sensu* de contrôle qu'au niveau de l'évaluation du dysfonctionnement, le temps construit, en droit, des moyens pour assister ou diminuer cette fonction.

Il s'agit d'envisager comment le temps fabrique des outils de contrôle juridique de la fonction parentale, soit pour soutenir cette parentalité juridique (II. A. a) soit pour évaluer le dysfonctionnement de la fonction (II. A. b).

a) La durée limitée de l'accompagnement, condition du soutien à la fonction parentale : l'assistance éducative. La continuité attendue de la fonction parentale irrigue les décisions administratives ou judiciaires d'accompagnement de la fonction parentale. Les conditions des interventions publiques dépendent des difficultés à atteindre les finalités de l'autorité parentale. Ainsi, lorsque des comportements actifs ou passifs des parents ne répondent pas aux besoins du mineur, le risque de danger ou une menace encourue justifie une atteinte au droit à la vie familiale.

Cette intervention publique suppose un soutien des parents et non une substitution. C'est la raison pour laquelle ni le juge des enfants ni le président du conseil général n'a compétence pour modifier l'exercice de l'autorité parentale. D'ailleurs, l'article 375-7 du C. civ. précise bien, même dans une mesure de placement judiciaire de l'enfant, que les parents « continuent à exercer tous les attributs de l'autorité parentale qui ne sont pas inconciliables avec cette mesure. »

Sans la preuve continue de ce dysfonctionnement, aucun renouvellement d'intervention n'est envisageable. Dans le cadre de ces interventions par nature ponctuelles[39], il faut donc observer comment la fonction parentale s'améliore, stagne ou s'aggrave[40].

La reconduction de ces mesures, ne doit jamais avoir lieu de façon tacite, de sorte que l'examen de la relation parents-enfant nécessite une nouvelle analyse juridique relative au danger ou au risque de menace.

Le temps peut donc constituer une légitimité dans le contrôle de la fonction parentale. La limitation du temps d'intervention justifie, en effet, proportionnellement l'ingérence publique au sein de la vie familiale.

Le temps peut également composer la condition de démembrement de la fonction parentale au regard des défaillances parentales recensées.

b) La durée déterminée du dysfonctionnement, condition du démembrement de la fonction parentale. Au-delà de l'accompagnement de l'autorité parentale, la protection de l'enfance s'appuie également sur un ensemble de mesures qui consistent à démembrer, autrement dit, à enlever aux parents, pour des raisons de protection, l'exercice voire les attributs de fonction.

Dans deux de ces mesures, nécessairement judiciaires, il s'agit de considérer l'attitude des parents à l'égard de leur enfant et le temps passé à soit s'en désintéresser, soit à s'abstenir d'exercer les droits et les devoirs

[39] Ces mesures sont limitées dans le temps à une année pour les mesures administratives ou à deux années pour les mesures judiciaires, et modifiables à tout moment V. par exemple, C. civ., art. 375-6.

[40] Le nouvel article 375 du C. civ. impose d'ailleurs un rapport annuel pour les situations suivies en judiciaire tandis qu'un rapport est attendu tous les six mois lorsque l'enfant a moins de deux ans.

que leur laissait la mise en œuvre d'une mesure de placement judiciaire. Dans les deux cas, l'examen de cette attitude défaillante dans la mise en œuvre de la fonction parentale s'appuie sur un délai minimum.

En effet, s'agissant de la déclaration judiciaire de délaissement parental[41], le désintérêt des parents correspondant à une absence, depuis un an, de relations assurant la prise en compte des besoins d'éducation et de développement. Passé ce délai, la personne ou le service ayant recueilli l'enfant a une obligation de faire transmettre la situation au tribunal de grande instance. Le législateur a positionné le curseur sur la durée que l'enfant passe à attendre la manifestation affective de ses parents. Autrement dit, au-delà d'un an, l'intérêt du mineur nécessite de prévoir son avenir, notamment un statut plus protecteur. L'aide sociale à l'enfant doit faire cette vérification. Le jugement du Tribunal de grande instance, passé en force de chose jugée, permet ensuite d'ouvrir une tutelle des pupilles de l'État[43].

Contrairement à la déclaration judiciaire précédente, une des décisions [44]de l'autorité parentale peut aussi s'envisager à l'encontre d'un des deux parents et suppose une abstention, depuis deux ans, dans la mise en œuvre d'une mesure judiciaire de placement en assistance éducative. Au bout d'un an, à compter de la décision passée en force de chose jugée, le parent qui s'est vu retirer cette autorité peut demander une restitution de droits si des circonstances nouvelles témoignent de la possibilité pour le parent d'assumer ses fonctions, et à condition que l'enfant n'ait pas été placé en adoption.

L'on peut donc observer que le droit admet les mouvements et les évolutions dans la fonction parentale. Reste qu'en pratique, ce type de mesure, très peu utilisée, ne permet pas d'utiliser l'ensemble des outils juridiques de protection de l'enfance.

Dans d'autres hypothèses, l'on peut également remarquer qu'indépendamment de la règle de droit en matière familiale, la contrainte temporelle de la liberté du parent a des répercussions sur la fonction parentale, sans aucune justification légitime.

---

[41] C. civ., art. 350.

[43] CASF, art. L. 224-4.

[44] C. civ. art. 378-1.

B. Le temps contraint et les conséquences sur la fonction

La privation de liberté d'un individu ne le prive pas *ipso facto* de sa fonction parentale à l'égard de son enfant. Pourtant, la contrainte du parent détenu le place dans une situation de dépendance pour exercer ses droits et devoirs notamment parentaux. Comme l'étude sur les liens familiaux et la détention a pu le démontrer[47], l'impact de l'éloignement de l'enfant sur la pratique de la parentalité en détention apparaît majeur. Tout se passe comme si, de fait (et non de droit), la situation de détention avec l'éloignement (tant physique que psychique) qu'il instaure, tendait à porter atteinte à la pratique de la parentalité.

Il existe une sorte de prépondérance de l'ordre public de sécurité sur l'ordre public familial, alors que rien n'indique en droit une telle hiérarchie. Les mesures en faveur du rapprochement familial de la personne détenue et condamnée devraient mieux considérer l'ingérence injustifiée que l'incarcération produit sur la vie familiale, augmentée par l'effet du temps.

Conclusion

Le temps traverse les règles de droit. Elles utilisent la durée comme un instrument incontournable de construction ou de déconstruction de la fonction d'autorité parentale. À la manière de Jeremy Bentham qui se plaisait à rappeler que « *le législateur qui veut opérer de grands changements doit s'allier avec le temps, ce véritable auxiliaire de tous les changements utiles* »[49], l'œuvre du législateur de 2016, en protection de l'enfant, a été de tenir compte de la temporalité pour rallier le présent et construire une cohérence dans statut futur du mineur à protéger.

---

[47] M. Douris, « Etre parent en prison, une incarcération de la parentalité », *Dialogue*, Erès, 2016/1, n° 211, p. 136. V. aussi, M. Douris, P. Roman, « Liens familiaux et détention. 1re partie : comment être parent d'un mineur en prison ? », rapport de recherche, ISF-Ucly/UNIL, 2014.

[49] J. Bentham, « De l'influence des temps et des lieux en matière de législation », Œuvres, éd. E. Dumont, Bruxelles, Coster, 1829, t. 1, p. 194.

IV.

Temporalité et incertitudes familiales

Le temps et le lien dans la famille contemporaine : entre prématurité et précarité

Kamel Arar

Il est aisé de constater à chaque instant combien la temporalité, qui n'est autre que la conscience que nous avons du temps, dans notre époque hypermoderne, est de plus en plus pressante, accélérée, et nous contraint jusque dans nos espaces les plus intimes. La vie personnelle, la vie familiale, la vie relationnelle sont empreintes de cette accélération à laquelle rien ni personne n'échappe, ni ne peut résister. Cette transformation quantitative et qualitative du temps se traduit par un changement radical que nous pourrions nommer, avec les anthropologues : « la fabrique de l'humain »...

Pour comprendre ce qui se transforme dans la « psyché », il nous faut mesurer la manière dont les cadres et les méta-cadres de nos sociétés contemporaines, et au-delà des transformations du processus civilisationnel, vont agir et traverser les différentes dimensions des formations collectives, groupales et individuelles. Ce point de vue peut, nous semble-t-il, se situer au croisement de deux problématiques : celle de la globalisation d'une part, et celle de la crise chronique d'autre part. En effet, le changement radical de paradigmes – qu'impose le processus de globalisation – oblige à constater la transversalité des phénomènes et en tout premier lieu, la modification majeure de la conception de l'espace et du temps. De même, et cela n'est pas étranger au point précédent, s'observe un mode de fonctionnement de nos sociétés que l'on pourrait considérer selon le mot de Myriam Revault d'Allones, comme une modalité de « crise chronique ». Les effets de cette crise, qui de conjoncturelle est devenue structurelle, sont ceux de l'incertitude et de l'indécidabilité qui laissent les perspectives ouvertes, mais, à bien des égards, imprévisibles et précipitées. En ce sens, la temporalité contemporaine, caractérisée par une accélération significative, va entraîner dans les processus psychiques deux formes de phénomènes : la prématuration d'une part, et la précarité d'autre part. Ces dernières peuvent se constater dans les manifestations symptomatologiques des comportements de l'enfant et de l'adolescent, de la personne âgée en passant par l'adulte.

Nous tenterons d'en montrer les principales expressions dans la clinique contemporaine.

I. Hypermodernité et temporalité : « une brève histoire du temps »

Il est possible de distinguer trois différentes conceptions de ce qu'il est convenu d'appeler la modernité :

- la modernité ;
- la post-modernité ;
- l'hyper-modernité.

Si la modernité peut être considérée comme le temps inauguré par les découvertes scientifiques et la rationalisation du monde, représentant ainsi une émancipation de l'humanité, la période qui lui a succédé est considérée comme une prise de conscience des limites atteintes par cette modernité, laissant place à ce qu'il était proposé d'appeler la post-modernité. Cette période se caractérise par une mise en doute des promesses que la science et la technique pouvaient permettre d'espérer, en laissant la place à un sentiment généralisé de malaise et de perte de sens. Ce que Jean-François Lyotard a décrit plus tard comme : « la fin des grands récits religieux et/ou idéologiques, qui a précipité l'humanité dans une fuite éperdue de recherche constante de jouissance et d'épanouissement personnel, symbolisée par une consommation de masse ». Nos sociétés de consommation promettaient aux individus un bonheur réalisé grâce aux biens matériels accumulés sans limites et servant ainsi de référence dans tout échange et toute forme de relation. À ces sociétés d'abondance a succédé la troisième période que nous vivons actuellement et qui est celle de l'hyper-modernité. L'hyper-modernité est le fruit de la mondialisation de l'économie et de la flexibilité généralisée qui se traduit par une triple exigence :

- exigence de performance ;
- exigence d'adaptabilité ;
- exigence de réactivité.

La temporalité organisatrice de cette hyper-modernité se caractérise par un temps immédiat, instantané, ce que Gilles Finkelstein et Nicole Aubert ont appelé : « le culte de l'urgence ». À un temps long, diachronique, le temps de la tradition, de la transmission des récits et des valeurs, succède le temps court, instantané, le temps synchronique de l'immédiateté de l'information. La synchronisation des opérateurs remplace la transmission des récepteurs. Le temps de l'hyper-modernité des se caractérise par trois critères :

- la compression ;
- la contraction ;
- la saturation.

Chacune de ces caractéristiques implique une conscience de la temporalité qui est celle de l'urgence du temps social, qui n'est pas sans effet sur le temps individuel et sur le temps intrapsychique.

II. La famille, le temps et le lien

La famille est un creuset dans lequel se dépose la partie indifférenciée de nous-mêmes, le noyau agglutiné de notre propre psychisme et, comme le dit Bleger, la partie non moi de notre moi ; ce noyau agglutiné est le substrat de tout socle du narcissisme. Le moi psychique de chacun s'enracine dans cette substance commune. C'est une part ouverte de chacun qui est à l'origine de chaque appareil psychique personnel. La famille est ainsi un conteneur pour chaque membre de la famille. Le développement du bébé se fait à partir de ce fonctionnement indifférencié qui permet à chacun de trouver une continuité psychique qui caractérise les identifications narcissiques primaires. Pour que ce socle puisse se construire, il est nécessaire que, dès les premières relations entre la mère et le bébé, s'installe une synchronie qui permet au bébé de trouver sécurité, confiance et protection. Cette synchronie est à la fois harmonisation des rythmes affectifs, biologiques et physiologiques. C'est par la temporalité des échanges, de leur structuration que se construisent à la fois l'expérience subjective du temps et le substrat du socle du narcissisme. Or cette temporalité intime des échanges entre la mère et le bébé est elle-même dépendante d'une autre temporalité, celle du lien social. Comme le dit le psychanalyste Sami Ali : « le fonctionnement maternel oscille ainsi entre le biologique et le social, articulant l'un à l'autre et figurant l'insertion graduelle du temps corporel dans le temps objectif qui est celui de la société. » Le temps social est ainsi intériorisé dans le temps subjectif, y compris celui de la mère, qui peut ainsi dès le début de la vie transmettre à son enfant le temps social et sa scansion. L'hyper-modernité et la temporalité qui lui est propre pourraient représenter pour les sujets qui s'y inscrivent un ensemble de contraintes temporelles et corporelles qui influeraient en profondeur l'intégration psyché soma par le rythme des échanges entre la mère et l'enfant. Cette contenance maternelle dépasse le lien mère-enfant et concerne dans sa temporalité également les générations qui se succèdent. Ainsi, cette temporalité pourrait également être considérée comme organisatrice de ce que l'on pourrait appeler une trans-contenance, c'est-à-dire une contenance qui traverse les générations. Nous voyons ainsi que le rythme est la composante fondamentale de la structure du lien entre la mère et l'enfant. C'est par la synchronie installée dans la répétition des séquences des échanges entre la mère et son bébé que se constituent les premières identifications.

III. Approche clinique de la temporalité contemporaine

Il est commun de constater l'importance des pathologies narcissiques dans la clinique actuelle. Du point de vue de la temporalité, nous pouvons constater dans la clinique de l'enfant une prépondérance des troubles du registre de l'hyperactivité, de l'attention et de la concentration. Ces troubles sont souvent associés, au moins dans une première intention, à une forme de précocité intellectuelle. Ne peut-on pas les considérer à certains égards plutôt comme des formes de signes d'une difficulté de maturation ? Comme nous l'apprend Winnicott, les processus de maturation sont essentiellement des processus d'intégration progressive des structures psychiques : d'abord le corps et la psyché puis les différentes instances de la psyché, produit du travail lent et incertain constamment aménagé et modulé des échanges entre l'enfant et son entourage. Dans cette perspective, la difficulté de maturation, voire quelquefois la pré-maturation, pourrait être comprise comme une sorte de précipitation de l'ensemble de ces processus en vue d'un objectif aujourd'hui survalorisé qui est l'acquisition de l'autonomie. L'autonomie serait ainsi une recherche déguisée d'une relation narcissique qui consisterait à avoir devant soi quelqu'un qui nous ressemble. Cette recherche de l'enfant comme reflet narcissique du parent peut être aussi considérée, du point de vue de la temporalité, comme l'impérieux désir que provoque le présent autarcique dont parle Zaki Laidi.

La clinique de l'adulte nous enseigne combien cet axe narcissique est prépondérant aujourd'hui dans les pathologies individuelles et conjugales. Les difficultés relationnelles des sujets souffrant d'une fragilité et d'une vulnérabilité narcissique rendent difficiles les aménagements et les accommodations internes et externes nécessaires à la construction et au développement de liens durables. Ces sujets vivent constamment sur le mode de la rupture et de la discontinuité des relations avec eux-mêmes et avec les autres. En ce sens, ils vivent un état de précarité affective que seul peut faire oublier l'impératif du changement. Cette forme de précarité est aujourd'hui significative de liens construits autour d'un présent éphémère.

Que dire aujourd'hui d'un certain nombre de pathologies de la personne âgée marquées par la prédominance de défenses mélancoliques, qui sont autant de signes d'une temporalité vécue sous la forme de l'exclusion et de la relégation, laissant le sujet envahi par le désespoir et la désolation dans une confrontation sans issue avec l'objet persécuteur ? Pour la personne âgée, le temps s'est arrêté et, avec lui, toute forme de vie relationnelle.

Conclusion

Si le temps de la modernité était celui du temps perspectif équivalent à la perspective spatiale, force est de reconnaître aujourd'hui la difficulté du sujet contemporain à s'inscrire dans une lignée perspective et ainsi à s'extraire de ce culte de l'urgence qui le contraint à aller chercher ailleurs une forme de transcendance qui fait aujourd'hui cruellement défaut. Il nous faut revenir à ce que Nietzsche préconisait : « prendre le temps de ruminer ».

Transmission familiale contemporaine et crise de la temporalité

Jacques Arènes

INTRODUCTION. LA FAMILLE, UNE MANIÈRE D'HABITER LA TEMPORALITÉ

La temporalité constitue notre manière d'habiter le temps, avec sa valeur particulière, qui est celle de l'irréversibilité. La famille est un des premiers espaces humains d'habitation du temps. Les scansions de la vie familiale sont jalonnées de dates d'anniversaires, heureuses ou malheureuses, de fêtes ou de réunions, qui marquent le psychisme individuel et collectif. L'histoire familiale est la première histoire commune à laquelle nous nous initions, et dont nous essayons de décrypter les énigmes. La famille s'inscrit ainsi dans une profondeur généalogique. Il existe des lignées « objectives » chez les primates les plus proches de l'homme, mais aucun « sujet » n'est là pour penser, et organiser dans le temps ces lignées et l'institution de la filiation. Le principe de paternité – plus largement le principe cognitif et symbolique de parenté – est cette abstraction reliant des géniteurs aux enfants qu'ils ont engendrés. Ce principe sous-tendrait l'abstraction généalogique, et *in fine*, l'institution même du sujet. Nous ne pensons pas seulement la généalogie, nous sommes structurés par elle. La manière qu'a l'espèce humaine d'instituer, dans la temporalité, un principe familial, Maurice Godelier l'explique par un faisceau d'explications, dont la principale est la continuité temporelle de la culture (Godelier, 2004). À partir du moment où certains rapports sociaux – qui n'ont rien à voir avec le fait de faire alliance et d'avoir des enfants – nécessitent une continuité temporelle, comme la possession d'un titre ou d'une fonction qui ne continueront d'exister que si elles sont transmises, il devient alors essentiel de donner consistance à cette transmission.

Le sujet humain, hypersocial et pensant la temporalité, « se doit » de participer à la reproduction du social. La transmission familiale s'appuie donc sur une modalité d'habitation du temps. Le psychanalyste s'intéresse à la manière dont le sujet s'approprie cette habitation. Le dépôt psychique des générations passées est individuel *et* collectif, d'où l'assertion freudienne, empruntée à Goethe : « Ce que tu as hérité de tes pères, acquiers-le pour le posséder. » (Freud, 1913 : 379) Le dépôt psychique des générations précédentes suscite, chez le sujet, un travail psychique particulier. Dans le modèle freudien, nous disposerions tous d'un « appareil à interpréter » (*Apparat zu deuten*), partie prenante du psychisme individuel, dont le fonctionnement rendrait compte de la continuité psychique entre les générations. Cet appareil nous permettrait d'avoir une « compréhension » du dépôt collectif des générations qui nous ont précédés. Le sujet incorpore grâce à lui les objets de transmission dont il hérite. Ces objets ne sont pas entièrement constitués et livrés tels quels. Ils sont « flous », et ne valent que dans la mesure où ils sont individuellement « retravaillés », au cœur d'une certaine contenance collective. Ce travail psychique individuel de ce qui est reçu devient aujourd'hui plus problématique en raison de la défaillance de contenance de la psyché collective.

Le fait familial est un cadre herméneutique qui articule le fait biologique de l'engendrement à une reprise symbolique qui lui donne sens (Pierron, 2009). Nous sommes tous des herméneutes – des interprètes – de nos cadres familiaux. Ce cadre herméneutique permet « la compréhension de soi devant d'autres » qui sont aussi « les mêmes » (Pierron, 2009 : 43), c'est-à-dire les plus étrangement proches. Cette dialectique entre le même et l'autre – l'autre tellement proche, parent ou frère, que je n'ai pas fini d'en épuiser l'énigme – s'effectue dans la rythmique de la temporalité, qui est le tissu expérientiel de la compréhension de soi. Depuis saint Augustin dans le monde occidental, les vastes palais de la mémoire, où se bousculent les fragments de ce qui est remémoré et de ce qui disparaît, sont les scènes où se cherche la connaissance de soi (Augustin, 1982 : 256-257). La mémoire est, pour l'homme occidental, le lieu de la connaissance innée et implicite que le « sujet » a de lui-même pour accéder à un savoir authentique de soi, savoir jamais totalement acquis selon le point de vue de la psychanalyse.

Sortie des philosophies du sujet substantiel, prévalant de l'Antiquité aux temps modernes, la vision contemporaine du sujet s'ordonne autour d'une conception, et d'une théorie, de la mémoire, censée donner une continuité à l'identité.

Dynamique de subjectivation et crise contemporaine de la temporalité

Depuis Locke, qui a mis en avant le paradigme de l'identification du sujet à la conscience, la vision diachronique du moi est structurée par la mémoire, modelée par l'apparent enchaînement des phases du passé (Locke, 1998). La « digestion » du temps est pensée comme fragile, et le travail de mémoire discontinu. L'empirisme de Locke marque la fin de la philosophie des substances. Une autre conception métaphysique émerge, et s'est prolongée dans la postmodernité[1], celle du propre et de l'appropriation. C'est ici que nous trouvons la racine de ce que certains philosophes et psychanalystes discutent et réfléchissent à propos de la subjectivation. Ce concept de « subjectivation » qui rend compte du dynamisme temporel du psychisme, et de la notion d'appropriation subjective. Le sujet de la subjectivation tend à l'unification, mais celle-ci demeure toujours comme horizon. Les théories concernant le sujet ne sont pas des constructions abstraites à distance de la culture. Elles reflètent ce que celle-ci autorise comme position subjective. Depuis les modernes, c'est par le biais de l'individu, de sa conscience, et du « je » que la question de l'identité se pose. « Tout être intelligent, capable de ressentir du bonheur et du malheur, nous accordera qu'il y a quelque chose qui est lui-même (*himself*), dont il se soucie et qu'il voudrait rendre heureux ; que ce soi (*self*) a existé et continue d'exister sans interruption

[1] Au niveau historique, la postmodernité est l'éclatement des références temporelles. Il n'existe plus de référence à la tradition, ni au progrès, en tout cas d'une manière homogène. La postmodernité ne croit plus aux grands métarécits. Elle est fondée sur le doute, sur la référence accentuée aux sous-cultures, et à l'éthique personnelle, plus qu'aux propositions collectives de sens. Le recours à la raison comme paradigme universel est mis de côté. La postmodernité est un mode de reproduction sociale régulée de manière décisionnelle et opérationnelle plutôt que de manière politico-institutionnelle (Bonny et Freitag, 2002).

depuis plus d'un instant, et que pour cette raison il est possible qu'il existe encore pendant des mois et des années à venir, sans que nous puissions assigner de limites certaines à sa durée ; et qui est toujours, par la même conscience, le même soi qui continue son existence dans le futur. » (Locke, 1998, p. 175) La conscience est ce qui fait lien entre les différents temps du soi, et l'appropriation s'effectue dans le temps. La plasticité historique de la notion de sujet nous montre ainsi l'interaction de cette notion avec la culture, dans l'émergence, autour du XIXe siècle, de l'intérêt pour le « sujet psychique », pour lequel la problématique temporelle est essentielle, et qui se risque à devenir soi, dans un processus complexe de subjectivation.

Dans quelle mesure pouvons-nous affirmer aujourd'hui qu'il existe une « crise de la temporalité », cette manière humaine d'habiter le temps ? Le moment actuel de l'Histoire est marqué par la difficulté d'historisation du sujet, c'est-à-dire de l'inscription de la matière psychique au sein d'une temporalité. Cette faille d'historisation est à mettre en correspondance avec le « malaise » contemporain de la culture. Au niveau du sujet, le moi est l'instance de l'« intermédiaire », instance d'articulation et « barrière de filtrage » nécessaire à la transmission intrapsychique et intersubjective (Kaës, 1993a). Les difficultés d'historisation sont le signe d'un moi qui ne joue plus son rôle protecteur du sujet, et du processus de transmission lui-même. L'appareil à interpréter, évoqué plus haut, est aussi « appareil à penser », à transformer et à « transmettre ». Le sujet « psychise » grâce à lui les objets de transmission dont il hérite. Cet « appareil » peut faire défaut sur plusieurs générations. Cet appareil se constitue chez l'enfant directement en relation avec le plus ou moins bon contenant que serait l'« appareil à interpréter » – et à transmettre parental. La fonction transformante de l'appareil psychique, œuvre aussi bien du côté du transmetteur que du récepteur de la transmission, en une créativité à chaque fois inédite. La crise de la temporalité est ainsi articulée à une crise de la transmission qui entraîne une difficulté pour chacun de s'approprier les objets de transmission dont il a hérité. Depuis plusieurs générations, cet « appareil à interpréter » s'use de plus en plus, en raison de la fragilité narcissique d'une partie d'entre nous, et du moindre encadrement collectif de la transmission. La temporalité « digérée » par le psychisme de nos aïeux ne fait plus dépôt. Le temps individuel et collectif permet moins, en sa défaillance contemporaine, de continuer à donner vie au futur. Nous allons analyser les modalités de cette crise de la temporalité au cœur de la transmission familiale, notamment dans la perspective où les parents peinent à se percevoir légitimes comme support identificatoires.

NOTRE ENVELOPPE CULTURELLE ET LA DIMENSION NARCISSIQUE DE TEMPORALITÉ

Une contenance sociétale défaillante

Le concept d'enveloppe psychique modélise les structures contenantes du psychisme (Anzieu, 1994). La culture elle-même peut se penser en ces termes d'« enveloppe ». La dialectique dyadique du lien avec les premiers autres que sont les parents est traversée d'emblée par une forme générale, impliquant les alliances intersubjectives plus larges, et incluant jusqu'à l'ensemble de la culture, avec ses structures et ses institutions, qui jouent aussi un rôle de contenance. La culture comme enveloppe est aujourd'hui « traumatogène », en raison d'une hétérogénéité rendant problématique sa fonction de contenance. Freud s'est sans cesse interrogé sur l'interaction complexe entre le *nous* culturel et le psychisme individuel. Cette interface pose question aujourd'hui. La question se pose au clinicien, face aux difficultés de ses patients : la souffrance de mentalisation de l'autre est en correspondance avec la souffrance dans le processus d'appropriation subjective. Ces deux souffrances sont en homologie avec l'absence d'accord réel sur l'aspect commun de la vie bonne. Ces évolutions sociétales concernent ce que René Kaës appelle les « garants métapsychiques » du lien, en arrière-plan de la psyché individuelle. Les alliances inconscientes entre sujets constituent la trame du tressage de ces cadres. Mais, ils seraient aussi engendrés par la « matière sociale, culturelle, politique ou religieuse » (Kaës, 2009). La plus grande complexité du contenant culturel – ce que Max Weber appelait le polythéisme des valeurs – sollicite de plus en plus la créativité des « appareils à interpréter » individuels, dans un contexte où les processus articulaires intra- et interpsychiques tendent à devenir problématiques.

Une clinique de l'effacement

La nécessité individuelle d'avoir à « créer » soi-même la transmission, sans le tissu serré d'une culture contenante, devient alors une tâche psychiquement lourde. Le clinicien repère ainsi une réelle solitude de certains adolescents. Les parents ne sont pas plus « faillibles » qu'avant. Ils sont en fait beaucoup moins soutenus par la culture. Le défaut de contenance de la chaîne des générations s'inscrit alors dans une temporalité culturelle marquée par une banalisation de la vie, et une façon d'habiter l'effacement. Il n'est pas rare de voir se déployer, en cure analytique, cette clinique de l'effacement. Nous accompagnons alors des personnes intelligentes et subtiles, ne manquant pas d'*insight*, mais évoluant dans une forme de diaphanéité, par laquelle le sujet ne croit pas au poids de sa propre existence, à un quelconque impact de soi en tant qu'objet d'attachement et d'identification possible pour un autre. Beaucoup font une démarche analytique en souffrant de cette transparence, conscients d'assister à leur vie en spectateurs. Pour ce qui concerne la position parentale, la notion d'autorité qui lui est adjointe est traversée principalement par une dimension temporelle. L'autorité fut d'abord celle de ceux qui nous ont précédés, et nous ont donné la clé du monde. Mais elle est aussi une puissance d'émergence, un augmentatif censé légitimer un « simple » pouvoir en un mystérieux augmentatif. Cet augmentatif ne légitime pas seulement une fonction anonyme, il concourt aussi à une assomption du sujet, et sa capacité « d'auteurité » (Arènes, 2014a). Une partie des parents contemporains ne se perçoivent pas comme auteurs de leur positionnement, et capables de le tenir, comme cet homme très attaché à un fils dont il est séparé, et déployant des trésors d'ingéniosité pour tenter de rester en lien. Mais en même temps, quelque chose en lui ne résiste pas à l'enfant quand il est présent, et ne se situe pas face à lui. Il se met totalement au service du préadolescent sans pouvoir réellement exister, s'étant glissé en une forme de survie parentale.

Quand l'adulte est moins portant

En physique, le terme de « portance » définit une force qui s'exerce perpendiculairement à la direction de la vitesse et permet à une masse d'être soutenue. C'est ce qui permet à un avion d'être « porté » par l'air.

La notion de portance peut être élargie à la portance psychique (Quinodoz, 2002). Le sentiment de portance donne à l'individu le moyen de composer avec la durée, afin de créer un équilibre dynamique dans les relations objectales, et dans la capacité du moi de faire face à l'angoisse de séparation. S'il existe un sujet de la portance – celui qui cherche un environnement portant –, il est possible d'analyser l'objet de celle-ci. En quoi les adultes sont aujourd'hui supports de portance pour leurs adolescents ? En utilisant encore la métaphore de l'avion, celui-ci ne peut « se porter » sur l'air que dans la mesure où celui-ci est « portant » et pas trop raréfié. Cette métaphore appliquée à l'adolescence donne à penser que plus l'environnement défaille en sa portance, plus la dynamique de la course en avant, voire de l'*acting*, s'emballe pour compenser le manque d'étayage du sujet. L'objet de la portance – culturel, parental, environnemental – vient actuellement à manquer. Il ne manque pas seulement par décision « volontaire » et consciente. Il manque dans sa manière d'habiter la temporalité.

L'objet, en psychanalyse freudienne, est d'abord une représentation interne, mais cette représentation est complexe. Les relations d'objet sont à la fois des contenus de l'appareil psychique et des organisateurs de celui-ci. Dans leur dimension de contenus, elles dépendent de l'activité pulsionnelle personnelle, et de son continuum représentatif et, dans leur dimension d'organisateurs, elles œuvrent à la frontière de la réalité psychique et de la réalité externe. Cette double polarité de l'objet, qui n'est pas seulement objet fantasmatique en référence avec la pulsion, lui permet de désigner cet autre que soi représentable. Dans sa genèse et dans son dynamisme, la relation d'objet contient en creux le lieu de l'Autre (Brusset, 2005 : 259).

Qu'en est-il alors quand l'Autre se dérobe, notamment quand il ne lui est pas possible d'accompagner le sujet dans son rapport à la temporalité ? La façon d'habiter le temps a à voir avec le narcissisme primaire, c'est-à-dire avec l'instauration même du moi[2]. La transmission narcissique s'ordonne autour de la défaillance, de ce qui fait défaut en particulier dans la psyché des parents comme « rêves de désirs » irréalisés (Freud, 1914 : 96). Un certain *quantum* de défaillance de la transmission est

[2] Du moins dans la version du narcissisme évoquée par Freud dans *Pour introduire le narcissisme* (Freud, 1914).

inhérent à la transmission. Mais cette défaillance constitutive de la transmission devient aujourd'hui plus marquée. C'est la transmission narcissique elle-même, voire la transmission du narcissisme de vie qui se dissout dans la période contemporaine, tant le narcissisme du sujet s'étaye sur celui de ceux qui le précèdent (Kaës, 1993b).

Une usure de la transmission du narcissisme de vie

Qu'est-ce à dire que cette transmission du narcissisme de vie ? Il s'agit de cette dynamique de la « fonction futur » (Arènes, 2014b), cette appétence, ce désir d'un ailleurs qui serait en avant. Si l'inconscient ne connaît, en effet, pas le temps, l'appareil psychique dans son entier est traversé par une mise en émergence, moteur de la transmission narcissique. Le sujet humain, polarisé par la sexualité bordant sa vie en amont et aval, s'inscrit, par cette pulsionnalité reliant les générations entre elles, dans une vectorisation temporelle le « sauvant » de l'abîme narcissique (Green, 1983 : 259). Il arrive que ce cœur de la temporalité humaine soit attaqué, en une atteinte de la « fonction futur ». La temporalité semble alors usée, sans trace de ce à quoi on s'accrocherait. L'usure de la transmission, et la mise en abyme de la trace amenuisant à l'infini les contenus transmis, semblent ne plus donner figure qu'à une stase temporelle qui ne serait pas hantée par le passé. Beaucoup de personnes m'affirment aujourd'hui ne pas avoir de souvenir d'enfance, pas de marque du passé. La trace n'est plus repérable en tant que telle, mais comme « usure » structurale du psychisme provoquée notamment par le désinvestissement du premier objet. Quand le sujet n'a pas été « marqué » par le narcissisme solide de ceux qui l'ont précédé, la genèse temporelle de son propre narcissisme est en souffrance. Le concept de « trace mnésique perceptive » recouvre les traces non représentatives qui ne pourront jamais être subjectivement repérées comme telles (Roussillon, 2001). Ces traces non représentatives se « transmettent » dans le flux transgénérationnel, les « appareils de mémoire » individuels étant, d'une génération à l'autre, surtout sollicités dans leur registre sensitivo-perceptivo-moteur. On se souvient des effluves et des parfums, des désirs et des pulsions qui ont marqué le corps, voire des agressions qu'il a subies, mais on ne pense plus des contenus, des narrations, autour de nos histoires. Le passé apparaît seulement dans le registre de fragments d'images ou de sensations. Il peine à s'inscrire dans une narration. Le « je » se déploie alors au présent, cherchant la respiration en une accroche temporelle minimale.

Conclure avec une phénoménologie de la temporalité

Quand les adultes sont des « trous noirs identificatoires »

Comment se manifeste cette usure temporelle dans le cadre familial ? Certains adolescents ou jeunes adultes décrivent l'aspect fuyant de l'objet parental, comme si le parent se dérobait à l'attente ou à la demande, voire à la conflictualité. Il ne s'agit pas nécessairement d'un retrait phobique de l'adulte, mais d'une impossibilité pour lui de s'offrir comme surface à ce que Pierra Aulagnier appelait le projet identificatoire. Les ondes radars glissent sur les avions furtifs, qui sont opaques à toute recherche de leur position. L'identification est, dans son acception psychanalytique, étayage de la pulsion sur la subjectivité de l'objet (Kaës, 2009 : 110). Peut-on s'identifier alors à un « support » identificatoire disparaissant ? L'identification n'est pas alors seulement affaire de processus internes à l'économie psychique. Elle se joue sur fond de fiabilité de l'objet. Une composante de la notion d'identification réside dans la nécessité de donner une source externe à l'énergétique du sujet s'identifiant. Certaines impasses identificatoires fonctionnent comme les « trous noirs » en astrophysique, lieux des étendues intersidérales où la gravité s'effondre, et autour desquels l'espace se recourbe comme happé par la négativité. Les objets parentaux font alors figure de trous noirs identificatoires rendant délicat le versant narcissique de l'identification. L'attractivité identificatoire s'effondre quand elle rencontre l'événement, l'événement incontournable des passages de la vie (entrée dans l'âge adulte, départ des enfants de chez leurs parents, deuils et échecs). L'événement fait effraction dans ce qui semblait durer éternellement, et « oblige » chacun à prendre position. Le rite de passage constitue, dans les cultures traditionnelles, la mise en scène d'une mort et d'une résurrection, et propose alors une régénération de l'ancien dans le nouveau. Le manque de rites de passage encadrés par les adultes pousse le jeune à créer ses propres « rites de subjectivation », comme réponses données au moindre appui du monde adulte. Le rite mime alors les anciens rites initiatiques. Il s'agit alors de rites « auto-initiatiques » (Arènes, 2010). La portance parentale et sociétale plus fragile pousse l'adolescent à constituer son propre espace de portance, luttant ainsi contre l'angoisse d'abandon. Les rites d'écriture de soi, à travers les blogs par exemple, intègrent ainsi un jeu incessant entre narcissisme secondaire, et donc retour de la libido sur le moi, et appel à l'autre. On se regarde dans le miroir, et on attend que quelqu'un se manifeste. « Y a-t-il quelqu'un derrière le miroir des mots ? », semble demander le jeune blogueur.

Une temporalité saccadée

Henry Maldiney l'affirme, en analysant la dimension phénoménologique de la temporalité, l'existence est « de soi, discontinue ». Elle est constituée de moments critiques, de failles, de déchirures où « elle est mise en demeure de disparaître ou de renaître. » (Maldiney, 2007 : 90-91) La crise est alors toujours crise du sujet. C'est au cœur de l'événement, de ce qui est radicalement nouveau et demande un travail psychique que les impasses identificatoires se révèlent désastreuses. Un deuil survient dans la famille et une crise de l'interprétation surgit. Les radars internes à la psyché des enfants ou adolescents se mettent en marche, attendant de recevoir un écho. Il n'est pas rare que les adultes disparaissent alors des écrans radars, passant dans une sorte d'hyperespace où leur attraction est nulle. Maldiney souligne avec finesse que la stase mélancolique déconstruit la chronogénèse, c'est-à-dire la genèse de la temporalité. Le mélancolique ne s'accroche pas seulement au passé. Il est surtout incapable de créer du nouveau, et de survivre à la crise de l'événement. Le modèle de la mélancolie donne ainsi à penser pour ce qui concerne la crise contemporaine de la temporalité.

Le temps est en effet la dimension de l'émergence. Le philosophe « émergentiste » Samuel Alexander faisait ainsi l'hypothèse de l'existence d'un matériau (*stuff*) spatio-temporel, qui serait le tissu de la réalité. De la même manière que le mental (*mind*), et le corps ne sont que deux aspects d'un même processus, l'espace et le temps sont les dimensions intriquées d'une même réalité. « Le temps est l'esprit de l'espace et l'espace le corps du temps. » Le temps serait le vecteur de l'émergence. Il engendre un « travail ». La régénération n'est possible qu'en une alliance du « déjà-là » et de ce qui jaillit, alors que dans l'espace se déploient les dépôts du temps. Ceux-ci ne sédimentent pas une fois pour toutes. Ils s'accumulent sans cesse, et sont recomposés dans le psychisme de chacun, au cœur du bouillonnement des émergents. Le temps ne peut être pensé sans l'espace, de même que le changement ne peut être saisi sans l'horizon des répétitions. Le narcissisme parental renaît avec l'arrivée de *Sa Majesté le bébé*. Mais, dans le mouvement de l'ex-sistence, et des événements de la vie, il s'expose sans cesse à la mort et à la renaissance. La perte de l'homogénéité et de la contenance culturelle commune entraîne alors une surchauffe du travail de chronogénèse que chacun compose face à la morsure des événements. L'événement devient trauma quand le tissu commun de sens ne suscite plus une élaboration sécure de la chronogénèse individuelle. Un deuil surgit. Le parent se perçoit incapable de soutenir un questionnement de l'enfant sur cet événement. La temporalité se fige, et la position subjective peine à s'élaborer. L'objet adulte disparaît des écrans radars. Le temps ne se temporalise plus. La suite est inimaginable. Le temps se transforme alors en espace. On se regarde, on essaie d'entamer des discussions avec le jeune, on exprime même éventuellement des sentiments, mais la bonne volonté n'empêche pas la glaciation de la temporalité. *L'espace* de la discussion et de l'écoute ne suffit pas. Il nous faut aussi le dynamisme du *temps*. « La durée vivante traduite en termes d'espaces a quelque chose de mort. » (Amado Lévy-Valensy, 1978 : 74) En hébreu, c'est ainsi le même mot qui désigne l'espace et le cadavre. Comme l'affirme Héraclite, « s'il n'espère pas, il ne trouvera pas l'inespérable, lequel est incherchable et sans chemin d'accès.[3] »

ÉLÉMENTS DE BIBLIOGRAPHIE

AMADO LÉVY-VALENSI Eliane, *La nature de la pensée inconsciente*, Paris, Delarge, 1978.

ANZIEU Didier (éd.), *Les contenants de pensée*, Paris, Dunod, coll. « Inconscient et culture », 1994.

ARENES Jacques, « La création de rites de subjectivation à l'adolescence » (2010), in *Adolescence*, n°73, p. 581-596.

---

[3] Héraclite, frg 18, cité par Henri Maldiney (2007 : 105).

ARENES Jacques, *Les assises du monde. L'autorité et la chair du social*, Paris, Parole et Silence, 2014a.

ARENES Jacques, « Quand la transmission se refuse » (2014 b), in *Revue Française de Psychanalyse,* t. LXXVIII, p. 465-477.

AUGUSTIN (SAINT), *Confessions*, Livre X, chap. 12, éd. Pierre Horay, Paris, Seuil, 1982.

BRUSSET Bernard, *Psychanalyse du lien*, Paris, PUF, 2005.

BONNY Yves, FREITAG Michel, *L'oubli de la société. Pour une théorie critique de la postmodernité* (2002), Québec, Presses Universitaires de Laval.

FREUD Sigmund, « Totem et tabou », in *Œuvres complètes*, t. XI, trad. J. Altounian et al., Paris, PUF, 2005 [1913].

FREUD Sigmund, « Pour introduire le narcissisme », in *La vie sexuelle,* trad. J. Laplanche, Paris, PUF, 1969 [1914], p. 81-105.

GODELIER Maurice, *Métamorphoses de la parenté*, Paris, Fayard, 2004.

GREEN André, *Narcissisme de vie, narcissisme de mort*, Paris, Éditions de Minuit, 1983.

KAËS René, « Introduction au concept de transmission psychique dans la pensée de Freud », in *Transmission de la vie psychique entre générations*, KAËS René et al. (éd.), Paris, Dunod, 1993a, p. 17-58.

KAËS René, « Le sujet de l'héritage », in *Transmission de la vie psychique entre générations*, KAËS René et al. (éd.), Paris, Dunod, 1993 b, p. 1-16.

KAËS René, « La réalité psychique du lien » (2009), in *Le divan familial*, n° 22, p. 107-125.

LOCKE John, *Identité et différence. Essais sur l'entendement humain*, trad. et prés. E. Balibar et al., Paris, Seuil, 1998 [1690].

MALDINEY Henri, « Crise et temporalité dans l'existence et dans la psychose » (2007), in *Penser l'homme et la folie*, Paris, Éd. Jérôme Million, p. 87-105.

PIERRON Jean-Philippe, *Le climat familial. Une poétique de la famille*, Paris, Éd. du Cerf, 2009.

QUINODOZ Jean-Marie, *La Solitude apprivoisée*, Paris, PUF, coll. « Quadrige », 2002.

ROUSSILLON René, *Le plaisir et la répétition*, Paris, Dunod, 2001.

Divorce : droits, douleurs, « éternité » des liens

Vittorio Cigoli

Depuis presque trente ans, et jusqu'à ce jour, je m'occupe – en organisant des groupes de recherche clinique – du divorce et de ses effets générationnels. Certainement, nous sommes là devant une forme relationnelle endémique de la culture occidentale, qui se focalise spécifiquement sur les droits individuels, y compris le droit au bonheur. Aucune autre culture ne connaît une telle diffusion de ce phénomène, incluant ses implications générationnelles et sociales.

Avant d'entrer dans le cœur de ma présentation qui se déroulera à partir de trois images, toutes centrées sur la temporalité, laissez-moi préciser la structure de la recherche. Nous ne connaissons pas dans le vide, dans l'abstrait, mais toujours à l'intérieur de cadres de pensée et dans des procédures méthodologiques.

Actuellement, notre intérêt se porte sur les liens générationnels, prenant appui sur les deux catégories de Kant, Temps et Espace, auxquelles nous ajoutons celle des Valeurs éthico-affectives. De ceci découle le modèle que nous avons mis au point pendant des années et que nous appelons Relationnel-Symbolique, car il se préoccupe expressément des liens (*religo*) et de leurs qualités, avec un renvoi spécifique au triangle des valeurs : la Confiance, l'Espoir, et la Justice. Avoir un modèle est important, car c'est seulement grâce à lui qu'il est possible de mesurer l'objet de notre attention. Je souligne que la « mesure » ne coïncide pas avec le nombre et que la recherche clinique s'applique en particulier à rechercher le sens qui caractérise les liens, c'est-à-dire les critères et les ressources présents dans l'échange entre les générations. Évidemment, il faut détenir les dispositifs adéquats comme les tests interactifs, des devoirs à accomplir, des *self-report* interpersonnels et – avec eux – des catégories et des grilles d'analyse.

Venons-en au thème du divorce. Une grande partie de la recherche internationale s'intéresse à l'étude des perceptions et des représentations individuelles (des parents, des enfants) et, plus rarement, à saisir les « patterns » qui caractérisent l'échange, comme par exemple entre un parent et ses enfants, ou entre les ex-partenaires.

Dans le premier cas, la temporalité est la temporalité intérieure, soit la temporalité immédiate (la perception), sédimentée (la représentation) ; dans le deuxième cas, il s'agit de la temporalité de l'échange « ici et maintenant », ou bien la temporalité longitudinale, dans le sens qu'on confronte entre eux les temps t1, t2, t3...

Dans les deux cas cités, l'objectif qui guide les chercheurs est de relever comment se passe l'adaptation psychosociale, combien de temps cela demande, et quelles sont les sources de stress qui s'installent au cours du chemin de vie des adultes et des enfants.

Au contraire, l'attention des chercheurs se porte rarement sur le passage générationnel, c'est-à-dire la transition du divorce. Dans ce cas-là, la temporalité donne le sentiment d'un vertige, car elle concerne l'entrelacement entre plusieurs générations. En d'autres mots, le divorce est compris soit dans son contexte culturel et social (spatialité), soit dans l'échange générationnel et dans les valeurs qui le caractérisent (temporalité). En bref, le couple conjugal, ou le couple de fait, est entendu comme le lieu-sédiment de cet échange, ou bien comme un temps pour relancer le lien (une nouvelle naissance). Avec le transfert générationnel advient donc un temps nouveau.

Et dans le divorce ? Dans notre recherche nous avons mis en évidence la présence de différentes formes de divorce. Certaines d'entre elles, en raison de leur rigidité dans l'échange et du poids excessif des douleurs, ne permettent pas – paradoxalement – que le divorce se déroule.

À ce sujet, nous renvoyons à nos recherches sur les caractéristiques des « liens désespérants et désespérés » et sur les différentes formes de divorces[1].

---

[1] Voir aussi : CIGOLI V. (2006), *L'albero della discendenza. Clinica dei corpi familiari*, FrancoAngeli, Milano.

CIGOLI V. (in press), *L'arbre de la descendance*, De Boeck, Bruxelles.

CIGOLI V. (2012), *Il viaggio iniziatico. Clinica dei corpi familiari*, FrancoAngeli, Milano.

Voici maintenant le moment d'éclairer la temporalité multiple qui caractérise le passage critique du divorce du point de vue de la théorie et de la méthodologie de la recherche focalisée sur les liens générationnels. Selon Aristote, qui nous rappelle comment l'âme pense à travers les images, nous allons utiliser trois images.

Rappelons qu'Aristote souligne la présence de trois plaisirs proprement humains : se souvenir, espérer, contempler. À travers les images, nous souhaitons donner de l'espace à ces plaisirs, tous caractérisés par la temporalité.

L'ÉTERNEL DU LIEN

Le sarcophage « les Époux Entruches (360 a.c.) », vers lequel voici un lien :
http://www.mfa.org/collections/object/sarcophagus-and-lid-with-husband-and-wife-151377
vient de Vulci, qui, avec Tarquinia et Cerveteri, sont au centre de la culture étrusque. Cerveteri, en particulier, était estimée tant par les Grecss que par les Carthagènes, grâce à son « trésor » Thesauros, c'est-à-dire un espace pour l'offrande sacrée à Delphi. En outre, les premiers rois romans étaient étrusques et avaient une vision chamanique de la vie que nous retrouvons encore aujourd'hui dans différentes cultures. Je rappelle que selon une telle vision, il y a une influence réciproque entre les mondes : le monde qui est en dessous (la maison des âmes), le monde du milieu (des vivants) et celui du haut (la maison du ciel étoilé et des divinités). Ainsi, ce qui se passe dans un monde a des effets sur les autres. Le vivant n'est donc pas isolé, mais il est connecté à un réseau relationnel qui est son monde à lui.

CIGOLI V. & SCABINI E. (2000), *Family identity. Ties, Symbols, and Transitions*, Taylor, New York, NY.

SCABINI E. & CIGOLI V. (2012), *Alla ricerca del famigliare. Il modello relazionale simbolico*, Raffaello Cortina, Milano.

CIGOLI V., *Psicologia della separazione e del divorzio*, Il Mulino, Bologna, 1998.

CIGOLI V. et al., *Il legame disperante. Il divorzio come dramma di genitori e figli*, Raffaello Cortina, 2000.

Revenons donc au magnifique bas-relief. Qu'est-ce qu'il célèbre ? L'éternité du lien de couple (les époux Tetnies et Tarnai), dans le sens où il passe au-delà du temps de la vie. Notons trois éléments essentiels : l'étreinte, le drap, le bracelet. L'étreinte renvoie à la tendresse de l'échange ; remarquons que le couple croise le regard, ce qui consiste à pénétrer et être dans l'autre. Il s'agit d'un regard réciproque qui exclut le reste du monde et qui fixe l'éternel (pour toujours). Le drap qui enveloppe les corps exprime une unité (il y a un seul corps), tout en laissant une trace de la différence individuelle. Sans elle, en effet, il ne peut pas y avoir de lien. Le bracelet tenu par Tetnies est le symbole du lien même. Le cercle sert à garder le bien et à rejeter le mal. Les couples de foi chrétienne, protestante ou catholique font la même chose, avec la bague dans la main droite plutôt que dans la main gauche.

En guise de synthèse : tout nous parle du lien et de son éternité. Alors, que se passe-t-il dans les cas de divorce ? Avant tout, nous dirons que les liens d'origine – et cela vaut aussi pour le couple – sont « pour toujours », c'est à dire que même douloureux, manquants/défaillants/perdus et violents, ils sont une partie de nous-mêmes. Il arrive que la douleur du divorce doive être abordée plusieurs fois, soit dans le cas où l'un des partenaires noue une nouvelle relation, soit dans le cas où les enfants « jeunes adultes » démarrent une nouvelle relation. Il ne s'agit pas d'une condamnation, mais plutôt d'une nostalgie du lien d'origine. Dans tous les cas, il faut savoir se séparer des liens nuisibles et mortifères, c'est-à-dire préparer une voie nouvelle. La chose n'est pas facile, mais elle peut avoir lieu. Qui sera donc près de nous au moment du passage et au-delà de la mort ? Avec qui partager l'éternel ?

SÉPARATION (1939)

Le tableau de Paul Klee, *Séparation* (1939) :
https://www.wikiart.org/en/paul-klee/separation-in-the-evening-1922
est d'une puissance affective étonnante et nous dit jusqu'où l'art peut parvenir.

Comme l'affirme le poète[2] : « Que veut l'art ? Seulement ceci : que l'on voie ce que nous ressentons et que l'on sente ce que nous voyons, mais dans l'air, même de loin, il parfume déjà. »

Sigmund Freud vient de donner à l'imprimeur l'Abrégé de psychanalyse (1938), son héritage, et Mélanie Klein a tout récemment donné sa contribution sur la psychogenèse des états maniaco-dépressifs (1935). Avec eux, nous savons que la destructivité humaine prend la forme de la dissociation, de la désintégration, du délire, de l'envie. Dans le tableau de Klee, le parfum laisse la place au malodorant et au rance (ici, la saveur de la rancœur) qui caractérise l'anti-lien.

Dans le tableau, parmi les éléments essentiels, on remarque les deux figures et le lieu intermédiaire représentés avec une couleur entre le violet et le noir. Essayons donc de voir et de sentir. Le corps à droite a les membres cassés (morcellement) ; le visage est désaxé. Il comprend une bouche hurlante. Mains et pieds sont réduits en moignons. De ce fait, il s'avère impossible de toucher, construire ou encore bouger. Du point de vue clinique, on dirait qu'il y a morcellement, et démembrement : l'un est nécessaire pour construire des nouveaux liens, l'autre est le fruit de la douleur qui casse et annule l'unité de l'être.

L'autre figure est elle-même tordue et il lui manque des membres. Elle n'est pas cassée, mais possédée par la rancœur qui brûle dans ses viscères comme un feu destructeur qui s'autoalimente.

Si on regarde bien, aucune des figures ne peut effectuer de mouvement : l'une parce qu'elle est cassée, l'autre parce qu'elle est possédée. Il en résulte que la temporalité est également bloquée. Si l'on est pris entre la scission et la perversion, l'espace devient fermé et le temps bloqué. Tout se répète, tout explose ; aucune responsabilité, aucun renouvellement du lien, aucun temps propice.

Et au centre ? Voilà la douleur crue, la cause, la raison pour laquelle il y a scission, distorsion et cela sent le rance. Voilà la différence entre le niveau phénoménique et le niveau motivationnel. En cas de divorce – et cela n'est pas rare – les formes visibles de la tragédie sont celles de l'aliénation parentale, de l'abandon du champ, de la haine sans fin, de la décharge auprès des services sociaux, de l'angoisse et du besoin destructif.

---

[2] Vittorio Cozzoli (2014), *Dunque, l'Arte che vuole?* Poesie, LCE Ed., p. 10.

Ce qui est impossible est le lien, qui en tant que tel reconnaît la distance-différence entre soi et l'autre.

LA VÉRITÉ NUE

Le tableau d'Erik Heckel *Jeune homme et jeune fille (*1909), qui apparaît sur cette page :
http://www.lemonde.fr/culture/article/2012/04/19/les-revoltes-de-die-brucke_1687129_3246.html
permet de nous rappeler l'objectif de chaque intervention clinique : reconnaître la vérité. Il s'agit d'une vérité « polymorphe » dans ses aspects affectifs et éthiques. La vérité est consiste à tenir face-à-face dans la différence, dans l'écoute et dans la réflexion. La pensée unique, idéologique, la déteste. La recherche de la vérité est autre chose que la recherche de l'intimité, qui trouve ses origines historico-culturelles à la fin du dix-huitième siècle.

Le nu est l'état originaire, c'est ainsi que nous venons au monde. Ici en effet, le peintre expressionniste nous fait comprendre qu'il ne s'agit pas d'une question érotique, mais éthique, c'est-à-dire une question de lien.

Le tableau nous montre pourtant une différence : à la femme est accordé de regarder en face, de se dévoiler ; à l'homme de baisser les yeux pour avoir accès à l'espace réflexif.

Mais si on pense au lien en tant que tel, il s'agit de deux qualités nécessaires toutes les deux : reconnaître les événements et les refléter. Il s'agit d'un plaisir fatigant et subtil.

Et dans le divorce ? C'est la valeur de la temporalité assumée qui, dans le présent de l'échange, considère ce que ce lien a distribué à chacun – en santé et dans la maladie – et comment le lien se place par rapport au futur, c'est-à-dire l'attente et l'espoir (voilà le soutien qui touche à la clinique). Si cela ne se passe pas ainsi, il n'y aura pas cet espace-temps, il restera seulement la fuite, le déni, et l'attribution à l'autre du mal de vivre – exactement ce qui est arrivé à nos pro-géniteurs après la perte du Paradis terrestre.

ÉLÉMENTS DE BIBLIOGRAPHIE

CIGOLI V. (2006), *L'albero della discendenza. Clinica dei corpi familiari*, FrancoAngeli, Milano

CIGOLI V. (in press), *L'arbre de la descendance*, De Boeck, Bruxelles.

CIGOLI V. (2012), *Il viaggio iniziatico. Clinica dei corpi familiari*, FrancoAngeli, Milano.
CIGOLI V. & SCABINI E. (2000), *Family identity. Ties, Symbols, and Transitions*, Taylor, New York, NY.

Temporalité et difficulté de devenir adulte

Dominique Foyer

I. UN CERTAIN MALAISE

Nous entendons dire : « Les jeunes adultes sont immatures, fragiles, friables. On a peur de leur confier des responsabilités : ne vont-ils pas faire faux bond, s'avérer peu fiables ? Est-ce qu'on peut vraiment compter sur eux ? Etc. » Nous avons l'impression d'une génération (les moins de 30 ans – la « génération Y ») qui ne sait pas bien ce qu'elle veut. Qui veut sans vouloir vraiment… Climat d'hésitation et d'incertitude dans la vie affective, familiale, dans les relations humaines et l'entrée dans le monde du travail, dans les engagements à tous niveaux. Un refrain revient : manque de maturité, difficulté à entrer dans une existence vraiment adulte.

Ce n'est pourtant pas une « bof' génération » : il y a de l'énergie qui peut très bien se mobiliser et se débloquer tout à coup, de l'enthousiasme, de la générosité. Ce sont des jeunes gens souvent attachants, plutôt sympathiques, bienveillants, pas des aigris ou des désabusés. Ils aiment leurs parents et portent un regard plutôt optimiste sur le monde et la vie. Ils ne se projettent guère dans l'avenir et vivent plutôt dans le moment présent.

Mais on observe des cas de perte d'énergie, de dépression menant parfois à des états suicidaires ou de fatigue brutale, l'abattement alternant avec des phases d'euphorie débordante. On observe aussi des comportements régressifs, infantiles, un peu surprenants de la part de jeunes adultes exerçant par ailleurs de réelles responsabilités. Tout cela dans un contexte où on a le sentiment de manquer du temps nécessaire : tout va trop vite. Le sociologue Claude Martin observe : « La question des temps sociaux est importante, car il faut du temps pour faire une famille, pour s'occuper des enfants, pour être en couple, pour soutenir ses proches et parents, etc.[1] » Il est vrai que l'accélération des rythmes de vie n'arrange pas les choses. Mais est-ce simplement un problème de fin d'adolescence, la difficulté habituelle qui revient à chaque génération : un décalage entre le temps vécu par la génération des parents et celle des enfants ? Ou bien assistons-nous à quelque chose de vraiment nouveau ? Est-ce l'émergence d'une nouvelle génération, la fameuse « génération Y » ?

On se souvient de la thèse développée il y a près de 25 ans par Tony Anatrella dans son livre *Interminables adolescences.* Il avait proposé le concept d'« adulescent » pour qualifier la génération des 12-30 ans d'alors. Ces « interminables adolescences » peuvent durer jusqu'à 30 et même 40 ans[2]. C'est autre chose qu'une adolescence qui dure un peu trop longtemps : il s'agit d'un changement de civilisation, d'une nouvelle manière d'appréhender la réalité et la vie, qu'Anatrella pressentait en 1988 en parlant de « société adolescentrique ». Il en voyait une cause dans l'affaiblissement du lien intergénérationnel :

« Une coopération inter-générations est essentielle pour l'épanouissement des jeunes, comme pour les adultes qui, tout en les laissant à leur place, ont besoin des jeunes pour bien vieillir. Sinon l'adolescence qui doit être une étape, risque de devenir un état. »[3]

Avec l'accès des « Y » à l'âge adulte, nous constatons que c'est peut-être en train de se réaliser. La question est donc : existe-t-il une (ou plusieurs) difficulté propre à notre époque, qui ralentit, modifie ou empêche le passage à l'état adulte ? Y a-t-il quelque raison de penser que l'adolescence devient un état durable au lieu d'être une phase de transition ? C'est une hypothèse de travail : l'actuelle difficulté à devenir adulte et le maintien dans une sorte d'adolescence indéfiniment prolongée trouvent leur origine dans une importante modification du rapport à la temporalité, donc à l'Histoire (aussi bien l'histoire personnelle que l'Histoire collective) et à la manière d'habiter le Temps (donc de faire mémoire, d'être capable de se projeter en avant, de tabler

---

[1] Directeur de recherche au CNRS. Auteur de *Être un bon parent. Une injonction contemporaine* (Presses de l'EHESP, 2014). Entretien dans *Le Monde* (07/10/2014).

[2] Tony Anatrella, *Interminables adolescences. Les 12/30 ans*, Cerf-Cujas, Paris, 1988.

[3] Tony Anatrella, op. cit., p. 217.

sur l'expérience acquise pour faire du neuf, etc.). Cela concerne la façon dont la culture et la société nous forment à habiter le Temps plus encore que l'Espace. Ces modifications ont un impact évident sur les façons de vivre les relations familiales.

II. Trois façons d'habiter le temps, de le représenter et donc de « devenir adulte »

À la suite des travaux de François Hartog sur les différents régimes d'historicité[4], nous envisageons trois façons de vivre la temporalité et donc de devenir adulte : dans les sociétés traditionnelles ; avec la modernité et ses différentes manières de vivre le rapport au temps ; et enfin la post-modernité.

Dans les sociétés traditionnelles : hétéronomie et rites d'initiation

Ici, « devenir adulte », c'est avant tout se laisser façonner par le groupe social et culturel auquel on appartient. L'ethnologie et l'anthropologie comparée montrent bien l'importance des rites d'initiation, pas seulement au moment de la puberté. Dans les sociétés traditionnelles, l'adulte, c'est celui qui est à la place que la tradition lui assigne. Et il n'en a même pas conscience. C'est une situation d'« hétéronomie » où la « loi » vient de l'extérieur de soi. La famille n'a pas de consistance propre : elle se fond dans le groupe global (ethnie, clan, tribu). Le temps historique n'existe pas à proprement parler. C'est un temps cyclique où le même revient toujours : les nuits et les jours, les saisons, les années... Même les naissances ne sont pas vraiment des événements nouveaux : le nouveau-né est la réincarnation d'un ancêtre dont l'esprit se transmet de génération en génération. L'adolescence n'y est donc pas un « temps », une période de la vie dans laquelle on pourrait s'installer. C'est un passage assez bref, douloureux, marqué par des rites d'initiation. C'est un arrachement, une nouvelle naissance.

[4] François Hartog, *Régimes d'historicité. Présentisme et expérience du temps* (Seuil, Paris, 2003).

Dans les sociétés *modernes* : autonomie référée et construction de soi avec les autres en vue d'un but

Nous, « modernes », sommes sortis de ce mode de vie traditionnel. À nos yeux, devenir adulte, c'est acquérir une certaine autonomie. Il s'agit de devenir quelqu'un, un individu dans lequel la société puisse reconnaître la réalisation de son idéal collectif. On peut parler de subjectivation ou, avec Michel Foucault, d'assujettissement. Ce qui caractérise cette « modernité » est la valorisation de l'autonomie. Devenir adulte, c'est devenir responsable de sa vie et de celle du groupe social auquel on appartient. La famille émerge alors comme groupe porteur d'une identité et d'un projet communs. Notons que si l'autonomie des sujets modernes est réelle, elle est quand même conditionnée, limitée par leur relation avec le groupe social auquel ils appartiennent. L'autonomie est donc « référée » à un ensemble d'idéaux, de croyances ou de valeurs qui caractérisent ce groupe social et lui donnent sa consistance. Il serait inacceptable qu'un individu se désolidarise de son groupe de référence. Sinon, il serait vite marginalisé et persécuté comme tel[5].

Ce passage à la modernité correspond à une profonde modification de la perception du temps : on est passé d'un temps cyclique à un temps orienté, « fléché ». Pour la modernité, il y a nécessairement un passé, un présent et un avenir. Ce fléchage du temps peut se faire de deux façons différentes.

a) Temps fléché par la référence à un idéal originaire, un *nomos*. La source des normes éthiques qui encadrent l'existence des individus est située dans le passé, dans un événement source (origine ancestrale, fondation légendaire d'une cité, révélation religieuse, etc.). La question de la légitimité des lois et de leur source se pose ici : les lois qui structurent l'existence ont-elles une origine divine et/ou humaine ? Dans ce cas, l'adulte est celui qui a appris à assumer sa liberté individuelle, en référence aux « lois » politiques et morales qui le précèdent toujours et encadrent sa vie. Depuis le XIXe siècle, dans les pays occidentaux, l'idéal de référence est celui des valeurs démocratiques libérales européennes. Le temps de l'enfance et de l'adolescence étant principalement le temps de

[5] Je renvoie ici à Michel Foucault, notamment dans *Surveiller et punir* (Gallimard, 1975).

l'apprentissage de toutes ces normes, la famille et l'école y étaient considérées comme les lieux privilégiés de l'apprentissage éthique.

b) Temps fléché par la référence à un but, une visée ultime, un *telos*. Ce but peut être de type religieux (le Ciel, la Jérusalem céleste) et/ou séculier (le Progrès, la Paix universelle, la Prospérité, la République, la société sans classes). L'adulte est alors celui qui accepte, volontairement et consciemment, de subordonner sa liberté individuelle, ses choix et ses actes, à ce but commun : on parlera du Bien commun, de la Justice, de la Démocratie, etc., ou de la « grande famille » des enfants de Dieu ou de la République. L'adolescence est un temps d'apprentissage, vécu en famille, mais ce n'est certainement pas un moment de la vie où l'on s'attarde. Ici, l'influence du christianisme est nette, d'autant plus que la vision chrétienne des choses combine les deux modes de référence du temps fléché : le Dieu de la Bible est à la fois Créateur, source de tout ce qui existe, et Rédempteur, but de toute existence.

Dans les sociétés modernes, encore récemment, le temps de l'adolescence était bien encadré par les adultes, dans un cadre qui reste familial[6]. Pour les garçons, c'est le moment où l'on peut « jeter sa gourme » et apprendre à « devenir un homme » avec le service militaire, les premières expériences sexuelles, le premier salaire. Pour les filles, c'est le moment où on se laisse courtiser, où on se prépare à épouser celui que les parents vous auront proposé ou que vous aurez rencontré dans une occasion sociale prévue à cet effet (bal du village, kermesse paroissiale, etc.). L'adolescence restait un moment d'apprentissage, une transition.

Cette « modernité » a commencé à perdre de sa prégnance quand l'origine n'a plus fonctionné comme une référence collective suffisamment forte et quand le but commun n'a plus été perçu comme suffisamment crédible et désirable. Le désir d'autonomie restait très puissant, mais il perdait la plupart de ses points d'appui et de ses garde-fous. C'est désormais une autonomie non référée qui manifeste un troisième type de rapport au Temps : le temps « post-moderne ».

---

[6] À l'instar des « abbayes de jeunesse » à la fin du Moyen Âge et à l'époque moderne qui permettent de canaliser les frasques de l'adolescence. On pense aussi à tous les « rites » sociaux et folkloriques organisant le passage à l'âge adulte.

Dans les sociétés postmodernes ou hypermodernes : autonomie absolue et absence de visée

Notre époque voit le passage laborieux de la condition moderne à une autre façon de vivre, située au-delà de la modernité : la vie « hypermoderne », à moins de l'appeler tout simplement, avec J.-F. Lyotard, « la condition postmoderne[7] ». Et dans cette troisième situation, l'adolescence s'amplifie, s'allonge, parce que la condition des adultes a changé.

Le rapport au temps a profondément changé : le temps est fragmenté, atomisé. Ce qui compte, c'est l'instant, le moment présent. Ce qu'on vit est évalué en fonction de l'intensité de ce qu'on éprouve au moment où on le vit : intensité des sensations, de la jouissance, du sentiment de réussite ou de bonheur. Les instants se succèdent sans être reliés entre eux. Chaque instant devient un absolu.

D'un point de vue éthique, c'est toujours l'autonomie qui est la règle, mais elle n'est plus référée à rien d'autre qu'à elle-même. On doit parler d'autonomie absolue. Dans ce monde, l'adulte est celui qui est totalement son propre maître, sans autre référence que soi. Nietzsche a donné un joli portrait de cet individu postmoderne ou hypermoderne :

« Seraient pensables un plaisir et une force dans la détermination de soi par soi, une *liberté* de la volonté avec laquelle un esprit donne congé à toute croyance, à tout désir de certitude, exercé comme il l'est, à se tenir en équilibre sur des cordes légères, des possibilités, et même au bord des abîmes à danser encore. Un tel esprit serait l'*esprit libre par excellence.* » (*Le gai savoir*, § 347).

Dans ces conditions, que veut dire « être adulte » ? C'est être une sorte d'« éternel adolescent », détaché de toute appartenance, y compris familiale. C'est se penser comme quelqu'un qui renonce à se fixer, à se stabiliser, pour vivre intensément le moment présent, sans se soucier du passé ou du futur.

[7] Jean-François Lyotard, *La condition post-moderne*, éditions de Minuit, 1979.

III. Comment en est-on arrivé là ?

Ce qui faisait « tenir » la société moderne, avec son temps fléché, son passé rassurant et son avenir forcément meilleur, n'existe plus ou du moins ne fonctionne plus. Si les hommes n'arrivent plus à vivre ensemble, en étant orientés vers un but commun, c'est tout simplement parce que ce but commun n'est plus crédible. Il n'y a plus vraiment de référent ultime commun. Les grands idéaux collectifs des XVIIIe et XIXe siècles sont défunts : ils sont morts entre 1914 et 1945 avec les boucheries humaines, avec l'effondrement des grandes institutions religieuses et politiques, avec les crises à répétition, économiques, financières et maintenant écologiques. On ne croit plus en rien, même pas en soi-même, surtout depuis que freudisme et structuralisme sont passés par là. Le relativisme se généralise. L'idéal de la modernité occidentale, bourgeoise et familiale, ne tient plus devant le choc du réel. C'est alors une situation de crise généralisée : religieuse, morale, politique, économique, sociale et familiale. Même la rationalité est soupçonnée.[8] La démocratie l'est aussi : le débat démocratique, couplé avec l'individualisme libéral, aboutit à fragmenter la société au lieu d'unir les citoyens entre eux. On ne croit plus en rien, pas même en soi, et on ne croit même pas qu'il soit encore possible de croire.

Le Temps n'a plus d'avenir. La flèche du Temps ne fonctionne plus, n'étant référée à rien d'autre qu'elle-même. L'histoire est devenue mouvement pour le mouvement. Dans ces conditions, il ne reste qu'une possibilité : vivre l'instant présent avec le plus d'intensité possible, puis passer à une autre expérience d'intensité. Et ainsi de suite.

Cette manière de vivre en adulte postmoderne ou en « éternel adolescent » semble très attractive pour certains. Mais, comme on le devine, c'est aussi très exigeant. À d'autres elle fait peur, déclenchant des réactions de repli : on s'accroche coûte que coûte aux idéaux de la

[8] Voir, sur ce point, Theodor W. Adorno dont la pensée est centrée sur une critique de la Raison qu'il associe au terme *Aufklärung* (« Lumières », en allemand), au sens où celle-ci est considérée à la fois comme émancipatrice et comme instrument de domination : « Les Lumières sont totalitaires » (*Aufklärung ist totalitär*). Sans pour autant tomber dans l'antirationalisme ou dans la mystique, Adorno développe une critique de la raison au nom même de la raison. On pourrait parler d'une « philosophie négative », comme il y a une « théologie négative ».

modernité. D'autres, enfin, tentent de réinventer les modes de vie des sociétés traditionnelles : néotribalisme, soumission à un totalitarisme, adhésion à une secte, intégrisme, etc. Un certain repli sur les « valeurs familiales », prônées par certains, pourrait s'interpréter dans ce sens : la famille serait alors le dernier rempart contre la déstructuration post-moderne. Mais peut-être est-ce trop attendre des structures familiales.

IV. La vie post-moderne ou hypermoderne

Avec l'hyper-modernité, l'individu pense acquérir une autonomie totale, sans référence préalable ni but commun désignable. Le mot d'ordre est : « Sois toi-même ! » Chacun doit en permanence inventer et réinventer sa vie et aussi ce qui fait le sens de sa vie. Il n'y a plus de pacte un peu transcendant pour cimenter les existences individuelles. Au mieux, il y aura des contrats éphémères, révocables à tout instant : le pacs remplace le mariage comme l'intérim et le CDD remplace le CDI Le jetable remplace le durable… Observons une tendance actuelle : les engagements et les prises de rendez-vous deviennent des arrangements négociés « à la dernière minute », et l'usage du téléphone portable accentue le phénomène.[9] Tout doit rester possible en permanence. C'est le règne de la fluidité[10].

L'adulte, le jeune adulte, le post-adolescent, l'adolescent, ne se distinguent plus très bien les uns des autres. On a le sentiment de voir se constituer une vaste classe d'âge qui va de 10 à 30-35-40 ans – 50 ans même ! L'adolescence s'allonge par les deux bouts. L'état adulte n'est plus un « état », mais devient un processus interminable.

Quelques aspects de l'existence quotidienne peuvent/ont pu favoriser l'émergence de cette hyper-modernité : la précocité, la valorisation sociale et culturelle du corps jeune, l'immédiateté du monde virtuel, les identités multiples, le renversement du rapport entre les générations. Il y a une évidente crise de la transmission. On a relevé une crise de l'autorité où les aînés perdent leur crédibilité. Le phénomène est renforcé par le développement de la « culture des pairs » (*peer to peer*). Les « pairs »

[9] On ne s'engage jamais vraiment, étant donné que d'autres possibilités plus intéressantes pourraient surgir.

[10] Je renvoie ici aux nombreux travaux de Zygmunt Bauman sur la « société liquide ».

remplacent les « pères » comme source d'autorité morale. Le même phénomène se retrouve dans l'évolution du droit de la famille : de plus en plus, c'est l'enfant qui crée le couple.

V. C'EST DIFFICILE, MAIS AVONS-NOUS VRAIMENT LE CHOIX DE FAIRE AUTREMENT ?

La condition postmoderne ou hypermoderne est excitante, mais elle est aussi un fardeau extraordinairement pesant. Être adulte est devenu très difficile, impossible peut-être. On peut comprendre que beaucoup hésitent au moment d'entrer dans leur existence d'adulte. Car l'adulte post-moderne est dans une situation quasi impossible : il doit inventer sa vie en permanence, porter le monde et se porter soi-même[11]. Et tout seul ! La solitude est inhérente à la condition post-moderne : paradoxalement, chacun est virtuellement relié à une foule d'autres, notamment grâce aux NTIC, mais chacun reste seul, terriblement seul, constamment renvoyé à soi-même. Tout cela peut faire peur. Écoutons encore Nietzsche :

« Nous avons quitté la terre et nous avons embarqué ! Nous avons coupé les ponts derrière nous ; bien plus, nous avons brisé la terre derrière nous ! Maintenant, petit bateau, fais attention ! À tes côtés, s'étend l'océan, il ne mugit pas toujours, il est vrai, et parfois s'étend-il comme soie, et or, et rêverie de bonté. Mais viennent des heures où tu reconnaîtras qu'il est infini et que rien n'est plus effrayant que l'infini. Oh, pauvre oiseau qui t'es senti libre et qui, maintenant, te heurtes aux barreaux d'une telle cage ! Malheur à toi si le mal du pays te saisit, comme s'il y avait eu là-bas plus de *liberté* – maintenant qu'il n'y a plus de 'terre' ! » (*Le gai savoir*, § 124).

Concrètement, la difficulté d'exister dans la condition post-moderne se fait sentir par différents signes bien connus des psys et des responsables de santé publique, des éducateurs et des spécialistes de l'accompagnement

[11] Jacques Arènes développe ce point en analysant les requêtes actuelles d'« auto-portance » : « La subjectivation contemporaine se noue en une protestation individuelle très forte [...]. Mais elle lutte difficilement contre l'atomisation et la pesanteur d'existences qui doivent se porter elles-mêmes. » (J. Arènes, *Nos vies à créer* ; Paris, Cerf, 2014, p. 90-91).

des jeunes adultes : fatigue physique et psychique, alternance de périodes d'excitation et d'effondrements dépressifs, consommation de produits stimulants ou d'antidépresseurs, recours aux stupéfiants, pratiques addictives, conduites à risque, suicide… Le tableau n'est pas brillant. Mais, s'il faut toujours trouver en soi les ressources mentales et psychiques nécessaires pour exister et donner du sens à son existence, on peut comprendre que ce soit difficile ! La stratégie de survie consiste alors à « glisser » à la surface des choses et des événements.

VI. L'*ÉTERNEL ADULESCENT* COMME PARADIGME HUMAIN DE LA CONDITION POST-MODERNE ?

Les adultes post-modernes, les « adulescents », s'adaptent à une société en voie de liquéfaction : « La 'vie liquide' et la 'modernité liquide' sont intimement liées » déclare Zygmunt Bauman.[12] C'est une société où plus rien n'a de consistance par soi-même, d'autant plus que tout s'achète, se vend, s'échange. La valeur des choses et des êtres dépend du marché, de l'offre et de la demande, ce qui découle en fin de compte de l'aptitude de ces biens à être consommés et consumés. Il n'y a pas que l'argent qui est « liquide » : dans l'hypermodernité, tout devient liquide, fluide. Il faut que ça coule, que ça glisse librement, sans contrainte. La société et le monde sont devenus comme un immense océan, où il faut apprendre à naviguer. De ce point de vue, internet offre une image parlante de la réalité vécue : sur internet, on « navigue ».[13] Pour survivre dans le monde post-moderne, l'« adulescent », doit être comme un poisson dans l'eau : souple, mobile, insaisissable… Il se veut entièrement maître de son destin et il doit l'être.

Chacun – quel que soit son âge réel – peut se rêver en éternel « adulescent », voyageant au sein de l'océan social, allant d'expérience en expérience, de jouissance éphémère en jouissance éphémère. Librement et en dansant… Cette perspective hédoniste semble une chimère ou plutôt une illusion dangereuse. Une question se pose : où trouver les énergies

---

[12] Zygmunt Bauman, *La vie liquide. De la fragilité des liens entre les hommes* (Éditions du Rouergue, 2004). Du même auteur : *La Vie en miettes. Expérience postmoderne et moralité* (Éditions du Rouergue, 2003).

[13] Voir par exemple : Stéphane Hugon, *Circumnavigations. L'imaginaire du voyage dans l'expérience internet* (CNRS éditions, 2010).

nécessaires à l'invention permanente de soi ? Comment se forger une histoire crédible ?

VII. Conclusion

Nous avons cherché à montrer une évolution. Dans les sociétés traditionnelles, il n'y a pas d'adolescence. L'individu vit sous un régime d'hétéronomie. L'entrée dans la vie adulte est inéluctable. C'est l'initiation qui l'effectue. Dans les sociétés modernes, les individus ont une réelle autonomie, mais elle est référée à des lois et à des idéaux communs. L'entrée dans la vie adulte correspond à l'acceptation responsable de ces lois et de ces idéaux collectifs. Dans les sociétés hyper-modernes ou post-modernes, les individus disposent d'une liberté absolue, sans aucune référence extérieure. Chacun dépend entièrement de lui-même.

Le monde apparaît alors comme une scène de théâtre infinie – mais bien limitée pourtant – où on évolue au gré de sa fantaisie et de ses instincts et dont on disparaîtra soudain. L'important est de bien jouer son petit rôle… Et d'en tirer le plus de jouissance possible. Aucune maturation n'est requise. Au contraire, la spontanéité, la sincérité du moment présent, la naïveté (du latin *nativus* : celui qui vient de naître) seront les qualités prépondérantes, les valeurs autour desquelles chacun organisera son existence. L'éternel « adulescent » en est l'incarnation.

Au contraire, en vivant selon la modernité référée, comme un itinéraire qui part d'une origine et mène à un achèvement, on peut envisager la vie comme une croissance, un accès à la maturité. Une perpétuelle adolescence serait illusoire. Au contraire, il faut entrer dans sa maturité en renonçant à tous les rêves de toute-puissance. Se soumettre à la loi de l'espace et du temps, au principe de réalité, et le faire avec lucidité.

Éléments de bibliographie

ANATRELLA Tony, *Interminables adolescences. Les 12/30 ans*, Paris, Cerf-Cujas, 1988.

ARENES Jacques, « L'individu autonome : du bon usage d'un mythe » (2010), in *Études*, novembre, 2010, p. 485-494.

BLANCHARD Véronique, REVENIN Régis et YVOREL Jean-Jacques (dir.), *Les jeunes et la sexualité. Initiations, interdits et identités*, éditions Autrement, coll. « Mutations/Sexe en tous genres », 2010.

BAUMAN Zygmunt, *La Vie en miettes. Expérience postmodeme et moralité*, Éditions du Rouergue, 2003.

BAUMAN Zygmunt, *La vie liquide. De la fragilité des liens entre les hommes*, Éditions du Rouergue, 2004.

EHRENBERG Alain, *L'individu incertain*, Paris, Calmann-Lévy, 1995.

EHRENBERG Alain, *La fatigue d'être soi*, Paris, Odile Jacob, 1998.

GARCIA Tristan, *Forme et objet. Un traité des choses*, Paris, PUF, collection « Métaphysiques », 2011.

GARCIA Tristan, *Six Feet Under. Nos vies sans destin*, Paris, PUF, 2012.

HAMEL Jacques ; PUGEAULT-CICCHELLI Catherine ; GALLAND Olivier ; CICCHELLI Vicenzo (dir.), « La jeunesse n'est plus ce qu'elle était » (2010), Presses Universitaires de Rennes, Rennes.

HARTOG François, *Régimes d'historicité. Présentisme et expérience du temps*, Paris, Seuil, 2003.

KAUFMAN Jean-Paul, *L'invention de soi. Une théorie de l'identité*, Paris, Armand Colin, 2004.

LYOTARD Jean-François, *La condition post-moderne*, Paris, éditions de Minuit, 1979.

MARTY François et MISSONIER Sylvain, « Adolescence et monde virtuel » (2010), in *Études*, p. 473-484.

V.

Couples et familles au temps du virtuel

De l'influence des réseaux sociaux sur l'incertitude conjugale

Gérard Neyrand

Dans les années 1960, le travail d'Alain Girard sur la constitution des couples, publié en 1964 sous le titre *Le choix du conjoint*, avait permis de montrer à quel point la formation des couples se faisait à travers la recherche d'un être à la fois semblable et complémentaire. En ce temps où régnait encore le mariage institution et où l'union était censée durer toute la vie, il importait d'autant plus de choisir un partenaire qui partage les mêmes valeurs et le même projet de fusion amoureuse, à une époque où le sentiment amoureux avait pris le pas sur toute autre considération pour conclure un mariage. Cela permettait d'illustrer ce que la sagesse populaire savait depuis longtemps : « Qui se ressemble s'assemble. »

Bien sûr, existaient des unions atypiques, marginales, unissant des personnes de milieux opposés, mais si le mythe du prince charmant (Falconnet, 1973) trouvait ainsi à s'illustrer – bien que fort modestement – dans la réalité, cela ne masquait pas que, à une époque qui prônait le maintien de la femme au foyer sur le « marché matrimonial », les capitaux dont pouvaient disposer les partenaires pour séduire n'étaient pas de même nature, plutôt la situation sociale pour les hommes, plutôt la beauté physique pour les femmes, ainsi que l'a mis particulièrement en évidence l'analyse de François de Singly des annonces matrimoniales du *Chasseur français* (Singly, 1984), ce précurseur des sites de rencontre thématiques, notamment les sites communautaires ou religieux. Des marieuses aux agences matrimoniales, la facilitation de la rencontre maritale par le biais d'un intermédiaire a toujours existé, mais ce qui fait la spécificité de l'utilisation des réseaux sociaux aujourd'hui est double : les mœurs et les systèmes de représentations qui les sous-tendent se sont profondément modifiés, et les nouvelles technologies utilisées positionnent tout à fait différemment leurs utilisateurs.

Pour évoquer l'influence des réseaux sociaux sur la constitution des conjugalités, il faut ainsi tenir compte non seulement de la nouveauté du dispositif interactif mis en œuvre, mais aussi de ce que ce ne sont plus les mêmes individus qui l'utilisent, surtout lorsque ce sont les jeunes générations qui s'en saisissent, alors que les plus anciennes ont dû s'adapter à ces nouveaux outils en même temps qu'aux mutations de la sphère privée qui les ont accompagnés.

D'une certaine façon ce fut le « Minitel rose », plus exactement le détournement de l'usage du Minitel pour promouvoir des rencontres à visée érotique (Neyrand, 1988), qui constitua le dispositif intermédiaire entre les rencontres par petites annonces (où s'illustrèrent dans les années de libéralisation des mœurs, *Libération* pour les journaux, et *Le Nouvel Observateur* pour les périodiques) et les rencontres sur réseaux sociaux que permit la diffusion d'internet.

UNE DIFFUSION FULGURANTE DE LA RENCONTRE PAR INTERNET

Conscient de l'opportunité exceptionnelle qui s'ouvrait avec la diffusion d'internet dans les années 1990, les promoteurs des réseaux mirent en place une démarche marketing extrêmement agressive et omniprésente qui ne tarda pas à donner rapidement ses fruits. D'emblée, le prototype de ces réseaux, *Meetic*, créé en 2001, développa une logique d'ouverture de la rencontre tous azimuts qui connut un succès phénoménal. Si bien qu'aujourd'hui certains n'hésitent pas à en faire le principal mode de constitution des couples, même si cela s'avère largement extrapolé. Toujours est-il que selon une enquête Ifop de février 2012, 40 % des personnes interrogées se déclaraient disposées à faire appel à un site de rencontre en cas de célibat (Les Inrockuptibles, 2013).

La caractéristique de cette première vague était de promouvoir un élargissement extrêmement important des possibilités de rencontre en se positionnant comme un dispositif généraliste, ouvert à tous, sans critères de sélection autres qu'une certaine bienséance. On assista alors à l'explosion des opportunités et au développement de rencontres qui avaient jusque-là bien peu de chances de se réaliser. Le discours des entrepreneurs ayant mis en place ces sites et s'activant à leur gestion mettait en avant la possibilité de pouvoir ainsi faire se constituer des couples durables, appelés à vivre ensemble, voire à se marier, et, plus porteur encore, avoir un bébé. Mais si la liaison durable constitue un argument de vente indéniable – notamment pour les femmes –, il est clair que ce n'est pas de l'intérêt du promoteur[1], et, progressivement, avec l'évolution des pratiques et des représentations sur des mœurs en pleine transformation, le discours a évolué vers la valorisation des « belles rencontres », pas forcément pour la vie.

Il est vrai que la pratique de beaucoup d'internautes tendait vers la multiplication des rencontres, même si elle n'était pas un objectif affiché, car chaque rencontre porte en elle le doute que la suivante est peut-être plus intéressante. De fait, le dispositif ainsi conçu génère lui-même les raisons non seulement de sa perpétuation, mais aussi de son extension. Nous y reviendrons.

Tant et si bien que, quelques années seulement après l'apparition des sites généralistes, commencèrent à fleurir des sites beaucoup plus spécialisés, dont la principale caractéristique était de cibler des utilisateurs potentiels sur la base d'un critère discriminant : pratiques de loisirs, appartenance religieuse ou politique, caractéristiques physiques ou mentales, pratiques ou orientations sexuelles, milieu social, goûts culinaires... Aujourd'hui tout y passe sur les quelques centaines de sites recensés : du site, religieux ou communautaire, qui annonce officiellement vouloir aider à la formation de couples pour la vie, et devant le prêtre et/ou le maire, jusqu'aux sites pour personnes mariées ou vivant déjà en couple et recherchant des relations adultères...

Consommation facilitée et perspectives démultipliées ne signifient pas pourtant que la quête de l'âme sœur ait disparu et que l'idée qu'il existe un prince (ou une princesse) charmant(e) qui vous correspond se soit effacée de la tête des modernes internautes, même les plus compulsifs, appelés peut-être avant les autres à se lasser. C'est parce qu'en quelque sorte, là comme ailleurs, affleurent les contradictions et les paradoxes d'une modernité qui a vu si radicalement et si brutalement se transformer l'environnement, les mœurs, les représentations et les attentes.

---

[1] En témoigne la complexité de la démarche pour se désinscrire d'un site, alors qu'il est si facile d'y entrer...

L'INDIVIDU NÉOLIBÉRAL, CITOYEN ET CONSOMMATEUR À LA FOIS

Car si la pratique s'est aussi facilement diffusée, et si les consommateurs compulsifs sont aussi nombreux, ce n'est pas un hasard, c'est bien que ce type de dispositif interactif de la rencontre plus ou moins échevelée correspond à ce qu'Edgar Morin appelait « l'esprit du temps » (Morin, 1962) et que l'on pourrait appeler aujourd'hui la société néolibérale : individualisme, mobilité, consommation, hédonisme, efficacité, performance, attractivité et d'une certaine façon rentabilisation de ses investissements par le décuplement que réalise le dispositif de la rencontre assistée par internet. Pour Pascal Lardellier :

« L'offre et la demande en matière de relations amoureuses numériques s'inscrivent pleinement dans l'idéologie libérale par ce qu'elles engendrent : économie de temps, économie d'argent, économie émotionnelle. Il y a derrière le fonctionnement et l'organisation de ces sites et leurs usages comme une rationalisation de l'économie sentimentale consacrant l'association de la consommation affectivo-sexuelle et des techniques du marketing. » (Lardellier, 2012)

On ne saurait mieux dire, l'offre de rencontre sur le réseau participe d'une montée en puissance conjointe de l'individualisme expressif (la réalisation de soi, mais la réalisation de soi par les autres) (Neyrand, 2009), de la démultiplication des échanges par le virtuel (combien d'amis sur Facebook ?), du règne de la marchandise dans tous les secteurs sociaux, et du fantasme de toute-puissance que le discours ubiquitaire du virtuel et la profusion marchande flattent sans retenue. Revient en force ce fantasme de maîtrise que la fusion primitive avec le corps de la mère avait permis de développer avant que le dur contact avec la réalité de l'après-naissance ne le mette quelque peu à mal.

Au niveau imaginaire, le dispositif permet, au moins pour un temps, au principe de plaisir de reprendre le dessus sur le principe de réalité. L'illusion de la satisfaction possible du désir s'affiche derrière les potentialités infinies de rencontres...

Mais, à un moment ou un autre, l'excitation que procure la recherche effrénée du plaisir qu'offre la rencontre éphémère s'émousse, et le sujet peut devenir au mieux lassé, au pire écœuré, a fortiori pour les hommes homosexuels, qui demeurent de loin les plus gros consommateurs de ce type de rencontre. « C'est comme quand tu travailles dans une chocolaterie », avance l'un deux, « tu manges des chocolats toute la journée, mais il n'y a plus de plaisir » (Les Inrockuptibles, 2013). Il quittera alors le site pour renouer avec la « vraie vie »...

On le voit, si de nouvelles pratiques sont induites par le dispositif même de mise en contact, elles participent aussi de l'évolution de la manière de concevoir la relation amoureuse et la place qu'y tient la sexualité. Cette évolution participe de l'affirmation du couple « duo », préservant les individualités de chacun (Théry, 2000), mais des individualités qui ont besoin de l'autre pour pleinement s'épanouir, en d'autres termes « se réaliser », selon le modèle proposé par une société à la fois démocratique et marchande. Citoyenneté et consommation constituent les deux faces de l'individu hypermoderne, et si la rencontre par internet s'effectue sous les auspices des valeurs démocratiques, la tendance à sa reproduction plus ou moins indéfinie participe, elle, d'une logique consumériste, qui imprègne notre appréhension du monde social autant que celui des objets (Baudrillard, 1968). Au paradoxe de « l'individualisme relationnel » s'articule la tendance à la « compulsion consumériste », induite par la prise de la rencontre dans la logique marchande.

UNE INNOVATION TECHNOLOGIQUE QUI MODIFIE LE RAPPORT AU MONDE... ET AUX AUTRES

On a bien affaire ici à une innovation technologique qui induit une transformation du rapport au monde et aux autres, et qui va contribuer à exacerber une incertitude conjugale de plus en plus partagée. Ce qui est ouvert, c'est bien l'espace de la rencontre, ouverture que le Minitel permettait déjà, mais d'une façon très imparfaite vu la lourdeur de l'outil. Mais c'est loin de constituer la seule dimension qui se retrouve modifiée, car l'outil internet lui-même, et la façon dont il a été formalisé pour élaborer un nouveau dispositif de rencontre, produit une transformation très importante du mode de rencontre, sans pour autant subvertir les codes dominants de celle-ci (Le Gall, Le Van, 2007).

Auparavant les rencontres s'effectuaient par le biais d'une présentation de soi, qui pouvait être directe dans le cas de rencontres inopinées ou dans des espaces dédiés (bals), ou médiée par autrui dans le cas d'une rencontre arrangée ou préparée. Ce qui était d'abord en jeu était l'apparence et/ou la réputation. La médiation par internet privilégie d'abord et avant tout le langage, et dans la plupart des cas le langage écrit. On retrouve là les caractéristiques de la petite annonce, mais sans les contraintes de concision et de coût qu'elle supposait. Dans sa présentation, une fois les critères premiers de la pré-sélection établis (le sexe d'abord, l'âge ensuite, le milieu social... et le reste), l'internaute a tout loisir de s'étendre sur ce qu'il souhaite développer pour se rendre désirable.

On débouche alors sur la constitution d'un espace des rencontres possibles, qui se trouve situé à l'intersection des démarches de proposition (plutôt à dominante masculine) et des formulations de consentement (plutôt à dominante féminine), et qui répartit de façon très inégalitaire les prétendants à la rencontre selon les ressources et les capitaux disponibles. Les capitaux traditionnellement utilisables dans une démarche de séduction comme le statut social ou l'apparence physique (beauté, charme, aisance) s'y trouve concurrencés par l'abstractisation que réalise le dispositif de mise en relation, et sa valorisation de l'expression langagière et de la capacité d'objectivation de ce qui est susceptible de représenter un atout personnel dans la recherche de rencontre.

Le marché sur lequel on se retrouve n'est plus vraiment le « marché matrimonial » du *Chasseur français*, mais celui de la rencontre virtuelle démultipliée, qui tend à placer l'accès au sexuel avant l'accès au sentimental, y compris pour les femmes historiquement attachées à l'idéal de l'amour romantique comme moteur de l'union. Le dispositif produit de fait une rationalisation de la rencontre peu propice à l'expression des affects, mais qui privilégie plutôt une intellectualisation de celle-ci du simple fait de la compréhension de ce que celui-ci demande. Il convient de maîtriser les codes de la présentation de soi, demandant une prise de distance préalable à l'écriture et une élaboration de son positionnement, qui est tout le contraire de la façon dont peut se réaliser une rencontre fortuite sur un « coup de foudre ». De même, il s'agit d'analyser en retour les caractéristiques des partenaires potentiels pour en établir une sélection. La mise en œuvre d'une démarche de contact en vue de rencontre (virtuelle et/ou réelle) demande alors la maîtrise des circonstances spatio-temporelles de celle-ci, et bien souvent l'élaboration d'un agenda-planning.

Tout le monde n'y manifeste pas les mêmes dispositions, et la virtualisation de la rencontre, en produisant cette rationalisation de la démarche, tend à privilégier les plus cultivés dans la pré-sélection des rencontres possibles... sauf à entrer dans le jeu des rencontres à visée érotique directe, prenant pour support privilégié l'utilisation de smartphones.

Dans ce cas de figure, on rentre dans la fonctionnalisation de la consommation sexuelle, avec la possibilité de consultation d'un fichier de partenaires potentiel-le-s où sont consignées la photo de la personne et ses caractéristiques essentielles. La pré-sélection se fait par une déclaration d'intérêt à l'égard de tel ou tel, et ceux qui déclarent mutuellement s'apprécier ont tout loisir de se contacter et d'organiser une rencontre sensuelle qui peut être très rapide. Le rapport au temps s'y trouve ici complètement bouleversé au regard des cadres classiques de la séduction, et la pratique peut d'autant plus facilement devenir compulsive que la relation n'a pas besoin pour se réaliser de l'élaboration d'un lien. Les rapports de genre s'y trouvent largement redéfinis dans le sens d'une symétrisation des places, subvertissant d'une certaine façon la logique de consommation sexuelle traditionnellement – et jusqu'à peu, structurellement – masculine.

On se trouve là en présence d'une utilisation du dispositif du réseau social diamétralement opposée à celle des sites de rencontre religieux, qui visent à susciter des rencontres « pour la vie », passant par le mariage de deux personnes s'étant identifiées comme complémentaires.

CONCLUSION : LA MÉDIATION INTERNET, UNE DIALECTIQUE DES RELATIONS ENTRE MŒURS ET TECHNIQUES

Ce que l'on peut alors avancer en conclusion, c'est que si la médiation d'internet modifie complètement le rapport à l'espace-temps qui était celui de la rencontre classique, cela ne participe pas seulement d'un effet du développement de technologies nouvelles sur les rapports sociaux, mais cela signifie aussi que le nouveau médium ainsi constitué s'inscrit dans une évolution de ces rapports – que l'on synthétise sous l'expression « évolution des mœurs » – qui trouve là l'occasion de s'exprimer, se développer, et d'une certaine façon s'exacerber, dans une relation dialectique entre mœurs et technologies qui inscrit la rencontre, et par contrecoup la conjugalité, dans un autre rapport au temps et à l'espace, beaucoup plus incertain…

ÉLÉMENTS DE BIBLIOGRAPHIE

BAUDRILLARD Jean, *Le système des objets,* Paris, Gallimard, 1968.

FALCONNET Georges, *Le prince charmant ou la femme mystifiée,* Paris, Mercure de France, 1973.

LARDELLIER Pascal, *Les réseaux du cœur. Sexe, amour et séduction sur internet,* Paris, François Bourin, 2012.

LE GALL Didier, LE VAN Charlotte, *La première fois. Le passage à la sexualité adulte,* Paris, Payot, 2007.

« Sites de rencontre : l'amour au bout des doigts » (2013), in *Les Inrockuptibles,* 22 septembre.

MORIN Edgar, *L'esprit du temps,* Paris, Grasset, 1962.

NEYRAND Gérard, « Stratégies de séduction et fascination médiatique : le minitel squatterisé » (1988), in *Quaderni*, n°5.

NEYRAND Gérard, « Idéalisation du conjugal et fragilisation du couple, ou le paradoxe de l'individualisme relationnel » (2002-2009), in *Dialogue,* n°155, 1er trimestre, p.80-88 ; repris dans *Le dialogue familial, un idéal précaire,* Érès.

SINGLY François de, « Les manœuvres de séduction : une analyse des petites annonces matrimoniales » (1984), in *Revue Française de Sociologie,* XXV, 4, pp. 523-559.

THÉRY Irène, « Le couple occidental et son évolution sociale : du couple "chaînon" au couple "duo" » (2000), in *Dialogue,* n°150, 4e trimestre.

Comment les jeux vidéo redéfinissent-ils les temps familiaux en mondes francophones ?

Olivier Servais

INTRODUCTION

Après avoir été contingenté à des milieux très spécifiques, les jeux vidéo sortent de l'anonymat au début des années 1980 avec l'avènement des micro-ordinateurs. Ensuite, ils entrent en croissance rapide dans les années 1990 avec la multiplication des supports (consoles, PC, laptop) et l'émergence d'une véritable industrie[1]. De plus en plus en réseau, globalisés, lors de la première décennie du 21e siècle, ils deviennent une des premières industries culturelles mondiales[2].

Or, au vu de cette place croissante dans nos sociétés, les jeux vidéo redessinent petit à petit la vie du foyer et donc ses temporalités. C'est à donner un panorama de cette problématique des familles confrontées à cette mutation des espaces et des temps domestiques que nous proposons de nous atteler. Car, en fait, par son articulation presque totale avec la révolution numérique, ce média ludique révèle de nouveaux problèmes sociaux, donc familiaux. Il témoigne également de l'émergence de nouvelles pratiques.

Nous suivrons ce parcours en quatre temps. Un premier moment posera un aperçu macro de la mutation numérique et ludique. Un deuxième temps se centrera sur la thématique des jeux vidéo au cœur des

---

[1] Pour une histoire à travers plusieurs approches : WOLF J.P. (dir.), *The Video Game Explosion. A History from Pong to Playstation and Beyond.* London-Westport, Greenwood Press, 2008 ; KENT S.L., *The Ultimate History of Video Games*, Three Rivers Press, New York, 2001 ; LOGUIDICE B., BARTON M., *Vintage Games. An Insider Look at the History of Grand Theft Auto, Super Mario, and the Most Influencial Games of All Time*, Oxford, Elsevier-Focal Press, 2009.

[2] Voir notamment : http://www.culturecommunication.gouv.fr/Politiques-ministerielles/Industries-culturelles/Dossiers-thematiques/Le-jeu-video

familles. Enfin, au final, en termes d'ouverture, nous focaliserons notre propos sur un cas qualitatif plus précis symptomatique des mutations profondes en cours : l'émergence de mariages virtuels, temps assez particulier de fondement renouvelé des prémisses d'une famille.

CONTEXTE : EXPLOSION DE L'USAGE D'INTERNET ET DES JEUX VIDÉO

La dernière décennie a vu une généralisation de l'usage d'internet. Enquête après enquête, les données d'utilisation vont croissant. Ainsi, par exemple en 2011, lors d'une grande enquête européenne, plus des trois quarts des Français ou des Belges de 16 à 74 ans déclaraient utiliser le web tous les jours[3]. Ils étaient autour de 95 % si l'on y adjoignait ceux revendiquant un usage hebdomadaire, soit une quasi-totalité des populations concernées.

La même enquête relevait toutefois des différences d'usages d'internet, les plus âgés se cantonnant à l'utilisation de cette nouvelle ressource avant tout comme support d'information ou mode de communication sédentaire, là où les plus jeunes y voyaient aussi un interface de participation dans un contexte tout autant nomade.

[3] Source : *Enquête européenne sur l'usage des NTIC*, 2011, http://statbel.fgov.be/fr/binaries/Persbericht_ICT-HH_2011_FRb_tcm326-163740.pdf

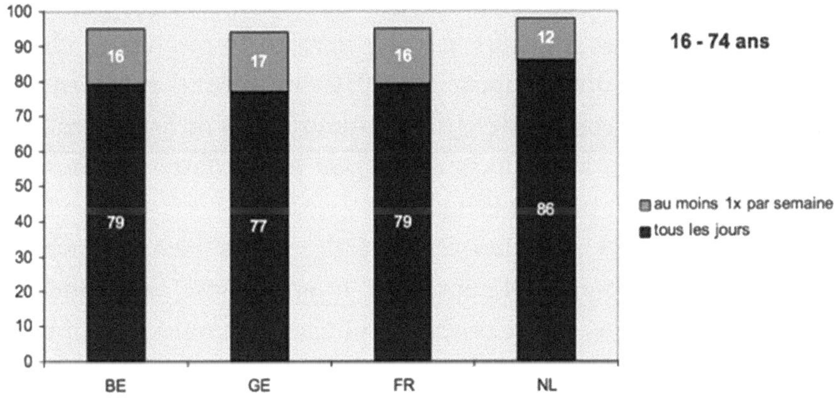

Fig. 1 : fréquence d'utilisation de l'internet. Pourcentage de la population âgée de 16 à 74 ans qui a utilisé internet au cours des trois derniers mois (Belgique, Allemagne, France, Hollande).
Source : Enquête européenne sur l'usage des NTIC, 2011,
[redir.aspx?REF=zXr8CNEcr_Ph-zTmZBICkPNON-
RSCM9kJlTcsAIHHrHbfMaXogzUCAFodHRwOi8vc3RhdGJlbC5mZ292LmJlL2ZyL2JpbmF
yaWVzL1BlcnNiZXJpY2h0X0lDVC1ISF8yMDExX0ZSYl90Y20zMjYtMTYzNzQwLnBkZg..]
http://statbel.fgov.be/fr/binaries/Persbericht_ICT-HH_2011_FRb_tcm326-163740.pdf (D.R.)

Cette amplification à un tel niveau de l'usage du réseau est capitale pour comprendre la transformation de l'utilisation des jeux. En effet, à la même date, 73 % des joueurs jouent en ligne[4].

C'est la deuxième révolution de notre époque, le jeu se diffuse et se réalise de plus en plus sur internet, à l'image de la place qu'occupe dorénavant la vie en ligne dans le temps de vie de nos contemporains. Car, de fait, le jeu vidéo est devenu une pratique massifiée qui profite des derniers développements technologiques et sociologiques pour intensifier son implantation.

Si bien qu'en 2012, en France, le contact, direct ou indirect, avec les pratiques vidéoludiques concerne l'ensemble de la population[5]. Effectivement, les protagonistes d'une grande enquête, sous l'acronyme de Ludespace, mettent en évidence que ces usages touchent tant les hommes que les femmes, es collégiens comme les retraités, ou les ouvriers aussi bien que les cadres, et les urbains autant que les ruraux. Selon ces

[4] Source : *Étude sur le jeu vidéo en France*, Paris, Syndicat National du Jeu Vidéo, 2011.

[5] Source : COAVOUX S., RUFAT S., BERRY V., TER MINASSIAN H., « Qui sont les joueurs de jeux vidéo en France ? », in Olivier LEJADE, Mathieu TRICLOT (dir.), *La fabrique des jeux vidéo*, Paris : La Martinière, 2013, p. 172-177.

chercheurs, presque 60 % des adultes déclarent avoir joué (au moins une fois) à un jeu vidéo au cours des 12 derniers mois. Leurs chiffres corroborent ceux d'une enquête de 2010 au niveau européen. Les Français y ressortent comme des gros consommateurs de jeux, avec 38 % des personnes lors des six derniers mois ayant joué, contre une moyenne de 25,4 % sur les huit pays de l'enquête[6].

Si la diffusion des pratiques est générale, il y a bien entendu des différenciations. L'équipe « Ludespace » montre ainsi une différence claire entre générations des deux sexes. Toutefois, hommes et femmes se distinguent à deux niveaux. D'une part, les femmes âgées jouent plus que les hommes. D'autre part, il y a une disjonction pour la tranche d'âge 13-19 ans. Là où les adolescents masculins jouent autant que les plus jeunes, leurs homologues féminins diminuent fortement leur utilisation du jeu en comparaison des plus jeunes[7].

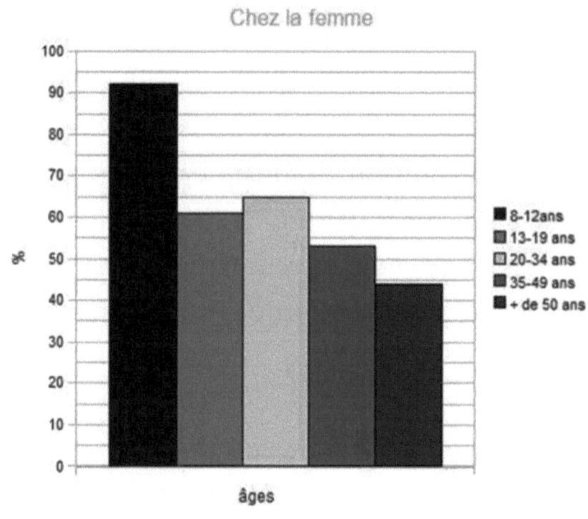

[6] Source : Étude de la Fédération européenne des logiciels de loisirs (ISFE), 2010.

[7] Source : COAVOUX S., RUFAT S., BERRY V., TER MINASSIAN H., *op. cit.*, 2013, p. 172-177.

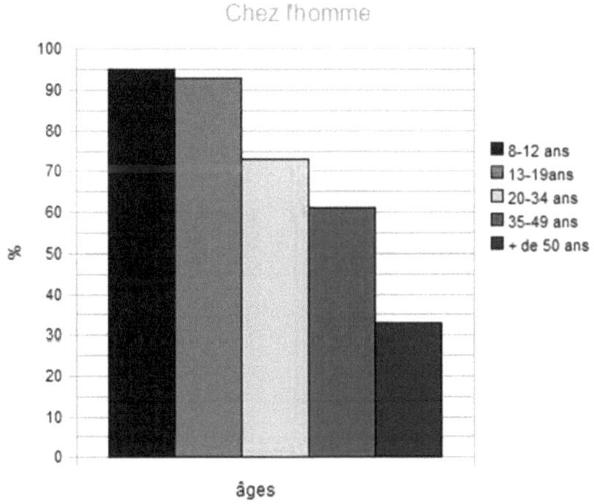

Fig. 2 et 2bis : La pratique du jeu vidéo en France par tranche d'âge et par sexe
Source : COAVOUX S., RUFAT S., BERRY V., TER MINASSIAN H., « Qui sont les joueurs de jeux vidéo en France ? », in Olivier LEJADE, Mathieu TRICLOT (dir.), *La fabrique des jeux vidéo*, Paris : La Martinière, 2013, p. 172-177. (D.R.)

EFFET DE GÉNÉRATION

Cette distinction à l'adolescence est similaire à des données de 2011 de l'Association française du jeu vidéo[8]. Lorsqu'elle inventorie les heures moyennes jouées par semaine pour garçons et filles, on repère clairement une explosion des heures jouées pour les 13-19 ans masculins. Il se produit clairement quelque chose de symptomatique pour cette tranche d'âge chez les individus de sexe masculin.

[8] Source : http://www.afjv.com/news/280_etude-jeu-video-france.htm, 2011

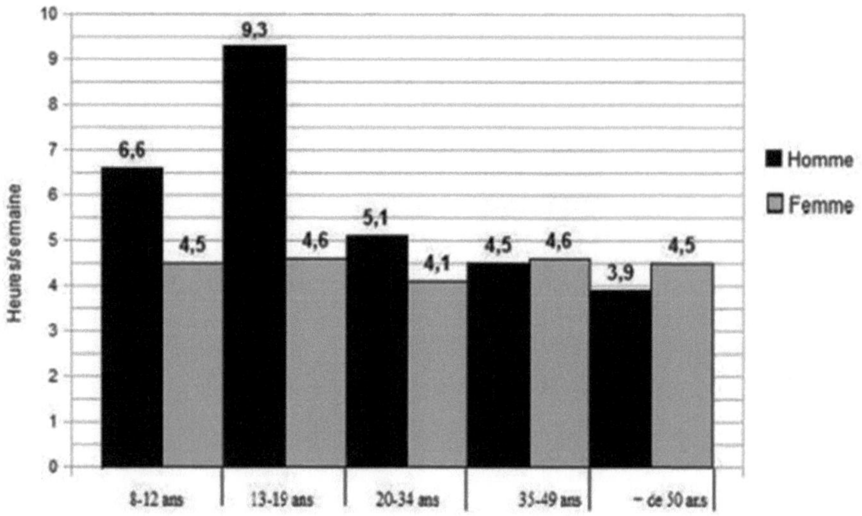

Fig. 3: La pratique du jeux vidéo en France, comparaison homme-femme par tranche d'âge
Source : COAVOUX S., RUFAT S., BERRY V., TER MINASSIAN H., « Qui sont les joueurs de jeux vidéo en France ? », in Olivier LEJADE, Mathieu TRICLOT (dir.), *La fabrique des jeux vidéo*, Paris : La Martinière, 2013, p. 172-177. (D.R.)

Bien entendu, il ne faudrait pas tirer de ces premières tendances des généralisations trop hâtives. En effet, au-delà des heures passées à jouer, les styles de jeux varient fortement selon les âges, les sexes, mais plus généralement selon des variables complexes liées aux contextes de vie et aux personnalités des joueurs. Les promoteurs de Ludespace ne s'y laissent pas piéger et témoignent de ce foisonnement en parlant de « style de jeux » et de « style de joueurs[9] »

[9] Source : COAVOUX S., RUFAT S., BERRY V., TER MINASSIAN H., *op. cit.*, 2013, p. 172-177.

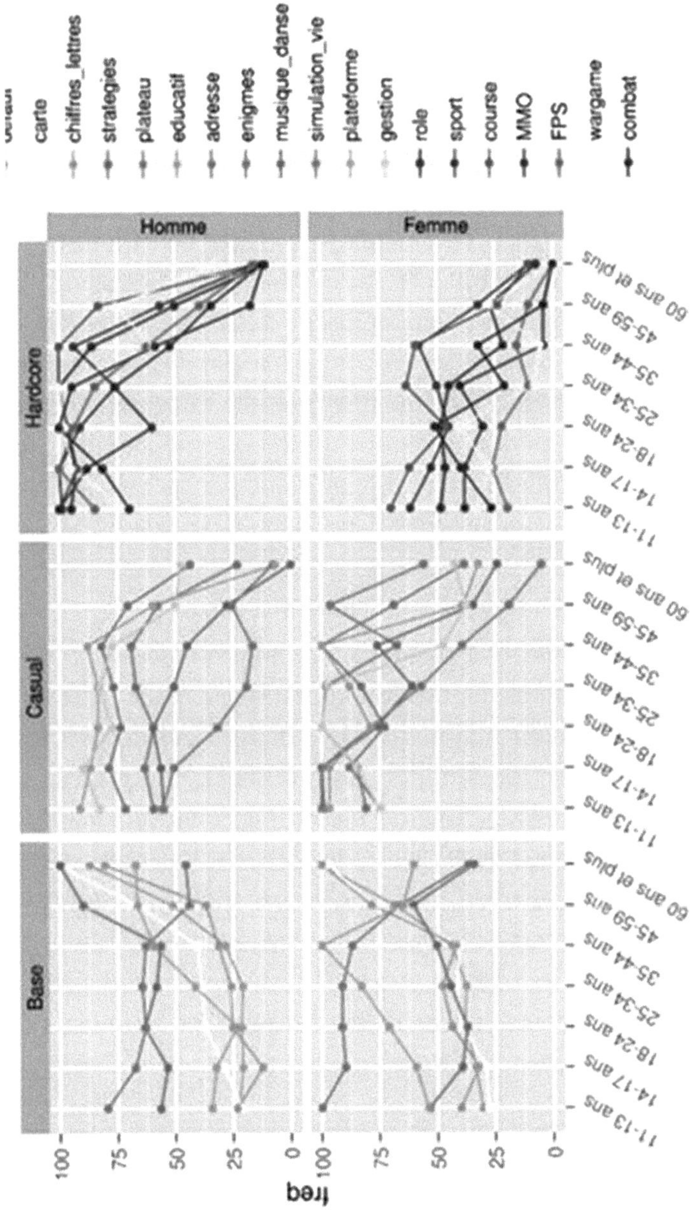

Fig. 4 : Diversité des styles de jeux et des styles de joueurs
Source : COAVOUX S., RUFAT S., BERRY V., TER MINASSIAN H., « Qui sont les joueurs de jeux vidéo en France ? », in Olivier LEJADE, Mathieu TRICLOT (dir.), *La fabrique des jeux vidéo,* Paris : La Martinière, 2013, p. 172-177. (D.R.)

Cette modification des pratiques ludiques va de pair avec les évolutions des sociabilités en ligne qui occupent une place croissante dans la vie des familles[10].

De fait, une étude de 2012 sur la consommation des jeux en Europe démontre à merveille ce redéploiement relationnel qu'entraîne le ludique connecté[11]. Ainsi, à la question « Lorsque vous jouez avec les autres en ligne, qui sont les autres ? », si 45 % des répondants le revendiquent avec des étrangers, ils sont 46 % à déclarer jouer avec des amis rencontrés dans la « vraie » vie. Ce cercle de joueurs partenaires s'étend aussi à la famille ou aux proches qui sont 38 %. Mais plus intéressant, 23 % des répondants, soit prêt d'un quart, disent aussi jouer avec des amis non rencontrés dans la « vraie » vie. À côté des sociabilités classiques que sont familles, proches et amis, émerge une nouvelle catégorie relationnelle qui représente les personnes devenues amies ou proches par le web, et souvent plus particulièrement par la pratique partagée du jeu vidéo.

Constats : jeux vidéo et liens familiaux

Après avoir déployé le contexte d'explosion des jeux sur la scène sociale générale, posons maintenant sa pratique dans le cadre familial.

Loisir se pratiquant majoritairement dans le cadre privé, les jeux ont touché rapidement les familles européennes. En France, selon une enquête de 2009 de la Délégation interministérielle à la famille, la quasi-totalité des adolescents de 12 à 17 ans déclarent jouer aux jeux (99 %) et cette pratique est soutenue. De fait, chez ces ados, 83 % jouent au moins une fois par semaine. 42 % revendiquent y jouer tous les jours[12]. Suivant la même source, si les adolescentes sont aussi nombreuses à jouer aux jeux vidéo que les garçons, seuls 43 % d'entre elles y jouent « souvent »

---

[10] Voir notamment, TURKLE S., *Les enfants de l'ordinateur,* Denoël, 1986 ; CASTELLS M., *The Rise of Network Society*, Oxford, Blackwell, 1996 ; DUBEY G., *Le lien social à l'ère du virtuel,* Pris, PUF, 2001 ; CASILLI A., *Les liaisons numériques. Vers une nouvelle sociabilité ?,* Paris, Seuil, 2010.

[11] Source : *Videogame in Europe, Consumer study, novembre 2012, IPSOS-MediaCT.*

[12] Source : *Enquête IPSOS pour La Délégation Interministérielle à la Famille (DIF) - Enquête auprès des jeunes de 12 à 17 ans,* novembre 2009.

(contre 85 % des garçons), soit la même proportion que celles qui ne jouent que « parfois » (43 % contre 14 % des garçons).

Cette étude se penche également sur les temps de jeu et nous donne des indications assez précises sur la place qui occupe le temps familial. En effet, les jeunes jouent surtout en revenant du collège ou du lycée, avant le dîner (51 %) ou le soir après le dîner (43 %) et pendant les week-ends et les vacances (pour 66 % des 12-17 ans). Bref, les trois temporalités évoquées renvoient clairement à des moments en famille ou à tout le moins sous la responsabilité des parents. *A contrario* des stéréotypes les plus en vogue autour des adolescents dépendants, seuls 6 % d'entre eux disent jouer la nuit après 22h. Assez logiquement toutefois, les 15-17 ans jouent plus tardivement que leurs cadets : 50 % d'entre eux jouent le soir après le dîner (contre 36 % des 12-14 ans) et 10 % après 22h (contre 2 % des 12-14 ans).

Bien entendu, cette organisation des jeux dans les temps familiaux, et son hyper-croissance à l'adolescence, particulièrement masculine, va tout naturellement entraîner les confrontations que nous connaissons entre parents et ados. La même enquête de la DIF relevant ainsi déjà en 2009 que pour 73 % des adolescents qui jouent aux jeux, le temps qu'ils leur consacrent est un sujet de dispute avec leurs parents. L'enquête complétait son analyse en soulignant que les jeux ne semblent pas pour autant constituer un domaine dans lequel les parents s'investissent.

De fait, si l'attention aux plus petits est importante, l'investissement des parents diminue à mesure que l'enfant grandit. Et c'est peut-être d'ailleurs là que réside une dimension du problème. Moment hypertrophié de la vie des adolescents garçons, et espace d'absence des parents, ou *a contrario* de présence oppressante et régulatrice.

Cependant, l'arrivée d'une nouvelle génération de parents, la première à avoir été socialisée avec des jeux, risque vraisemblablement de changer la donne. Nos travaux de terrains dans des familles nous laissent entrevoir un nouveau paysage où les jeux pourraient devenir, non plus un temps de confrontations entre générations, mais un moment de partage et de collaboration.

Et les chiffres disponibles semblent aller dans ce sens. En 2010, une enquête de l'industrie du jeu vidéo évoquait que 58 % de tous les joueurs qui sont parents déclarent jouer à des jeux avec leurs enfants[13]. Elle citait

[13] Source : *Étude de la Fédération européenne des logiciels de loisirs* (ISFE), 2010.

aussi 20 % de parents jouant régulièrement avec leurs enfants. Quant aux raisons de ce jeu partagé, le sondage invoquait pour 27 % « l'amusement », pour 25 % « passer du temps avec leurs enfants », et pour 24 % « parce que leurs enfants leur ont demandé. »

Si ce type d'enquête commanditée par les vendeurs doit susciter une certaine prudence quant à son désintéressement, et donc à l'impartialité de ses résultats, sur ce point elle recoupe l'enquête de la DIF[14]. Cette dernière souligne que 65 % des parents parlent régulièrement des jeux avec leurs enfants. Elle signale également que les parents sont de plus en plus impliqués dans l'achat de ces jeux. On réfère ici à l'avènement de cette génération de parents-joueurs, donc plus au fait de cette réalité ludique nouvelle.

L'équipe du projet Ludespace s'est aussi penchée pour la France sur les espaces où se pratiquent les jeux[15]. Et un premier constat corrobore le tableau dépeint : l'espace domestique reste le principal lieu de la pratique du jeu vidéo. En France, parmi les adultes, environ 90 % jouent parfois ou souvent chez eux. Bien entendu, avec la diffusion des supports nomades (consoles portables, téléphones mobiles, tablettes), les jeux se pratiquent aussi en déplacement, mais les limites technologiques et la nature hybride de ces espaces ne favorise pas un investissement total. Les lieux de la famille demeurent donc sous nos contrées, les lieux du jeu[16].

En suivant toujours les conclusions de ce même groupe de recherche, on notera une structuration spatiale de l'investissement de l'acte de jouer. En effet, à l'intérieur de l'espace domestique, les pratiques sont différenciées. Le salon s'avère un lieu de sociabilité familiale pour les pratiques collectives de jeu vidéo tandis que les pratiques plus solitaires ont tendance à se replier sur le bureau, la chambre ou même les toilettes. Les chercheurs français signalent cependant qu'en dehors de ces pratiques souvent négligées, les jeux ouvrent à une sociabilité qui pousse hors de

---

[14] Source : Enquête IPSOS pour le DIF, 2009.

[15] Source : COAVOUX S., RUFAT S., BERRY V., TER MINASSIAN H., *op. cit.*, 2013, p. 172-177.

[16] Au contraire, en Extrême-Asie, la salle de jeu publique demeure encore largement l'espace ludique dominant. Voir par exemple les travaux de NARDI B., *My Life as a Night Elf Priest: An Anthropological Account of the World of Warcraft*, Ann Arbor, University of Michigan Press, 2010, pp. 176-196.

l'espace domestique et favorise les contacts. Les temps et les espaces de jeux participent une nouvelle fois à ce redéploiement des socialités et des sociabilités.

Il demeure cependant, que la famille reste sans doute un des premiers groupes supports de la pratique du jeu vidéo. Ces instants de familles prennent toutefois de multiples formes et évoluent grandement. Des observations de terrain[17] de divers jeux en lignes nous emmènent à complexifier notre regard sur ce phénomène et à ne pas le réduire au sempiternel affrontement entre parents et adolescents. Avec évidence, nous avons évoqué l'arrivée de cette nouvelle génération de parents pour qui la pratique vidéoludique revêt une signification du fait de leur trajectoire personnelle. Et ce n'est probablement que la partie émergée d'un iceberg de plus en plus imposant. Ces enquêtes nous ont permis bien entendu d'observer des moments intra-générationnels en l'absence des parents. Maisons laissées pour le week-end, garages investis le temps d'une nuit ou plus couramment rassemblement de quelques heures dans la chambre d'un des amis, voire une nuit durant. Ce schéma est somme toute le plus classique et le plus connu.

Mais les moments générationnels répertoriés lors de nos enquêtes ont favorisé pareillement la découverte des temps en l'absence des enfants. Car, en effet, la génération des trentenaires et des quadras constitue un groupe qui continue à jouer collectivement par-delà les étapes de la paternité, et parfois de la maternité. Les principes sont souvent les mêmes que ceux du temps décrit ci-avant à l'exception qu'ils s'organisent moins souvent, de manière furtive ou improvisée, et donnent lieu à un raffinement plus important de l'énergie d'entretien (boissons et collations). En général, les activités sont moins chronophages et se déroulent rarement sur une nuit complète.

À côté de ces moments qui rassemblent une génération, nous avons pu également repérer des moments inter-générationnels entre parents et enfants, voire même entre grands-parents et enfants. Ici, souvent, ce n'est

[17] Observations de groupes, de couples ou d'individus jouant à World of Warcraft, League of Legend, Diablo 3, et Guild Wars 2 en Belgique ou en France menées, seul ou avec un autre chercheur, entre septembre 2012 et décembre 2014. Je remercie particulièrement le FRS-FNRS pour son financement de recherche sur les cérémonies virtuelles.

l'affaire que d'une heure ou deux, de manière non préparée en profondeur. Les jeux de délassement collectif y sont privilégiés, un peu comme si ce moment remplaçait celui des jeux de société qui rassemble la famille autour d'une activité ludique commune. L'arrivée des grands-parents marque un cap symbolique. En effet, si elle demeure marginale, cette arrivée d'une troisième génération dans l'activité vidéoludique achève de dessiner, selon nous, l'ampleur de cette mutation des loisirs. Il faut aussi préciser que dans les quelques cas examinés, l'objectif avoué a systématiquement été, pour les grands-parents, de rejoindre le loisir de leurs petits-enfants. C'est donc d'une certaine manière un projet de rapprochement et d'empathie des plus âgés envers les plus jeunes qui est à la source de cette situation.

Bien entendu, au-delà des questions de générations, il y a aussi la question du couple. En effet, on a souvent présenté le jeu vidéo comme un loisir générant des tensions entre conjoints. Si cette situation est bien entendu une réalité, elle n'est pas unique. En effet, lors de ces observations de pratiques, nous avons pu inventorier un nombre important de moments en couple. Dans bien des cas, il s'agissait de temps soit à deux uniquement, soit à deux avec des amis virtuels. Le premier cas de figure consistait le plus souvent en des soirées dédiées avant tout au couple et à son épanouissement. Les deux partenaires étaient joueurs tous les deux, de sorte que cela faisait sens pour eux de passer du temps de délassement avec ce type de loisir. À plusieurs reprises, les conjoints qualifiaient ces activités d'« intimes ». À l'opposé, le second type de moments de couple se déroulait pareillement à deux, souvent physiquement l'un à côté de l'autre, ou tout au moins à proximité l'un de l'autre. Mais, virtuellement, l'activité sociale et ludique impliquait la présence virtuelle d'autres protagonistes, essentiellement membres du groupe de proches joueurs, connus seulement en ligne ou bien parfois aussi de visu. Dans cette optique, on avait affaire, plus vraisemblablement, à une activité au sein d'un collectif d'amis/partenaires virtuels qui comprenait le couple en son sein. C'était en quelque sorte un moment de loisir régulier des conjoints, mais en présence d'autres personnes médiatisées par l'interface technologique. Et le surgissement des relations virtuelles, mais aussi des vécus numériques au cœur des relations familiales est sans doute l'étape suivante de cette évolution dont nous parlons.

OUVERTURE : INTRICATION DES VIES VIRTUELLES ET ACTUELLES DANS LE CAS DES MARIAGES EN LIGNE

Sur un terrain précédent, où j'observais des communautés virtuelles au sein du jeu en ligne très populaire World of Warcraft[18], j'ai eu l'occasion d'assister à de multiples activités collectives, mais médiatisées par l'ordinateur. Plusieurs de ces moments impliquaient la famille et des amis virtuels. C'est notamment le cas de cérémonies funéraires de joueurs décédés « réellement » et célébrés par leurs amis de jeux en ligne[19]. Mais, une autre cérémonie traditionnellement au fondement de nos familles européennes peut être identifiée dans ces jeux en ligne : des mariages virtuels. Le cas des mariages virtuels est probablement une excellente ouverture sur ces réaménagements des temps familiaux en émergence. Il n'est pas dans mon objectif ici de développer en profondeur cette thématique, encore moins de conclure une problématique en plein devenir. Elle vise simplement à montrer combien les temporalités et spatialités virtuelles interviennent de plus en plus dans les temps et espaces familiaux habituels.

Pour ce faire, je détaillerai un seul exemple illustratif. En effet, parmi les cas recensés à cette époque, l'un deux a fait couler beaucoup d'encre, le mariage des avatars Khurin et Khythe.

« [...] un Nain et une Gnomette se sont rencontrés en jouant à World of Warcraft. Après avoir parcouru les terres d'Azeroth pendant un an et demi, ils se sont rencontrés lors d'une IRL[20] destinée à passer une soirée sympa devant un jeu de rôle papier avec d'autres camarades. Ce fut le coup de foudre entre eux deux et après avoir célébré leur mariage *in game* le 9 octobre 2009, ils se sont dit oui en vrai le 2 octobre 2010. Plusieurs amis de World of Warcraft, qu'ils n'avaient pas encore vu auparavant, ont fait le déplacement afin de participer à la fête et Kythe, la mariée, tient à préciser que sa robe est une réplique de celle utilisée pour son

[18] SERVAIS O., « Louvain et l'analyse du religieux. De l'ethnologie missionnaire à l'anthropologie prospective du virtuel », *Histoire, monde et cultures religieuses,* 2013, vol. 26(2) : p. 95-108.

[19] SERVAIS O., « Autour des funérailles dans World of Warcraft. Ethnographie entre religion et mondes virtuels. » dans DELVILLE J.P (dir.), *Mutations des religions et identités religieuses,* Paris, Mame-Desclée, 2012, pp. 231-252.

[20] In Real Life par opposition à In Game (IG).

mariage *in game* l'année précédente. C'est une couturière créatrice de Lyon, Laurine Masset, qui a fabriqué ce merveilleux set et contrairement à ce que l'on aurait pu penser, elle a parfaitement compris l'envie de Kythe puisque Laurine est une joueuse d'un autre MMORPG[21], Lineage [...][22] »

Le présent cas reflète bien cette montée en puissance dans l'articulation « en ligne-hors ligne ». La robe de la mariée devient l'opérateur symbolique entre les deux réalités et les cérémonies se renvoient l'une à l'autre, le mariage hors ligne célébrant en quelque sorte le premier anniversaire du mariage en ligne des époux. Un des sites consultés présente des photos très documentées de la robe dans les deux univers[23]. Si les 232 commentaires en ligne à propos de ces photos donnent deux tiers de félicitations, un débat relativement virulent a porté surtout sur cette intégration des réalités virtuelles et actuelles. C'est ce que d'aucuns appellent la question des frontières[24] : demeur-t-on toujours dans un jeu, ou bien certaines activités se déroulant dans cet univers numérique peuvent-elles revêtir une portée plus large ? Ici aussi, la polémique a fait rage et la mariée s'est mobilisée pour défendre la démarche. Pour certains, qui cantonnent le jeu et le forum à son premier degré, l'activité vidéoludique doit rester un délassement. Comme en témoigne Aralys :

« Pourquoi ils se sont mariés IRL un an et demi après qu'ils l'aient fait IG ? Je vais vous le dire pourquoi ... Parce qu'IG c'est pas la réalité => C'est pas important => Leur mariage c'était juste pour passer un bon moment à déconner [25] ». *A contrario,* pour d'autres, le jeu est aussi un moment de rencontre, d'échange qui se déploie bien au-delà du cadre

---

[21] MMORPG : Acronyme de l'expression anglaise "Massively Multiplayer Online Role Playing Games", signifiant « jeux de rôle en ligne massivement multijoueurs ».

[22] http://forums.riftgame.fr/actualites-officielles-rift/sondages-concours/14320-les-mariages-dans-telara-vos-histoires-2.html

[23] http://worldofwarcraft.judgehype.com/news/un-mariage-in-game-et-finalement-un-mariage-reel/60/#commentaires

[24] GIBBS M., CARTER M., ARNOLD M., NANSEN B., *Serenity Now Bombs a World of Warcraft Funeral*: Negotiating the Morality, Reality and Taste of Online Gaming Practices in Selected Papers of Internet Research 14.0, Denver, 2013.

[25] Aralys sur http://worldofwarcraft.judgehype.com/news/un-mariage-in-game-et-finalement-un-mariage-reel/60/#commentaires.

strictement ludique. Dans la controverse évoquée, la mariée représente l'autre perspective[26].

« Hello C'est Khythe ---la mariée. Pourquoi se marier un an et demi après ? ben parce qu'on s'aime tout simplement. C'est marrant parce que faire une référence au jeu pour un mariage alors qu'on s'y ai rencontré surprend les gens, alors que par exemple quand mes parents se sont mariés, ses potes avaient ramené des casques de moto à la sortie, j'ai déjà vu des pompiers faire des acclamations avec leurs casques à eux.... et la ça choque personne XD c'est marrant quand même ».

Et de préciser : « Nos familles ne jouent pas, mais adorent comment on s'est rencontrés, ça fait partie de notre histoire. Et pour ceux qui ne connaissent pas le jeu, la robe passe très bien comme un modèle comme un autre. »

Deux éléments ressortent en outre du débat. D'une part l'interprétation que les joueurs font de ce genre de célébration numérisée. La robe et son inspiration sont une manière de renvoyer au lieu initial de la rencontre des futurs époux. Bref, cela consacre le jeu vidéo comme un nouveau mode de rencontre du couple. Pierre 333 ne dit pas autre chose lorsqu'il s'enflamme : « De toutes façons, vous êtes très beaux tous les deux. Vous représentez le futur, car c'est vraiment ringard de se rencontrer en boite de nuit, au boulot ou avec des amis. Vous vous êtes rencontrés dans WoW et ça, c'est le plus important [27] ».

Les partisans de l'interpénétration des mondes relatent parfois d'autres expériences parallèles ou des envies similaires comme Aelyna « C'est chouette la robe est très belle et très réussie par rapport à l'image du jeu. Moi mon elfe n'a jamais voulu faire de cérémonie IG mais on s'est marié cet été et des amis rencontrées dans Wow était présent et même l'une dans nos témoins »[28].

De même, les valeurs perçues dans ce mariage sont aussi évoquées par les intervenants. Ainsi en est-il lorsque Aeo2007 s'adresse à la mariée :

---

[26] Onytzhyrahn, sur http://worldofwarcraft.judgehype.com/news/un-mariage-in-game-et-finalement-un-mariage-reel/60/#commentaires.

[27] Pierre333, sur http://worldofwarcraft.judgehype.com/news/un-mariage-in-game-et-finalement-un-mariage-reel/60/#commentaires.

[28] Aelyna sur http://worldofwarcraft.judgehype.com/news/un-mariage-in-game-et-finalement-un-mariage-reel/60/#commentaires.

« … Je te félicite, car ce genre de choses me plaît bien plus qu'un mariage fait par obligation ou hypocrisie… »[29] Bref, l'allusion symbolique à World of Warcraft dans la robe est une forme d'authenticité qui fait honneur aux époux. Le mariage dans un jeu en ligne ou l'allusion à ce jeu lors de son mariage classique serait donc authentique et moderne pour les défenseurs du mélange des mondes.

Un second enseignement du débat vient compléter le tableau, la nature assez courante de ces rencontres en jeu, et les célébrations attenantes. Comme le dit Lenwe sur le forum, « Au début, ce genre d'histoire de gens qui se rencontrent IG et sortent ensemble ça me faisait marrer, je pensais que c'était super rare… jusqu'au jour où ça m'est arrivé. Finalement, dans ma guilde on est plusieurs couples à s'être créés suite à une rencontre IG. Et contrairement à ce que tu dis [G.], ce n'est pas parce qu'on a un intérêt commun avec ma copine (WoW, les events IG, etc) que c'est celui qui soude notre relation. S'il n'y avait que ça notre histoire n'aurait pas duré :p D'ailleurs on joue assez peu souvent depuis qu'on est ensemble, en témoigne mon GS de péon :p »[30]

En monde francophone, et pour le seul jeu World of Warcraft, nous avons relevé plus de 150 vidéos de mariages en jeu ayant été déposées en ligne. Sur pratiquement tous les serveurs du jeu officiel et sur des serveurs privés se sont déroulées des épousailles de ce type. Bien entendu, une large partie de ces films doit probablement être le fruit d'un projet ludique.

Cependant, au vu du débat, parfois houleux, que ce sujet a suscité, il est plausible que les deux types de positionnements se retrouvent derrière les promoteurs de tels mariages numériques.

D'ailleurs, cet étalage sur des forums et sites n'est en général pas du goût de ceux qui limitent strictement au jeu ce type de lieu en ligne. Ils y voient une indécence, une manière de s'afficher publiquement là où cet événement devrait rester purement privé.

---

[29] Aeo2007, sur http://worldofwarcraft.judgehype.com/news/un-mariage-in-game-et-finalement-un-mariage-reel/60/#commentaires.

[30] Lenwe sur http://worldofwarcraft.judgehype.com/news/un-mariage-in-game-et-finalement-un-mariage-reel/60/#commentaires.

Sur le forum dépeint, Alpacks est emblématique de cette posture :

« Moi je félicite personne ... Leur mariage ça concerne leur famille, leur ami, voir quelques connaissances vagues invités a se mettre chiffon a l'apéro ... et après ? Certainement pas la communauté wow. C'est débile franchement. Qu'on parle des mariages role play je veux bien, ça fait parti de notre univers wow. Qu'on parle des mariages irl wow, rencontré ou pas sur wow : c'est leur intimité et a la base c'est pas sensé nous intéressé et il est guère normal de trouver leurs photos ici ! Au premier abord ça peut paraître innocent comme ça, vu sous d'autres angles c'est normalement le type de frontière a ne pas franchir avec l'anonymat du web et d'une communauté : certes on a pas leur nom prénom, mais quand même... Non c'est guère sain même avec les meilleures intensions du monde ».

Et D4p0up va plus loin puisqu'il parle abruptement de « voyeurisme » en renvoyant même à la définition du terme sur l'encyclopédie en ligne *Wikipédia*. Une opposition sur la nature exclusivement privée du mariage, ou son inévitable statut public sépare de manière abyssale les deux camps. Et la mariée de répondre à ses détracteurs :

« Comme tu le vois, on a pas de photo de la mairie, des invités ou autres, mais la news se rapporte à l'endroit de la rencontre, et à la robe… Je te rassure, notre intimité n'est pas dévoilée dans les photos, elle est un peu plus palpitante quand même… Et pour finir, non on s'est pas marié pour faire bien, ou parce qu'on s'est marié en jeu ... On s'est marié comme n'importe quel couple qui a envie de le faire, et de fonder un foyer... Tout simplement! »

Cette phrase boucle en quelque sorte la boucle. En effet, comme l'énonce Khyte, le jeu est un nouveau moyen de rencontre, un médium, mais l'objectif final du mariage, quelle que soit sa nature, n'a pas changé, « fonder un foyer » lors d'une célébration d'engagement devant ses proches, familles et amis, physiques ou virtuels. Là où le rite était immuable dans sa forme et où les modalités de rencontre étaient somme toute limitées, internet et les jeux en ligne ont contribué à l'explosion des possibles et à un accroissement des espaces et des temps de bricolages rituels ou relationnels. Avec l'individualisation et la personnalisation des quêtes de sens, et la liberté et l'autonomie de conviction et plus généralement de choix, et grâce aux potentialités sans limites qu'offrent maintenant les technologies connectées, ces dispositifs et processus se sont multipliés du point de vue formel. Mais les valeurs mobilisées pour leur donner sens et les justifier demeurent elles bien en phase avec des macro-tendances plus générales : l'authentique, la sincérité, l'amitié, la famille, les proches.

ÉLÉMENTS DE BIBLIOGRAPHIE

CASILLI (A.), *Les liaisons numériques. Vers une nouvelle sociabilité ?*, Paris, Seuil, 2010.

CASTELLS (M.), *The Rise of Network Society*, Oxford, Blackwell, 1996.

COAVOUX (S.), RUFAT (S.), BERRY (V.), TER MINASSIAN (H.), « Qui sont les joueurs de jeux vidéo en France ? », *in La fabrique des jeux vidéo*, LEJADE (O.), TRICLOT (M.) (dir.), Paris, La Martinière, 2013, p. 172-177.

DUBEY (G.), *Le lien social à l'ère du virtuel*, Pris, PUF, 2001.

KENT (S.L.), *The Ultimate History of Video Games*, Three Rivers Press, New York, 2001.

LOGUIDICE (B.), BARTON (M.), *Vintage Games. An Insider Look at the History of Grand Theft Auto, Super Mario, and the Most Influencial Games of All Time*, Oxford, Elsevier-Focal Press, 2009.

NARDI (B.), *My Life as a Night Elf Priest: An Anthropological Account of the World of Warcraft*, Ann Arbor, University of Michigan Press, 2010.

SERVAIS (O.), « Autour des funérailles dans World of Warcraft. Ethnographie entre religion et mondes virtuels » (2012), in *Mutations des religions et identités religieuses,* DELVILLE (J.P.) (dir.), Paris, Mame-Desclée, pp. 231-252.

SERVAIS (O.), « Louvain et l'analyse du religieux. De l'ethnologie missionnaire à l'anthropologie prospective du virtuel » (2013), in *Histoire, monde et cultures religieuses*, vol. 26(2) : p. 95–108.

TURKLE (S.), *Les enfants de l'ordinateur*, Denoël, 1986.

WOLF (J.P.) (dir.), *The Video Game Explosion. A History from Pong to Playstation and Beyond*. London-Westport, Greenwood Press, 2008.

SYNTHÈSE ET OUVERTURE

Jean-Marc Talpin

Venant d'une autre université, par ailleurs partenaire de l'UCLy, j'ai eu ces deux jours le sentiment de participer à une fête de famille, une famille qui donne son meilleur, ici dans la dynamique de la recherche, pour fêter les quarante ans d'une institution, l'Institut des sciences de la famille, pour fêter tout autant sa fondatrice, Emma Gounod, dont le parcours fut, en sa présence, rappelé par Bernadette Angleraud.

Lorsque l'on est invité à une fête dans une famille qui n'est pas la nôtre, on est tout à la fois ému de ce qui circule et en question quant à sa légitimité à être là. J'ai vécu ces deux jours comme un cousin qu'on ne voit pas souvent, cousin dont les liens tiennent à l'investissement des sciences humaines, à la foi et à l'engagement chrétiens, à la participation récente au conseil scientifique de l'ISF.

Pour cette invitation, merci donc à Valérie Aubourg et à Georges Eid.

Dans la logique de la fondation de l'ISF, le plus frappant durant ces deux jours fut l'interdisciplinarité qui donne envie d'approfondir échanges, confrontations, complémentarités, décentrements.

D'une certaine manière, les organisateurs, en particulier Georges Eid et Valérie Aubourg, ont facilité le travail du rapporteur que je suis, par la cohérence des quatre axes proposés pour ces deux jours. Ils l'ont facilité aussi parce que chaque axe a mis en perspective, sinon toujours en dialogue (cela demanderait plus de temps), apports fondamentaux proposant de poser des repères, mais aussi de décentrer les propos, et apports à partir des pratiques et des terrains, lieux d'émergence de nouvelles questions pour la recherche.

Parmi les premiers (les apports fondamentaux), je retiendrai tout particulièrement Paul Servais et Martine Ségalen qui, chacun à leur façon, ont à la fois traité de l'objet famille et fait œuvre d'épistémologue en analysant la construction sociale et institutionnelle de la famille comme objet de recherche. Ceci pourrait aussi se décliner quant à la construction de la famille comme objet pour les politiques, en écho aux propos introductifs des représentants du conseil général, Danielle Chuzeville et Jean-Paul Delorme, dès lors que la famille n'est plus posée comme un objet naturel, mais pensée comme un objet social et culturel sur lequel la politique a prise, qu'elle contribue à orienter, à organiser... Je retiendrai aussi P. Gire qui, avec une rigueur remarquable, a su nous faire faire un tour précis et riche du temps en vingt minutes chrono, évoquant, comme plusieurs autres orateurs, le saint Augustin qui écrivait qu'il savait ce qu'est le temps tant qu'on ne le lui demandait pas et qu'il ne le savait pas dès lors qu'on le lui demandait ! Par un heureux hasard des impératifs ferroviaires, sources de quelques réaménagements dans l'ordre prévu des conférences, lui succéda un autre philosophe, B.-M. Duffé, qui s'est inscrit dans le deuxième axe, pensant la famille et le temps dans la perspective, combien riche, de la/des mémoire(s) que nous retrouverons dans d'autres communications, en appui en particulier sur ses rencontres, en tant qu'aumônier, avec des personnes en fin de vie.

D'une manière féconde, et néanmoins surprenante, un certain nombre de conférences, en particulier celles de P. Boucaud, J.-H. Déchaux, J. Hauser et M. Douris, a permis de montrer la richesse d'une étroite circulation entre droit et sociologie dans la perspective d'une pensée du social et de la société : le sociologue s'appuie sur le droit comme les juristes produisent, en restant juristes, une pensée du social et de l'histoire à partir de l'évolution du droit. Ce qui est là central est à la fois le décentrement et la mise en perspective : le droit est mis en tension dynamique avec les pratiques. Si le droit guide ou encadre les pratiques, celles-ci, largement, poussent le législateur à modifier le droit (ce qui est un vieux sujet de débat !). Tout ceci ne va au demeurant pas sans prise en compte des inquiétudes liées aux croyances, aux reliquats de tradition de chacun, individuellement et en groupe.

L'axe trois (Temporalité et incertitudes familiales) m'a fait me poser une question fondamentale : les psychologues (K. Arar, J. Arènes, F. Loizaga Latorre, V. Cigoli) sont-ils solubles dans le colloque alors qu'ils sont tous regroupés ? À les entendre je dirais que oui, en particulier parce que de nombreux liens ont été faits dans leurs propos quant à l'articulation au social comme cadre et métacadre.

Ces interventions rejoignent un axe de tension, présent dans bien des communications, entre rupture et continuité (pour reprendre le couple de l'herméneutique proposée par Benoit XVI quant à Vatican II), selon que l'on insiste sur la prématurité (K. Arar) ou la transmission (J. Arènes), sans oublier les modalités spécifiques de ces transmissions qui sont en lien avec les modalités d'attachement (F. Loizaga Latorre).

Le travail de pensée développé au cours de ce colloque, par les mises en perspective et les liens élaborés, permet de construire une continuité narrative tout en faisant entendre, en arrière-fond, comment chacun de nous est personnellement impliqué dans cet objet qu'est la famille : celle d'où nous venons, celle que nous avons fondée, celle que nous portons comme modèle idéal, dans la dynamique des liens, de la sexualité.

La question de la temporalité, articulée à celle de la transmission, renvoie aussi à la famille pensée dans la dimension des générations abordée par différents intervenants, en particulier D. Foyer sur la question du devenir (et de la difficulté à devenir) adulte, marque particulièrement nette du passage générationnel en ce qu'il s'articule souvent avec le devenir parent. Cette question renvoie aussi aux différentes temporalités qui coexistent dans la famille : temporalités liées aux rythmes sociaux, aux rythmes de chacun, mais aussi aux investissements du temps. Quand un âgé dit « de mon temps », il nous dit certes que le temps actuel n'est plus, pour lui, le sien. Mais c'est quand, « de mon temps », sinon un temps, un moment de vie idéalisés et mis en tension avec les expériences des différentes générations ?

Le colloque fut aussi marqué par la richesse globale des références : à la société, aux familles et aux individus (réels et virtuels !), aux lois ainsi qu'aux œuvres d'art et de culture : cinéma, peinture, écriture. Il est dans cette perspective particulièrement fécond que les deux derniers intervenants, G. Neyrand et O. Servais, se soient penchés sur les effets des nouvelles technologies (réseaux sociaux, jeux en ligne). S'il en fut plusieurs fois question quant à leurs incidences sur les temporalités, ces deux intervenants ont su porter sur ces nouvelles technologies un regard qui ne cède ni à la nostalgie ni à l'idéalisation, un regard qui relève les pratiques, leurs limites et la part de créativité qu'elles recèlent.

Cette tension entre nostalgie et idéalisation était un des risques potentiels du thème du colloque : *Temps et familles. Comment notre nouveau rapport au temps modifie le couple et la famille*, surtout en ces temps ultérieurs à la loi sur le mariage dit pour tous et aux manifestations qu'elle suscita. Il n'en fut rien, ce qui est bien aussi dans la logique de la création de l'ISF, né en particulier dans les suites de la loi Veil légalisant l'avortement : il ne s'agissait pas alors de s'opposer, mais de se centrer sur la personne dans une perspective d'accompagnement, de discernement aussi (pour reprendre le vocabulaire ignacien). Il n'en fut rien, car ce qui sous-tend l'ISF est l'enseignement social de l'Église et la foi active en l'homme dont il témoigne.

Un mot encore d'un intervenant fort présent et actif : le public, qui a pu largement participer à la richesse des échanges et ainsi faire ressortir et relancer la fécondité des interventions.

IN FINE

À l'issue de ces deux jours de travail en quatre axes, chacun repart avec des envies de lecture permettant d'approfondir de nouvelles perspectives, de nouveaux champs, avec bien des questions nouvelles aussi. Il y eut des découvertes, il y eut aussi des surprises, de celles qui font vaciller les certitudes et relancent la pensée. Peut-il en être autrement dès lors que la famille fut pensée pour ce qu'elle est, à savoir une institution, une configuration sociale vivante et donc, nécessairement, en mouvement ? En ce sens, ainsi que le souligna M. Ségalen, l'éparpillement des recherches sur la famille (tant du point de vue des objets que des méthodologies et des épistémologies) est une vraie chance tant cet objet peut par ailleurs faire l'objet d'enjeux idéologiques qui risquent toujours de la fossiliser.

Les études sur la famille oscillent souvent entre description de ce qui est, nostalgie de ce qui fut (parfois de manière imaginaire) et espoir de ce qui devrait être. N'oublions pas que les travaux sur la (les) famille(s) proposent aussi à celle-ci (celles-ci) un miroir qui participe à sa (leur) dynamique. En ce sens, toute recherche (et tout colloque) est une recherche-action.

*

Les auteurs ayant contribué à cet ouvrage sont :

- Bernadette Angleraud : historienne, présidente de l'Antenne sociale de Lyon ;
- Kamel Arar : psychologue, enseignant-chercheur (émérite), UCLy ;
- Jacques Arènes : psychologue, enseignant-chercheur (HDR), Université catholique de Lille ;
- Valérie Aubourg : anthropologue, enseignante-chercheure, UCLy, directrice de l'ISF ;
- Pascale Boucaud : juriste, enseignante-chercheure (HDR) UCLy, titulaire de la chaire UNESCO « Mémoire, cultures et interculturalité » ;
- Jean-Hugues Déchaux : sociologue, professeur, Université Lumière-Lyon 2, Centre Max Weber ;
- Bruno-Marie Duffé : philosophe, vicaire épiscopal « Famille, Santé et Société », Diocèse de Lyon (2012-2015) ;
- Marie Douris : juriste (HDR) ; enseignante-chercheure, UCLy (2003- 2015), Centre européen d'études et de recherches en droit de la famille et des personnes (CERFAP) ;
- Georges Eid : sociologue, enseignant-chercheur, UCLy ;
- Dominique Foyer : théologien, enseignant-chercheur, Université catholique de Lille ;
- Emma Gounot, juriste, fondatrice de l'Institut des sciences de la famille, UCLy ;

- Jean Hauser : juriste, professeur (émérite), Université de Bordeaux IV-Montesquieu ; Centre européen d'études et de recherches en droit de la famille et des personnes (CERFAP) ;
- Gérard Neyrand : sociologue, professeur, Université Paul-Sabatier Toulouse-3 ;
- Jean-Marc Talpin : psychologue, professeur, Université Lyon-2 ;
- Olivier Servais : anthropologue, professeur, Université de Louvain-la-Neuve ;
- Paul Servais : historien, professeur émérite, Université de Louvain, CIRFASE (Centre interdisciplinaire de recherche sur les familles et les sexualités).

Nos remerciements vont à Carles Perez i Testor (président du REDIF), Thierry Magnin (recteur de l'UCLy), Pierre Gire (directeur de la Recherche), Marc Ollivier (doyen de la FDSES) qui ont soutenu ce projet. Les responsables de la publication expriment également toute leur gratitude envers ceux qui ont apporté leur aide en matière d'organisation et de communication : Aurore Boudet, Aurélie Terrasse, Dalila Halimi, Sajia Halimi, Corinne Hierry, Claudine Mièvre. Merci à Adèle Bresson pour sa relecture attentive du manuscrit. Ce colloque et cette publication ont été rendus possibles grâce au soutien financier de l'Agence universitaire de la francophonie (AUF), de la commission de la recherche de l'UCLy, de la Fondation Saint-Irénée, du REDIF, du Conseil général du Rhône, de la mairie du deuxième arrondissement de Lyon. Les responsables de la publication leur sont particulièrement reconnaissants.

TABLE DES MATIÈRES

Sociologie et questions de société aux éditions L'Harmattan

Dernières parutions

EN AVANT LA RETRAITE !
Mieux gérer la transition
Helson Juliette, Lévy Daniel
Aujourd'hui, un retraité naît toutes les 37 secondes ! Peut-on exister socialement quand on est à la retraite ? Y a-t-il des «risques sociaux» chez les retraités ? Quels sont les choix qui s'offrent à eux pour donner du sens à leur vie ? Ce livre, ponctué de récits, de témoignages éclairants, d'exercices personnels, vous accompagne durant la transition entre le monde du travail et le début d'une vie où vous serez l'acteur libre et responsable de vos décisions.
(22.50 euros, 226 p.)
ISBN : 978-2-343-07483-2, ISBN EBOOK : 978-2-336-39718-4

LA LAÏCITÉ, DÉFI DU XXIe SIÈCLE
Delfau Gérard
Cet ouvrage renouvelle la réflexion sur la laïcité en explorant son histoire depuis 1789. Elle ne se limite pas à la neutralité de l'État, ni à la nécessaire fermeté face à l'islamisme. C'est un processus de longue durée, multiforme, et par nature inachevé, comme le montrent les débats sur l'IVG, le «mariage pour tous», ou la Fin de vie. L'enjeu principal, c'est l'égalité des droits pour les femmes et les minorités sexuelles, que contestent tous les intégrismes. Et l'horizon, c'est la liberté absolue de conscience.
(Coll. Débats Laïques, 20.00 euros, 238 p.)
ISBN : 978-2-343-07828-1, ISBN EBOOK : 978-2-336-39562-3

DU NÉANT SARKOZYEN AU VIDE HOLLANDIEN
Généalogie de l'art de gouverner sous la Ve République
Fonseca David
Nicolas Sarkozy et François Hollande ont tous deux voulu refonder le pouvoir sous la Ve République. Sans contester cette prétention, cet essai essaye d'en dérouler la logique interne pour en faire surgir les singularités et contradictions. L'auteur expose ces présidences à leur propres discours et détaille les tensions qui les entourent. De la politique du néant à la politique du vide, ces tentatives de refonder le pouvoir sont toujours rattrapées par ce à quoi elles tenteraient d'échapper.
(29.00 euros, 276 p.)
ISBN : 978-2-343-07405-4, ISBN EBOOK : 978-2-336-39419-0

JE SUIS CHARLIE
Ainsi suit-il...
Collectif
L'un des traits majeurs de la situation nouée en France au lendemain des attentats de janvier 2015 fut le rassemblement presque unanime du peuple sous la houlette du gouvernement. Ce livre collectif s'attache, avec le recul nécessaire, à analyser la face cachée de ce moment inédit de notre histoire politique et critique le trait intolérant de cet attroupement : pendant quelques semaines, il n'a pas fait bon de ne pas être Charlie.
(Coll. Quelle drôle d'époque !, 22.00 euros, 212 p.)
ISBN : 978-2-343-07563-1, ISBN EBOOK : 978-2-336-39456-5

IDÉALITÉ ET RÉALITÉ DES RELATIONS ENTRE LES NATIONS
Kouassi Kanga Bertin
Les relations entre les nations telles que nous les rêvons dans nos théories pures et dans nos discours sont loin de refléter la réalité. De quoi tenons-nous l'existence d'une communauté internationale ? Pourquoi certains États se cramponnent-ils tant à des sanctions économiques aux effets mitigés qu'ils assimilent à la sanction du droit ? Pourquoi la guerre demeure-t-elle toujours la solution du règlement des conflits internationaux ? Comment perpétue-t-on les inégalités entre les États par l'idée d'une justice pénale internationale ? Voici des analyses juridiques, politiques et économiques qui aident à développer le fonctionnement du monde actuel.
(40.00 euros, 504 p.)
ISBN : 978-2-343-06998-2, ISBN EBOOK : 978-2-336-39480-0

ET LE VÉLO DANS TOUT ÇA ?
Le territoire et la mobilité vus de ma selle
Chroniques cyclo-logiques 2
Pressicaud Nicolas
L'auteur a réuni ici une trentaine d'articles traitant de différents domaines où le vélo devrait trouver sa place. Comptes rendus commentés de colloques, de lectures et d'expériences, ils en pointent le plus souvent un manque de considération. Ce faisant, par ces textes, l'auteur témoigne d'une certaine vision «cyclo-logique» de l'aménagement et de la mobilité, combinant préoccupation environnementale, sens de l'économie et souci d'équité sociale.
(27.50 euros, 268 p.)
ISBN : 978-2-343-06520-5, ISBN EBOOK : 978-2-336-39422-0

TOUCHE PAS À MON SEXE !
Cette féminité qu'on assassine
Zwang Gérard
Faisant autorité dans la description anatomique et physiologique des organes génitaux externes féminins, Gérard Zwang entonne ici un vibrant plaidoyer en faveur du respect absolu de ce legs imprescriptible. Il incite chaque femme vivant sous nos climats à révérer dévotieusement le trésor que lui a offert Dame Nature : au seuil de l'asile vaginal, siège de l'étreinte, cette bonne mère l'a dotée d'un luxueux portique, aussi singulier que son visage.
(21.00 euros, 206 p.)
ISBN : 978-2-343-07594-5, ISBN EBOOK : 978-2-336-39604-0

LA FACE CACHÉE DE LA PARENTALITÉ
Une approche sociologique de l'accompagnement de la fonction parentale
Sas-Barondeau Martine
Cet ouvrage traite de la parentalité à travers l'analyse des dispositifs d'accompagnement de la fonction parentale, financés par les caisses d'allocations familiales (CAF). Des experts ont préconisé des axes de politique familiale visant à contrecarrer les effets de l'instabilité conjugale sur l'éducation des enfants et la délinquance juvénile. De quelle teneur est cette politique et de quelle vision de la société contemporaine est-elle porteuse ? Comment les professionnels du secteur social s'emparent-ils de cette modalité d'action sociale qu'est l'accompagnement de la fonction parentale ? En quoi celui-ci est-il une réponse pertinente et adaptée aux attentes et besoins des parents ?
(Coll. Logiques sociales, 25.50 euros, 242 p.)
ISBN : 978-2-343-07398-9, ISBN EBOOK : 978-2-336-39484-8

ETHNICITÉS ET CONSTRUCTION IDENTITAIRE DANS L'AIRE ANGLOPHONE
Sous la direction de Michel Prum
Comment la construction identitaire s'opère-t-elle dans le cadre des communautés ethniques ? Comment s'élaborent dans un jeu de miroirs et de perceptions croisées, ces nombreuses identités qui font la diversité de nos sociétés actuelles ? Cet ouvrage se concentre sur l'aire anglophone, la Grande-Bretagne d'abord mais aussi les pays du Commonwealth, et se termine par un hommage

vibrant à l'anthropologue Franz Boas qui a fondé l'antiracisme américain et a posé l'ethnicité comme simple construction identitaire.
(Coll. Racisme et eugénisme, 20.00 euros, 188 p.)
ISBN : 978-2-343-07505-1, ISBN EBOOK : 978-2-336-39531-9

QU'EST-CE QUE TRANSMETTRE ?
Sociologie d'une pratique
Giraud Claude
Si nos sociétés sont en crise d'autorité, elles le sont *a fortiori* à propos de la transmission qui a lieu de façon constante. Est-ce que ce sont les objets transmis qui font problème ? Est-ce que ce sont les processus de transmission, ou encore ceux qui s'approprient et qui transforment qui font problème ? Cet ouvrage prétend ainsi apporter des pistes de réponses et fait suite aux travaux de l'auteur sur les liens négatifs, les dynamiques organisationnelles et sur ce qui fait société.
(Coll. Logiques sociales, 15.00 euros, 132 p.)
ISBN : 978-2-343-07379-8, ISBN EBOOK : 978-2-336-39642-2

SOCIOLOGIE ET PSYCHANALYSE n°21
Quelle praxis, quelle clinique ?
Sous la direction de Gilles Arnaud et Pascal Fugier
Le présent volume met en dialogue les différents courants qui sont à la fois le produit et la réécriture de l'histoire collective liant sociologie et psychanalyse : du dialogue interdisciplinaire socio-analytique à la psychologie sociale et sociologie cliniques, en passant par l'anthropologie d'inspiration psychanalytique ou encore la sociopsychanalyse. L'objectif est ici de donner à voir cette diversité d'approches dans un même ouvrage, en les considérant comme autant de modalités originales de mise en acte de ce qui fait « copule » entre les deux disciplines.
(Coll. Clinique et changement social, 20.50 euros, 184 p.)
ISBN : 978-2-343-07854-0, ISBN EBOOK : 978-2-336-39695-8

LES COMBATTANTS EUROPÉENS EN SYRIE
Sous la direction d'Ann Jacobs et Daniel Flore
Le présent ouvrage rassemble les actes de la quatrième journée franco-belge de droit pénal, consacrée aux combattants européens en Syrie. Après une introduction décrivant le contexte du terrorisme islamiste, la problématique est d'abord abordée sous l'angle des analyses et actions de l'Union européenne et ensuite sous l'angle du droit des conflits armés. Il est enfin passé au crible du droit français et de ses dernières modifications ainsi que du droit belge, tant pénal que procédural.
(Coll. Comité international des pénalistes francophones, 25.00 euros, 250 p.)
ISBN : 978-2-343-07389-7, ISBN EBOOK : 978-2-336-39356-8

REGARDS PLURIELS SUR L'INCERTAIN POLITIQUE
Entre dérives identitaires, urbanisation, globalisation économique, réseaux numériques et féminisation du social
Sous la direction de Hervé Marchal et de Christophe Baticle
Cet ouvrage identifie les formes actuelles du politique, du Mali au Québec en passant par la Turquie, l'Espagne, Madagascar, la France ou encore l'Italie. Que se passe-t-il concrètement en matière de redéfinition du politique ? Quelles formes prennent les mouvements protestataires à travers le monde ? Les notions d'espace public, d'autochtonie, d'identité, de nation, de citoyenneté sont, entre autres, analysées. L'incertain politique est pensé à travers des pratiques, mouvements et luttes qui restent à identifier pour comprendre notre monde contemporain.
(Coll. Recherche et transformation sociale, 24.50 euros, 234 p.)
ISBN : 978-2-343-07373-6, ISBN EBOOK : 978-2-336-39226-4

ÉNERGIE, CHIMÈRES ET SUPERCHERIES
Sibresse Marie-Abel
Cet ouvrage a pour but de montrer quelle est la problématique de l'énergie sous les angles, historiques, scientifiques, techniques, technologiques et économiques. Tout choix politique

concernant l'énergie ne devrait être opéré qu'après une approche globale de la question. Pourtant, dans la plupart des cas, ce n'est pas fait. Un exemple : le diesel est accusé de polluer plus que les autres moteurs thermiques, ce qui est globalement faux et thermodynamiquement le diesel est bien meilleur que ses concurrents.
(28.00 euros, 270 p.)
ISBN : 978-2-343-07183-1, ISBN EBOOK : 978-2-336-39269-1

GOUVERNANCE ET INNOVATIONS DANS LE SYSTÈME ÉNERGÉTIQUE
De nouveaux défis pour les collectivités territoriales
Marcou Gérard, Poupeau François-Mathieu, Staropoli Carine, Eiller Anne-Christine
L'objectif de cet ouvrage est de mettre la nouvelle loi sur la transition énergétique pour la croissance verte (août 2015) en perspective en la confrontant aux problèmes cruciaux de la politique énergétique, notamment dans le secteur de l'électricité : quelles innovations semblent aujourd'hui nécessaires et avec quelle viabilité économique ? Le système énergétique peut-il être décentralisé et quels sont les intérêts en jeu ? Quel est le rôle de l'État et la place des citoyens ? Les « mécanismes de marché » font-ils un marché de l'électricité ?
(31.00 euros, 302 p.)
ISBN : 978-2-343-07352-1, ISBN EBOOK : 978-2-336-39270-7

CIVILISATION
De la fabrique d'un concept à la fabrique d'une guerre
Gerbin Walter
Que défendons-nous lorsque nous nous prétendons civilisés ? Depuis plus de deux siècles, nous assistons à la fabrique d'un concept qui s'est approprié l'usage des termes de progrès, de démocratie, de liberté... au point qu'il nous est impossible de renoncer à la civilisation sans renoncer à notre humanité. L'auteur nous propose, dans un style clair et incisif une vivisection du premier système d'organisation humaine qualifié d'universel.
(Coll. Questions contemporaines, 29.00 euros, 288 p.)
ISBN : 978-2-343-07043-8, ISBN EBOOK : 978-2-336-39240-0

L'ADOLESCENCE, SA CULTURE ET SES VALEURS APRÈS 1968
Garrigues Emmanuel
Découvrons la parole adolescente des générations précédentes et son évolution dans le temps. En 1960, Edgar Morin initie une étude sur les héros préférés des adolescents dans différents domaines culturels et à laquelle l'auteur de la présente étude, alors âgé de 17 ans, participe. C'est une nouvelle génération d'adolescents qui apparaît, celle des «hippies», puis de mai 68... D'où l'idée de refaire, en 1970, 1980 et après, la même étude mais en y ajoutant la comparaison des résultats d'étude en étude et l'évolution méthodologique de l'observation participante.
(Coll. Logiques sociales, 24.50 euros, 242 p.)
ISBN : 978-2-343-03161-3, ISBN EBOOK : 978-2-336-39403-9

LE MITARD
Une approche sociologique de la discipline pénitencière
Lambert Gérard
Quels sont les effets sociaux de la discipline pénitentiaire ? L'opposition constatée entre les discours recueillis et les logiques institutionnelles interroge la prison dans sa mission de préparation à la réinsertion sociale. Tout entière dédiée à «l'ordre et la sécurité» des établissements, la discipline pénitentiaire ne participe-t-elle pas à consolider le rôle de déviants des détenus ? Quelles règles pénitentiaires européennes mettre en œuvre au service de l'impératif sécuritaire et de la nécessaire réinsertion de la population pénale ?
(Coll. Logiques sociales, 28.50 euros, 276 p.)
ISBN : 978-2-343-06756-8, ISBN EBOOK : 978-2-336-39325-4

L'HARMATTAN ITALIA
Via Degli Artisti 15; 10124 Torino
harmattan.italia@gmail.com

L'HARMATTAN HONGRIE
Könyvesbolt ; Kossuth L. u. 14-16
1053 Budapest

L'HARMATTAN KINSHASA
185, avenue Nyangwe
Commune de Lingwala
Kinshasa, R.D. Congo
(00243) 998697603 ou (00243) 999229662

L'HARMATTAN CONGO
67, av. E. P. Lumumba
Bât. – Congo Pharmacie (Bib. Nat.)
BP2874 Brazzaville
harmattan.congo@yahoo.fr

L'HARMATTAN GUINÉE
Almamya Rue KA 028, en face
du restaurant Le Cèdre
OKB agency BP 3470 Conakry
(00224) 657 20 85 08 / 664 28 91 96
harmattanguinee@yahoo.fr

L'HARMATTAN MALI
Rue 73, Porte 536, Niamakoro,
Cité Unicef, Bamako
Tél. 00 (223) 20205724 / +(223) 76378082
poudiougopaul@yahoo.fr
pp.harmattan@gmail.com

L'HARMATTAN CAMEROUN
BP 11486
Face à la SNI, immeuble Don Bosco
Yaoundé
(00237) 99 76 61 66
harmattancam@yahoo.fr

L'HARMATTAN CÔTE D'IVOIRE
Résidence Karl / cité des arts
Abidjan-Cocody 03 BP 1588 Abidjan 03
(00225) 05 77 87 31
etien_nda@yahoo.fr

L'HARMATTAN BURKINA
Penou Achille Some
Ouagadougou
(+226) 70 26 88 27

L'HARMATTAN SÉNÉGAL
10 VDN en face Mermoz, après le pont de Fann
BP 45034 Dakar Fann
33 825 98 58 / 33 860 9858
senharmattan@gmail.com / senlibraire@gmail.com
www.harmattansenegal.com

L'HARMATTAN BÉNIN
ISOR-BENIN
01 BP 359 COTONOU-RP
Quartier Gbèdjromèdé,
Rue Agbélenco, Lot 1247 I
Tél : 00 229 21 32 53 79
christian_dablaka123@yahoo.fr

Achevé d'imprimer par Corlet Numérique - 14110 Condé-sur-Noireau
N° d'Imprimeur : 134853 - Dépôt légal : décembre 2016 - *Imprimé en France*